本书系 2024 年度江西省高校人文社科重点基地项目"系统论视野下生成式人工智能软硬法混合治理研究"的阶段性研究成果。

SUAN FA DE FA LÜ
ZHI LI YAN JIU

算法的
法律治理研究

张恩典　著

中国政法大学出版社

2024·北京

声　　明　　1. 版权所有，侵权必究。

　　　　　　2. 如有缺页、倒装问题，由出版社负责退换。

图书在版编目（ＣＩＰ）数据

算法的法律治理研究 / 张恩典著. -- 北京 ： 中国
政法大学出版社，2024. 12. -- ISBN 978-7-5764-1668-8

Ⅰ. D922.174

中国国家版本馆 CIP 数据核字第 2024YH7460 号

出　版　者　　中国政法大学出版社

地　　　址　　北京市海淀区西土城路 25 号

邮寄地址　　北京 100088 信箱 8034 分箱　　邮编 100088

网　　　址　　http://www.cuplpress.com (网络实名：中国政法大学出版社)

电　　　话　　010-58908586(编辑部) 58908334(邮购部)

编辑邮箱　　zhengfadch@126.com

承　　印　　固安华明印业有限公司

开　　本　　720mm×960mm　　1/16

印　　张　　15

字　　数　　260 千字

版　　次　　2024 年 12 月第 1 版

印　　次　　2024 年 12 月第 1 次印刷

定　　价　　69.00 元

公法理路下的算法之治

　　人类正在迈向数字时代，人工智能算法则从根本上重塑着数字时代的隐形秩序。"我们生活在一个算法时代，数学和计算机科学以强大的方式结合在一起，以算法来助推、偏向、引导、激发、控制、操纵和约束人类行为，从而影响、塑造指引我们的行为和和社会的治理。"[1]伴随着人类生活世界的高度数据化和代码化，算法正在成为数字社会中一种新兴的重要治理术，并使现代社会中居于支配地位的法律治理术面临深刻挑战。算法之治与法律之治的关系由此也变得复杂而微妙。

　　一方面，人工智能算法赋能立法、行政和司法等诸法律活动，带来了法律自动化，极大地提升了法律治理的效率，并促使现代普遍性法律向后人类的个性化法律跃迁。在此过程中，伴随着人工智能算法对法律运行过程的深度渗透，代码呈现出取代法律的趋势，代码即法律的观念悄然兴起。另一方面，人工智能算法在深度介入市场、社会和政府治理的过程中，也引发了诸如算法操纵、算法垄断、算法歧视、算法黑箱等一系列问题，亟待从法律层面予以回应，这种回应也在推动着法律理论和制度的深刻变革。由此可见，广义而言，算法治理具有两重意蕴：其一，意谓"通过算法的治理"，将算法作为数字时代一种重要的乃至基础性的治理工具。其二，意谓"对算法的治理"，将算法作为数字时代一个重要的治理客体或对象。应该说，伴随着算法对人类生活世界的广泛渗透和介入，算法治理的上述两个维度都应当引起我

　　　[1]　[立陶宛] 伊格纳斯·卡尔波卡斯：《算法治理：后人类时代的政治与法律》，邱遥堃译，上海人民出版社 2022 年版，第 57 页。

们的高度关切。

作为数字时代的一种新型治式，算法治理具有不同于法律治理的逻辑，"算法治理标志着从基于规范的规训逻辑向控制逻辑的转变，亦即基于算法背后的利益而开启和关闭不同可能性的逻辑"。[1] 算法治理严格遵循功利主义的"绩效导向"与现代社会法律治理所倡导的"权利话语"之间抵牾颇深，算法治理对个体进行的分类与分格，从根本上消解了人的自主性和主体性，危及人的尊严和主体地位。而这也是我们要将人工智能算法技术这一看似客观中立，但却潜藏偏见歧视的数字杀伤性武器置于法律规制的根本原因。

《算法的法律治理研究》一书是张恩典副教授近年来探寻算法的法律治理之道的智识结晶。张恩典老师有着良好的公法学与法理学素养，本书讨论了算法决策对行政法治原理的挑战，讨论了行政规制的制度转型与算法行政问责机制的构建。本书围绕算法解释权、算法知情权、算法歧视、算法透明度、算法影响评估制度等算法治理的核心法律机制，进行深入剖析。本书对诸如版权的算法实施、数字接触追踪技术、人脸识别技术等基于人工智能算法的数字技术的法律规制议题展开深入研究。客观而言，该书在侧重算法的法律治理研究的同时，也为我们呈现了算法治理与法律治理相互交织的生动图景。本书应当是我国公法学界对算法治理研究的有力著述，对于数字时代的算法治理实践颇有指导意义。

需要思考的是，"算法"是"法"么，算法在智能立法、智能执法、智慧司法领域分别发挥着怎样的作用，如何看待算法给行政裁量权行使带来的冲击，是否有可能将算法引入行政裁量权基准的形成与实施，如何审视算法给行政程序法带来的变化，如何审视算法形成的合作治理，如何审视算法中的竞争与垄断，这些或可构成未来进一步研究的课题，也是阅读张恩典老师著作后的启发。

一部佳作的意义不在于穷尽论题的方方面面，而在于推进相关学术研究，阐释学术洞见，启发读者进一步思考。从这一点来说，张恩典老师此部著作是成功的。近年来，因研究结缘，与张恩典老师多有学术交流，也见证了张恩典老师在学术上不断进取，推陈出新，探求智慧法治，深耕算法治理。在

---

[1] ［立陶宛］伊格纳斯·卡尔波卡斯：《算法治理：后人类时代的政治与法律》，邱遥堃译，上海人民出版社 2022 年版，第 58 页。

此，郑重地向法学界同仁推荐此书，也希望张恩典博士在数字行政法领域取得更丰硕的研究成果，并为推动行政法学理论的结构转型做出自己的贡献。

宋华琳

（南开大学法学院教授，第十届"全国杰出青年法学家"，教育部"长江学者奖励计划"青年学者，国家社科基金重大项目首席专家，中国法学会行政法学研究会常务理事、副秘书长、政府规制专业委员会执行主任）

构建算法之法：算法的法治化探索之道

当前，算法与人工智能在全球各国各领域渐次推广使用，在其为经济和社会发展带来益处的同时，[1]理论与实务界的担忧在于算法对社会的渗入可能产生诸如算法规训、算法歧视、算法黑箱等问题，且对其决策的作出缺乏有效监督，这些均构成了自动化的不确定性问题。长期以来，科学事实的不确定性给行政决策带来了极大的挑战，行政决策者需要面对不完整的信息来作出决定。[2]技术特别是算法、人工智能的应用可以化解这一挑战，可以提升行政机关处理数据的能力，在数据中提取规律、见解的能力。算法、人工智能在解决问题的同时，又滋生了新的问题，如不透明，反而给依赖人工智能系统转出的决策带来了不确定性。也就是说，从行政法层面观察，相较于传统的科学不确定性，自动化的不确定性不仅影响事实，而且影响公共行政的决策结构。故而，有研究提出了"自动不确定性"的概念，用以分析在人工智能系统的科学不确定性背景下，如何产生决策背景的事实不确定性和人工智能在决策程序中作用的法律不确定性问题。此概念可以回应影响评估的义务，可以构建未来人工智能对行政决策影响的法律研究。[3]亦有研究提出

---

[1] See Colin van Noordt & Gianluca Misuraca, Artificial Intelligence for the Public Sector: Results of Landscaping the Use of AI in Government Across the European Union, 39 Government Information Quarterly 101714 (2022).

[2] See Daniel A. Farber, "Coping with Uncertainty: Cost-Benefit Analysis, the Precautionary Principle, and Climate Change", 90 *Washington Law Review* 1659 (2015).

[3] See Marco Almada, "Automated Uncertainty: A Research Agenda for Artificial Intelligence in Administrative Decisions", 16 REALaw 137 (2023-2024).

以"负责任算法的原则"为指导算法运营的核心，包括了责任、可解释性、准确性、可审计性与公平性。[1]类似的探索很多，南昌大学法学院张恩典副教授、博士的《算法的法律治理研究》正是在这一时代背景以及这些反省之下的力作，值得阅读。

——

最近的技术进步导致法律学者就法律与机器人、无人机、自动驾驶汽车以及任何嵌入人工智能的系统的关系展开了激烈的讨论。[2]从本质上讲，这些技术现象多依赖于算法来处理和解释数据，导航人工智能车辆或者其他形体，并控制机器人的运动。这些机器人正变得越来越独立于人类的监督与控制。也就是说，算法已经不再是简单地过滤数据的方法或者其他方式，而是将决策从人类外包给了机器或者软件机器人的方式。在算法学习的情景下，它们是通过利用现有信息来作出决策的，因此，如果训练数据在某种程度上存在缺陷，算法有可能加剧或复制人类偏见。随着我们进一步走向与智能、算法驱动的实体共存的未来，此种反乌托邦的结果是要避免的。法律能够做什么？受到了什么样的影响？个人具有什么样的权利予以维护自身的利益？诸如此类的追问成了学界与实务界不断需要回应的课题。作为人工智能技术与产业大国，中国近年来在人工智能规制方面取得了显著成就。特别是自2017年《新一代人工智能发展规划》颁布以来，中国形成了初步的法律规范体系。在欧美不断颁行人工智能法的同时，中国学者也提出了相对完整的人工智能立法建议稿。[3]中国作为全球人工智能规制与治理的重要力量，需要在理论上给出答案、提供中国智慧与中国方案。而《算法的法律治理研究》一书正是广泛借鉴域外经验、结合自身国情和发展阶段持续探索与理论总结的产物，相信本书的出版能够促进中国在人工智能规制与治理理论研究方面

---

〔1〕 See Nicholas Diakopoulos et al., "Principles for Accountable Algorithms and a Social Impact Statement for Algorithms", FAT/ML, www.fatml.org/resources/principles-for-accountable-algorithms, last visited July 15, 2024.

〔2〕 参见赵精武：《论人工智能法的多维规制体系》，载《法学论坛》2024年第3期。

〔3〕 如最近颁布的欧盟《人工智能法》以及美国联邦层面提出的《算法责任问责法案》等，中国学者提出了《人工智能示范法2.0（专家建议稿）》以及《中华人民共和国人工智能法（学者建议稿）》。

做出应有的贡献。

二

　　算法越来越多地为公众生活的重大决策提供信息，受其影响人只是提供了很少的输入，相关组织对它们的工作原理几乎没有什么解释。故而，算法的结果令人不安，感到不公平、不安全、不可预测和不负责任。[1]《算法的法律治理研究》一书试图使算法的决策者对其结果负责，作者秉持基于权利的个体主义算法治理理念与基于风险的整体主义算法治理的平衡的理念，[2]就数字时代的诸多重点问题展开了深入的剖析，既有从法理层面对算法解释权、算法知情权、反算法歧视、算法透明度、算法影响评估机制的讨论，亦有基于部门法层面对算法决策与行政法治的关系、数字版权的算法实施、人脸识别技术及应用的规制、数字接触追踪技术的规则等的审视。这些探索俨然是在为算法制定规范，即使是处于早期阶段、初步发展与探索阶段，算法之法（law of algorithms）对目前的技术与社会塑造显然也是极为必要的。此外，值得进一步思考的是，对于算法系统自主性的增加，学者们提供了诸多方案。如一些人提出需要在政府内部建立一个算法规制机关，用以规范算法的使用，企业在商业使用算法之前需要向它备案。这是一种类似于上市前审查的行为，[3]但是，此举是否仍然系一种旧的方式呢？能否适应新技术的发展呢？是否有着"周虽旧邦，其命维新"的雅境与意涵呢？对此，张恩典博士有着自己的见解。如针对算法影响评估机制的建构，他并未如同其他学者一般偏重于因《个人信息保护法》等相关规定并借鉴域外知识，从程序意义上建构影响评估机制；而是将之类型化为封闭合规型与开放反思型两种，注重实体问题的实现，注意规制方式的变革。[4]当然，此种变革意味着行政机关要对技术设计

　　[1] See Andrew D. Selbst, "Disparate Impact in Big Data Policing", 52 Ga. L. Rev. 109, 126～139 (2017); Danielle Keats Citron & Frank Pasquale, "The Scored Society: Due Process for Automated Predictions", 89 Wash. L. Rev. 1, 18～27 (2014); Joshua A. Kroll et al., "Accountable Algorithms", 165 U. Pa. L. Rev. 633, 636~637 (2017).

　　[2] See Margot E. Kaminski, "Binary Governance: Lessons from the GDPR's Approach to Algorithmic Act Accountability", 92 Southern California Law Review 1529 (2019).

　　[3] See Andrew Tutt, "An FDA for Algorithms", 69 Admin. L. Rev. 83 (2017).

　　[4] 参见张恩典：《算法影响评估制度的反思与建构》，载《电子政务》2021 年第 11 期。

过程的全面参与，益处在于可以保障规范适用意图的准确性，并能够在充分理解其规范适用意图的算法代码中实现价值嵌入。[1]但这种"理解"既要体现行政机关的全程参与、组织协调、行为保障，也需要具有一定的限度，不能以行政权干扰技术设计的合理运行。为此，算法之法仍然需要不断探索，道阻且长，希望行则将至，行而不辍，未来可期！

三

《算法的法律治理研究》一书是张恩典博士有关算法法律治理的集大成之作。[2]从内容来看，本书理论具有前瞻性，实践具有指导性；从比较法以及中国法的维度深入探讨了人工智能与算法的法律治理问题，展现了作者良好的学术训练与研究视野。随着越来越多的技术融入人类社会，本书作者的这些思考，将为我们想像创造一个什么样的未来社会，法律在创造一个公平和公正的社会发挥什么作用提供启迪。本书的出版不仅使我们能够系统地理解算法法律治理的体系与框架，也可以帮助我们在立法、规制过程中避免审慎不足的谬误，实现规范制定更加面向未来且经得起未来的考验。[3]为此，我郑重地向广大读者推荐此书，更希望作者在今后能够为我们带来更多、更精彩的观点。

高秦伟
（中山大学法学院教授、博士生导师、法学博士）

---

〔1〕 参见高秦伟：《数字行政中法治价值的设计与实现》，载《比较法研究》2024年第2期。

〔2〕 张恩典博士近年来已经公开发表了多篇有关算法的论文，引用率高，受到了学界高度关注。如发表于2019年的《大数据时代的算法解释权——背景、逻辑与构造》（载《法学论坛》2019年第4期），较早地关注到了算法自动决策带来的问题，对算法解释权、透明度、可责性等议题进行了阐释。

〔3〕 参见张恩典：《人工智能算法决策对行政法治的挑战及制度因应》，载《行政法学研究》2020年第4期。

目　录

公法理路下的算法之治　　　　　　　　　　　　　　　　　　 ／ 001

构建算法之法：算法的法治化探索之道　　　　　　　　　　 ／ 004

第一章　人工智能算法决策对行政法治的挑战及制度因应　 ／ 001

　第一节　行政规制的智能转型：人工智能在行政治理中的兴起　 ／ 002

　第二节　危机中的行政法治：人工智能算法决策
　　　　　对行政法治原理的挑战　　　　　　　　　　　　 ／ 005

　第三节　通过赋权服膺法治：面向行政规制智能转型的制度建构　 ／ 013

　本章小结　　　　　　　　　　　　　　　　　　　　　　 ／ 017

第二章　大数据时代的算法解释权：背景、逻辑与构造　　 ／ 019

　第一节　算法解释权产生的背景：大数据算法决策的兴起及其
　　　　　引发的问题　　　　　　　　　　　　　　　　　 ／ 020

　第二节　通过增强透明性规制算法权力：算法解释权之控权
　　　　　逻辑评析　　　　　　　　　　　　　　　　　　 ／ 026

　第三节　算法解释权的基本构造：两种解释权模式的比较分析　 ／ 032

　本章小结　　　　　　　　　　　　　　　　　　　　　　 ／ 034

第三章 超越算法知情权：算法解释权理论模式的反思与建构 / 035

第一节 作为"弱化"版本的算法解释权：算法知情权之
规范考察 / 037

第二节 算法知情权理论之法理反思 / 040

第三节 超越知情权模式：道义论权利论下算法解释权之
本土化建构 / 048

本章小结 / 054

第四章 反算法歧视：理论反思与制度建构 / 056

第一节 人工智能时代的算法歧视：类型与特征 / 058

第二节 算法决策语境下传统反歧视理论的适用困境 / 063

第三节 基于算法决策场景的反歧视理论调适 / 068

第四节 反算法歧视之制度建构 / 073

本章小结 / 077

第五章 算法透明度的理论反思与制度建构 / 078

第一节 算法透明度的价值谱系 / 080

第二节 基于信息的算法透明度实践之理论反思 / 083

第三节 算法透明度之理论更新：迈向基于关系的算法透明度模式 / 089

第四节 基于关系的算法透明制度建构 / 092

本章小结 / 100

第六章 算法影响评估制度的反思与建构 / 102

第一节 算法影响评估制度的功能定位 / 103

第二节 算法影响评估制度实践的比较考察 / 108

第三节 我国算法影响评估制度的建构方案 / 116

本章小结 / 119

第七章　数字时代版权的算法实施：类型、困境及法律规制　　/ 121

第一节　版权算法实施的类型学考察　　/ 122

第二节　网络版权算法实施面临的现实困境　　/ 126

第三节　版权算法实施的法律规制构造　　/ 134

本章小结　　/ 142

第八章　人脸识别技术公共应用的法律规制研究　　/ 143

第一节　人脸识别技术公共应用对基本权利的侵蚀　　/ 145

第二节　人脸识别技术公共应用法律规制模式之比较考察　　/ 153

第三节　基于人脸识别公共应用场景的协同治理模式建构　　/ 158

本章小结　　/ 164

第九章　数字接触追踪技术的实践类型、社会风险及法律规制　　/ 165

第一节　新冠疫情数字接触追踪技术实践类型之比较考察　　/ 167

第二节　我国数字接触追踪技术应用实践引发的双重风险：
以健康码为中心　　/ 173

第三节　疫情防控常态化背景下数字接触追踪技术应用的
法治化建构　　/ 180

本章小结　　/ 187

第十章　通过合同实现算法行政问责　　/ 188

第一节　数字政府建设背景下算法行政的问责困境　　/ 190

第二节　算法行政问责合同规制进路的理论意涵与价值分析　　/ 198

第三节　算法行政问责合同规制进路之具体展开　　/ 203

本章小结　　/ 207

参考文献　　/ 208

第一章

人工智能算法决策对行政法治的挑战及制度因应

伴随着机器学习算法决策的广泛运用，人类社会正逐渐迈入基于大数据的人工智能时代，人类社会的生活、制度和结构正经历着复杂而深刻的变革。而作为塑造人类社会基本结构的法律制度规则，乃至潜藏于规则背后的现代法律理念和价值，都正在经受着来自人工智能的"颠覆性力量"的强势"重塑"。面对这股席卷人类社会的人工智能浪潮，包括法律学者在内的研究者们，正以一种喜忧参半的复杂心情，投入对人工智能课题的研究，描绘人工智能带来的全面而深刻的社会转型。

目前，国内法律学者对于人工智能的研究更多地聚焦于制度规范维度，即侧重研究人工智能给传统法律制度带来的挑战，思索人工智能时代的法律制度和法律职业的变迁转型，乃至"死亡与终结"。[1]客观而言，这一研究进路和视角，深入考察作为技术的人工智能与作为制度的法律之间的互动关系，关怀人工智能时代的法律"命运"，具有重要价值。然而，其偏颇之处在于，将人工智能简单地视作一种推动法律转型的外部颠覆性力量，并认为法律制度在人工智能技术的倒逼之下，除了进行强制性的、颠覆性的改革与转型，以适应人工智能技术日新月异的发展之外，已经别无他途。我们认为，置身于人工智能时代，需要反思的一个重要理论命题是，面对人工智能强势融入人类的社会生活，变革社会制度与结构，法律制度是否只能被动回应？法律共同体乃至整个人类社会，是否需要为了适应人工智能时代，转而将捍

---

〔1〕 马长山：《智能互联网时代的法律变革》，载《法学研究》2018 年第 4 期；余成峰：《法律的"死亡"：人工智能时代的法律功能危机》，载《华东政法大学学报》2018 年第 2 期。

卫人们珍视的尊严、自由、隐私、自主等诸多现代社会基本价值的法律制度，乃至于蕴含于制度文本背后的"法治原理"统统摒弃？

经典行政法治原理蕴含着现代法治的基本理念，在控制行政权力和保障公民权利方面发挥着举足轻重的作用。人工智能时代，伴随着大数据分析、人工智能技术在行政规制诸领域日渐广泛的运用，经典行政法治原理正面临深刻挑战。然而，目前法学界对人工智能的关注更多地集中于民商法领域和司法审判领域，更多地聚焦于人工智能主体地位、创造物归属及其在司法审判中的运用可能与限度等问题，对于人工智能给行政法治带来的诸多理论和实践命题，国内法律学者虽然有所触及，但是仍未展开系统性思考。[1]面对当前行政规制领域正在出现的智能转型，笔者不揣浅陋，带着对于上述问题的理论追问，聚焦于人工智能算法决策对经典行政法治原理的挑战与可能的制度因应方案。在考察目前行政规制领域的智能转型基础之上，系统检视人工智能算法决策对行政法治原理的结构性"侵蚀"，思索人工智能算法决策在行政规制领域适用的法律边界与规制方案。

第一节　行政规制的智能转型：人工智能在行政治理中的兴起

在现代风险社会背景之下，传统行政主导型社会治理模式正面临着严峻挑战。而伴随人工智能时代的到来，行政规制部门在日常行政治理活动中越来越多地运用大数据、人工智能等现代科技手段，以纾解行政治理的压力，回应现代风险社会的治理需求。2017年国务院颁布的《新一代人工智能发展规划》指出，要"推进社会治理智能化"，"围绕行政管理、司法管理、城市管理、环境保护等社会治理的热点难点问题，促进人工智能技术应用，推动社会治理现代化"。由此带来了传统行政规制的智能转型。

（一）人工智能在行政治理中的兴起

目前，以大数据为基础的人工智能不仅被运用于商业活动，而且正日益为行政机构所青睐，运用于食品安全、环境污染、社会治安等诸多社会治理活动。

---

〔1〕马长山：《人工智能的社会风险及其法律规制》，载《法律科学（西北政法大学学报）》2018年第6期。

1. 食品安全领域的智能转型

近年来，我国食品安全问题多发、频发，给人民生命健康带来严重威胁，对规制机构构成巨大的监管压力。为了提高监管效能，一些省市开始将大数据、人工智能等现代科技手段运用于日常食品安全监管。例如，上海市先后出台了多个指导性意见，要求该市各级食品监管部门充分运用大数据分析、人工智能等现代技术，探索食品安全的智慧监管模式。据媒体报道：2018 年 7 月，上海市静安区食品监管部门对辖区 2000 多家高风险食品生产经营企业安装"天鹰"智能分析系统。该智能分析系统的后台算法能够对摄像头拍摄的镜头进行智能分析，识别出存在的食品安全违法行为，并将这些违法信息报送给属地监管部门，截至 2019 年 2 月 16 日，这套"天鹰"系统共计产生报警数量 3764 次，处理报警数量 3120 次，除误报外做到受理处理率 100%。在这 3764 次报警中，温湿度报警 2605 次、未佩戴口罩报警 940 次、鼠患报警 219 次，有效提升了辖区食品安全监管效能。[1]

2. 环境污染领域的智能转型

伴随着我国经济发展，环境问题日益突出，环境污染治理成了摆在各级政府面前的一项重大难题。在此背景下，一些地方的环保部门开始将大数据、人工智能融入对环境污染的监测和治理活动，以提升环境治理效能。例如，北京市通州区环境监管部门日前试运用"城市大脑·生态环境"生态环境综合治理平台，探索利用大数据、人工智能高科技手段解决城市副中心的环境污染治理难题。据媒体报道：通过视频监控探头人工智能感知、智能生成事件，网格化统一受理、各职能部门处理，最后办结反馈，在短短的半个月时间内，这一生态治理平台就发现了 1683 个环境污染案件。[2]

3. 社会治安领域的智能转型

现代社会是一个高度流动性的陌生人社会，其间充斥着诸多影响社会公共安全的不确定性因素。在此背景之下，公安部门大力推动人工智能技术在公共安全领域的深度应用。各地公安部门积极探索社会治安的智能监管，将大数据、人工智能手段运用于社会治安风险防控，构建智慧公安，以提升城

---

〔1〕《静安推食品安全智能远程监管系统 覆盖高风险生产企业》，载 http://sh.sina.com.cn/news/m/2019-02-18/detail-ihqfskcp6132079.shtml，最后访问日期：2019 年 2 月 18 日。

〔2〕张楠：《副中心防控污染用上"人工智能"，生态环境综合治理平台试运行》，载 https://www.takefoto.cn/viewnews-1754361.html，最后访问日期：2019 年 4 月 10 日。。

市社会治安综合治理能力。例如，2018 年，上海公安试点应用闸机票卡、视频智能分析等技术手段实时采集分析人员密度、人流速度、行走方向等要素，通过预设风险预警阈值，实现对轨道交通区域客流的实时监测预警，并建立了不同响应级别的疏导管控机制，提高了社会治安治理能力。[1]

由此可见，大数据分析、人工智能等现代科技手段正逐渐融入现代风险社会的诸多行政治理活动，并且占据着日益重要的地位。在大数据、人工智能席卷之下，国家治理正在进行全面而深刻的智慧转型。

（二）行政治理智能转型的功能分析

目前，人工智能算法决策之所以在食品安全、环境污染和社会治安防控等行政治理活动中被日益广泛地运用，并呈现出行政治理智慧转型的时代景象，原因在于以大数据分析为基础的人工智能算法决策包含决策者的以下功能期待：

第一，人工智能算法决策有利于提高行政治理效率。在真实的行政规制场景中，受制于有限的执法资源和执法方式，执法机关在日常监管中通常难以有效发现违法行为，导致行政执法的效率低下。借助大数据、人工智能手段进行智慧监管，执法机关得以摆脱传统执法的人海战术和运动式执法模式，能够以较低的执法成本发现尽可能多的违法行为，提高执法效能，实现所谓"完美执法"。

第二，人工智能算法决策有利于提升行政治理精准性。现代高度复杂的社会形态呼唤精细化治理思维和手段。而以大数据分析、人工智能技术为基础的"智慧"治理则是一种典型的精细化治理。原因在于，机器学习算法与传统的统计分析技术不同，其是对海量数据的分析、建模。由算法模型所自动生成的决策是建立在对海量数据的挖掘和训练基础之上的，而这些海量数据信息中包括行为对象的位置信息、行踪轨迹、偏好信息。借助于海量数据信息，算法模型得以对特定行为主体进行精准的"用户画像"，并能基于海量历史和实时数据对其未来行为进行精准预测，实现所谓"完美预测"，进而提高行政治理的精准度。

第三，人工智能算法决策有利于确保行政决策公正性。人类在作出决策

---

[1] 罗攀：《上海开启"智慧公安"建设：数据织密城市安全网络》，载 http://www.chinanews.com/sh/2018/02-12/8447883.shtml，最后访问日期：2018 年 2 月 12 日。

的过程中常受情感、情绪等因素的影响，容易产生偏私、偏见乃至歧视，从而影响决策判断的公正和客观。众所周知，传统中国社会是一个典型的人情社会。在相当长的一段时期内，人情、关系等因素在基层社会治理活动中发挥着重要作用，并严重影响基层行政治理活动的公正性。而"技术中立"的算法模型能够自动决策，被认为能够有效地将那些复杂人情、关系等人为因素排除出决策过程，避免行政决策的恣意和专断，实现行政决策的客观和公正。

正是基于对以大数据分析为基础的新一代人工智能技术的上述功能的期待，行政机构近年来大力倡导大数据、人工智能技术在国家治理中的广泛运用，以实现国家治理现代化转型。伴随着行政规制的智能转型，其对经典行政法治理念和制度的挑战与因应问题亦逐渐凸显出来，亟须从理论和制度层面予以回应。[1]

第二节　危机中的行政法治：人工智能算法决策对行政法治原理的挑战

行政法治原理既是构筑行政法律制度大厦的理论基石，也是现代行政法治的重要组成部分，在控制行政机关权力、防止行政恣意、维护和保障公民权益等方面发挥着重要功能。经典行政法治原理主要蕴含于行政法基本原则，具体而言，包括依法行政原理、正当程序原则、行政公开原则、行政公平原则等。伴随着人工智能算法自动决策的日渐兴起，经典行政法治原理正面临愈益严重的挑战。

（一）人工智能算法决策的自动性导致依法行政原则衰微

依法行政原则是行政法治原理的首要原则。依法行政意谓行政权力源于法律授权，行政权力的行使须受法律的严格控制和约束，行政机构超越法律

---

〔1〕　相关研究参见宋华琳、孟李冕：《人工智能在行政治理中的作用及其法律控制》，载《湖南科技大学学报（社会科学版）》2018 年第 6 期；谭俊：《大数据技术在警察执法中的应用及挑战》，载《行政法学研究》2018 年第 6 期；马颜昕：《自动化行政的分级与法律控制变革》，载《行政法学研究》2019 年第 1 期；胡敏洁：《自动化行政的法律控制》，载《行政法学研究》2019 年第 2 期。See Cary Coglianese & David Lehr, "Regulating by Robot: Administrative Decision Making in the Machine-learning Era", *Georgetown Law Journal*, Vol. 105, 2017, pp. 1147~1223.

范围行使行政权力则构成违法。依法行政原则确立了对行政活动的"法律统治",是建立现代法治政府的一项基本原理。

在人工智能时代,行政机关在行政执法活动中日益广泛地运用大数据算法模型来作出行政决策。这种具有较高程度自动性的决策过程:一方面,对于行政机关而言,有助于提高行政机关行政执法活动的效率、节约行政成本;另一方面,对于行政相对人而言,人工智能算法决策能够为其提供高效、便捷的服务。然而,我们必须看到,伴随着以机器学习、深度学习为标志的人工智能在现代政府行政活动中的广泛运用,依法行政原则却因此而衰落。行政机关所作出的决策是基于计算机程序员所设计的算法模型自动生成的,而算法模型的设计则是通过"喂食"海量数据,并经由"机器学习"进行数据训练建立起来的。机器学习具有"自学习"特征。这意味着,人工智能算法决策具有相当程度的自主性,能够在无须人类执法者介入的情形下自动生成。此时,原本由执法者依据法律作出行政决定的过程会转变成由计算机程序员设计的算法自动作出决策的过程。算法自动决策在现代政府决策中的广泛兴起,导致计算机算法或者代码显露出了取代法律功能的趋势。在人工智能时代,法治在政府治理的基础性地位正在日渐受到侵蚀,原本在法律统治下的政府,逐渐由人工智能机器接管,进而异化为由算法机器统治的政府。

对于人工智能时代背景下现代法治政府正在经历的重大转变,一些法律未来主义者倒是乐观其成。在他们眼中,作为人类社会基本制度构造的法律制度本身只不过是一种算法而已。[1]而且,相较于具备深度学习能力的算法模型而言,人类制定的法律具有高度的稳定性和确定性,法律只不过是一种并不具有学习能力,或者学习能力严重滞后的算法,[2]其功能远不及由海量数据所训练的算法模型强大。在上述观点中,我们隐约看到了一种令人担忧的倾向:法律规则的算法化,乃至于人的机器化。美国学者皮埃罗·斯加鲁菲对此就曾发出警告:"不长脑的机器和不思考的人没什么两样,不是因为机器已经变得和人类一样善于思考,而是人类已经变得像机器一样没头没脑。"[3]在这

---

[1] 蒋舸:《作为算法的法律》,载《社会科学文摘》2019年第4期。

[2] 余成峰:《法律的"死亡":人工智能时代的法律功能危机》,载《华东政法大学学报》2018年第2期。

[3] [美]皮埃罗·斯加鲁菲:《智能的本质:人工智能与机器人领域的64个大问题》,任莉、张建宇译,闫景立审校,人民邮电出版社2017年版,第102页。

种认知之下，由技术人员所建立的各种算法模型开始逐渐取代法律规则，涉入行政决定过程。其中，既包括那些享有较高裁量度的行政决策领域，亦不乏那些已经受到法律严格拘束的行政规制领域。对于前者，由于法律并未对行政主体苛以严格的法律限制，而是赋予其宽泛的裁量权，行政机关在这一行政活动领域运用人工智能算法模型进行自动化决策对依法行政原则的冲击并非最为严重。对于后者，由于现有法律规则已经对行政机构的裁量空间作出严格限制，在此情形下，如果行政机关仍然选择运用算法自动决策，则极有可能侵蚀，甚至取代法律对行政的控制，导致所谓"法律的统治"异化为"算法的统治"，从而削弱现代法治政府的根基。[1]

（二）人工智能算法决策的自动性与模糊性导致行政正当程序原则被悬置

正当程序原则是行政法的一项基本原则，意指行政机关在作出涉及或影响行政相对人、利益相关者权益的决定之前，需要给予行政相对人陈述、申辩的机会，听取行政相对人的诉求，并且需要就作出的行政决定说明理由。正当程序原则是维护公民基本权利、实现行政正义、建设现代法治国家的重要制度保障。然而，人工智能算法自动决策在行政治理活动中的兴起却引发了正当程序的危机。

一方面，算法自动决策严重危及陈述、申辩和听证等程序性基本权利。在传统行政决定场景中，法律为行政决定的相对人和利益相关者提供了提出申辩、表达利益诉求的机会，并设置了相应的程序性装置。透过这些法定的程序性装置，行政决定相对人和利益相关者得以在决定作出前行使行政程序性权利，从而捍卫自身权益，并确保行政决策公正。然而，在算法自动决策场景中，算法自动决策是在算法程序员监督机器学习（甚至自主学习）的基础上，由算法模型自动生成。由于行政决定是由算法模型自动作出，行政相对人和利益相关者在决定作出前，无法透过法定的程序装置参与行政决策，充分行使法律所赋予的陈述、申辩、要求听证等各项程序性权利，只能接受冷冰冰的算法决策结果。在算法自动决策场景中，决策的控制权实则由算法模型的设计者和使用者掌握，"控制权的分布是极其不对称的。公民将被评

---

　　[1] Emily Berman, "A Government of Laws and Not of Machines", *Boston University Law Review*, Vol. 98, No. 5, 2018, pp. 1277~1355.

007

测，但他们不能反过来去评测那些评测他们的机构"。[1]这种不均衡的决策权力配置格局，导致法律赋予公民的一系列程序性基本权利被弃置一旁。

不可否认，行政机关运用人工智能算法自动生成的行政决定在效率和精准度方面有很大提升，但是这种以效率为导向的算法自动决策却是以褫夺行政相对人的一系列基本程序权利为代价的。诚如凯西·奥尼尔所言："一个数据处理机器是不可能了解自己把一个有价值的潜在客户分配给机器人客服的。更糟糕的是，被无监控的电子评分系统评选出的失败者无权抱怨，更不用说纠正系统的错误了。"[2]在算法自动决策场景中，由于决策的自动性，受决策潜在影响的个人在决策之前无从获得申辩和听证的机会，从而对公民享有的基本程序权利构成了严重威胁。

另一方面，人工智能算法决策危及行政相对人获得行政决策解释的权利。根据正当程序原则，行政机关对其所作出的行政决定负有说明理由之义务，以阐释其行为是基于充分的事实和理由而作出的，具有合法性和合理性。然而，在算法自动决策场景中，行政机关和算法模型的开发者基于以下诸方面的因素而拒绝对其决策结果加以说明、给出合理解释。首先，主张算法自动决策不具有可解释性。行政机关和算法开发者主张算法决策是由算法自动生成的，其决策过程是在监督下对海量给定数据进行学习，有时甚至是在无监督下自主学习，建立算法模型后自动作出的决策，不具有解释的可能性，无论是作为算法模型开发者的算法程序员还是作为算法模型和软件使用者的行政机构，都不具备对算法决策进行解释的能力。其次，主张算法模型包含商业秘密而拒绝说明理由。最后，主张对算法决策加以解释会影响算法模型的有效性，甚至危及国家安全。基于上述理由，行政机关和算法模型的开发者拒绝对其决策承担说明理由的义务，而行政相对人和利益相关者则根本无从知晓那些对他们的合法权益产生重要影响的算法决策究竟是基于何种理由作出的。

由此可见，人工智能算法自动决策对个人的基本程序权利构成严重威胁。然而，算法自动决策却在行政机关所宣称的精准治理和科学治理的幌子下，

---

[1] [德] 克里斯多夫·库克里克：《微粒社会：数字化时代的社会模式》，黄昆、夏柯译，中信出版社 2017 年版，第 125 页。

[2] [美] 凯西·奥尼尔：《算法霸权：数学杀伤性武器的威胁》，马青玲译，中信出版社 2018 年版，第 169 页。

在行政机关对执法效率的片面追求中，被日益广泛地运用于诸多行政治理领域，而其对正当程序原则产生的严重侵蚀却常被忽视。

（三）人工智能算法决策的黑箱效应导致行政公开原则难以践行

行政公开原则是现代行政法上的一项基本原则，也是衡量现代法治政府建设的重要指标。行政公开原则及以此为基础的一系列法律规则在防止行政权力恣意方面发挥着重要作用，亦是确保政府透明、实现法治政府的重要制度保证。

然而，伴随着人工智能算法决策在政府治理中的广泛运用，现实与人们期待的高度透明的理想政府愿景渐行渐远。围绕着算法自动决策透明性的争议不绝于耳，这些争议都指向算法自动决策的模糊性以及"黑箱效应"。根据美国学者珍娜·布雷尔的研究，算法决策的模糊性主要源于以下三个方面：第一，由商业秘密或者国家秘密所导致的不透明性；第二，由技术了解程度所导致的不透明性；第三，由算法本身的复杂性所导致的不透明性。[1]其中，国家和商业秘密所引发的不透明性在传统行政决策场景中同样存在，关键的区别实则在于机器学习算法本身的复杂性。

算法的模糊性及其"黑箱"效应，使得普通公众无法了解政府的决策过程，也无法监督政府权力的运行。诚如学者所言："缺乏透明度也威胁着政府的合法性。如果政府行为符合普遍已知和理解的规范，则被视为合法行为，而缺乏这些特征的规则被视为无效规则。机器学习算法的不可理解性意味着无法确认政府行动者是否遵守规则。一系列实证研究表明，个人更可能接受一个他们认为过程公平的政府为合法政府。预测分析及其'黑箱化'的决策过程由于无法解释其结果而破坏了这种认知。"[2]借助于机器学习算法模型，政府权力得以在高度隐秘的状态下行使，作出那些对人们产生重要影响的决策，但是这些经由机器学习算法所自动生成的决策却会因缺乏传统行政决策所具有的透明性和可解释性而陷入合法性危机。

在人工智能时代，各执法部门正日渐广泛地使用智能机器来替代人类执法者，"使用隐藏的算法进行那些我们无法理解的论证，不断给出可以决定我

---

[1] Jenna Burrell, "How the Machine 'Thinks': Understanding Opacity in Machine Learning Algorithms", *Big Data & Society*, Vol. 3, No. 1, 2016, pp. 1~12.

[2] Emily Berman, "A Government of Laws and Not of Machines", *Boston University Law Review*, Vol. 98, No. 5, 2018, p. 1321.

们生活的得分"。[1]而我们却无法知晓算法决策的作出过程和依据，而只能被动接受由冷冰冰的算法模型自动生成的决策方案，无奈承受由其带来的负面后果。相形之下，人们则处在程序员所精心设计的算法模型的高度"透视"之下，相对于那些隐藏在算法模型背后，并以涉及国家秘密或以具有高度复杂性为由拒绝公开其决策过程和决策依据的"数字利维坦"而言，行政相对人沦为了一个个被高度透析的"微粒人"或高度透明的"数字化主体"。[2]由此可见，在算法自动决策主体与相对人之间横亘着一道深深的数字鸿沟，这样的鸿沟加剧了两者之间的信息不对称格局。

（四）人工智能算法自动决策导致行政公平原则受到侵蚀

行政公平是行政法律制度上的一个重要原则，亦是经典行政法治原理的重要内容。行政公平原则包含以下三个方面的内容。首先，行政公平原则蕴含着行政机关平等对待行政相对人，不得因行政相对人的身份、民族、性别、宗教信仰等存在的差异而予以差别对待。其次，行政公平意味着不偏私情、公正执法，对相同情况给予相同对待。最后，行政公平还意味着行政机关在作出决策的过程中需要合理考虑相关因素，不得专断恣意。现代行政法上的行政公平原则并非单纯追求形式公平或实质公平，而是努力寻求两者的反思平衡。

在行政治理领域，算法自动决策带来了行政公平原则内涵的变迁。在传统行政决策场景中，行政公平原则构筑于形式公平基础之上，并辅以实质公平。具体而言，法律首先确定行政机关在作出行政决策的过程中，不论种族、性别、宗教信仰、肤色等的不同，亦即法律通过强制性规定，织就一张"无知之幕"，将那些根植于人类内心深处可能会影响人类决策公正的因素排除出去，从而确保行政决策在形式上的公平，之后再辅之以差别原则，通过相应的制度设计，针对现实情境中由形式公平所造成的实质不公平给予制度调整，力求营造一种反思均衡后的"公平"状态。这是罗尔斯为人类社会描绘的正义理想蓝图，也是现代行政法治所孜孜以求的"行政公平"愿景。诚然，借助于算法模型，行政机关得以对海量数据进行分析，并自动生成处理结果，这有助于避免行政机关在作出行政决定的过程中受到各种人为因素的影响，

---

〔1〕 ［德］克里斯多夫·库克里克：《微粒社会：数字化时代的社会模式》，黄昆、夏柯译，中信出版社 2017 年版，第 189 页。

〔2〕 See Daniel J. Solove, *The Digital Person: Technology and Privacy in the Information Age*, New York: New York University Press, 2004.

从而实现所谓的行政公平。然而，我们应当看到，在算法自动决策场景中，现代行政法治所承袭的罗尔斯作为公平的正义理论所努力营造的均衡"公平"状态正逐渐被打破甚至颠覆。

一方面，算法模型刺破了维护形式公平的"无知之幕"。借助于算法模型，行政机关得以按照"人以群分、物以类聚"的原则，对人类和事物进行各种精细分类，并形成所谓的"分类社会"。[1]在人工智能算法模型所建构的分类社会中，个体被算法模型归置到特定的类别当中，并被贴上了各种标签，而这些标签则成了评价真实个体偏好、能力的基本标准和尺度，算法模型会自动生成个体的"评分"，并据此评判特定主体的信誉和潜在风险程度。"为了便于算法分拣，人类必须接受分解程序的处理，被拆解成一个个便于分析的成分。他们不再是不可分割的'个体'，而是成为可以被细化的'分格'。"[2]在对海量数据进行详尽和动态分类的基础上，算法模型将自动对个人进行全方位的画像和评分。而且，由算法所生成的评分系统会产生系统性连锁反应，进而决定每个人当下的生存境况和未来命运。

在人工智能时代，行政机关得以在执法活动中广泛运用监控和传感器设备实施大规模监控，收集海量关于身份、隐私、个人行踪、偏好等多维数据信息，并通过机器学习算法对所搜集的海量数据进行分析预测，对特定主体的违法风险进行评分，从而发现和预测潜在的违法行为。表面观之，透过算法模型对涉及特定主体的海量数据的分析，行政机关得以精确了解每个个体的性别、种族、身份、生理特征、行踪轨迹等个人敏感信息，并据此作出"精准预测"，实现对个人的差别对待。

在传统行政决定场景中，为了保证行政决定的公平公正，这些涉及个体的隐私因素的信息原本被一张"无知之幕"加以遮盖。然而，在由大数据驱动的人工智能算法决策场景中，这张保证形式公平的"无知之幕"被行政机关所运用的算法模型轻而易举地揭开。而一旦揭开了这张"无知之幕"，以往构筑在形式公正之上的"实质公正"便会直接沦为所谓的"实质公正"。而

---

〔1〕　Giovanni Comandè, "Regulating Algorithms' Regulation? First Ethic-Legal Principles, Problems, and Opportunities of Algorithms", Tania Cerquitelli, Daniele Quercia & Frank Pasquale (eds.), *Transparent Data Mining for Big and Small Data*, Springer, 2017, p. 172.

〔2〕　［美］卢克·多梅尔：《算法时代：新经济的新引擎》，胡小锐、钟毅译，中信出版社2016年版，第43页。

这种缺乏"无知之幕"构筑的形式公正保障的实质公正,本质上是一个差别对待,亦即透过算法模型"精准"定位每个人的生理禀赋、性格特征、偏好、地理位置,进而精准推测其在所置身的特定社会中的"地位",行政机关最终根据算法模型对个人的评级,作出对其权益产生重大影响的决策。而这种所谓的基于特定主体偏好、能力、地位作出的"精准"决策将进一步固化其在整个社会中的地位,导致实质不公平,并加剧社会不平等和不公正。在由大数据算法模型所主导的行政决策场景中,"受优待和受歧视的群体主要是在计算的过程中才能被区分开来,法律将不再是为平等的人而撰写,我们需要生产出'平等者',使得他们服从这样的规则"。[1]

另一方面,人工智能算法模型危及了行政法上的实质公平。在传统行政决策场景中,为了确保行政决策的个案公正,要求行政机关在决策中需要考虑行政相对人和案件的"相关因素"。同时,执法实践中对相关因素界定的范围是比较明确的,其本质仍然是构筑在因果关系基础之上的相关性,且将种族、性别、宗教信仰等涉及个人隐私信息和歧视性因素排除在应予考虑的相关因素之外。然而,在算法自动决策场景,大数据驱动的算法决策让人类决策从因果关系的河流涌入了"相关性"的海洋,大数据的相关性打破了现代行政法构筑于因果关系基础之上的"相关性",变得无所不包。由此引发的疑惑与质疑在于:行政机关究竟是基于哪些因素的考量而对其作出决定?这些因素是否应当在特定决策中予以考量?从行政决策公正的角度来说,行政机关借助算法决策模型对海量数据进行分析预测,实则是将大量实质不相关的因素纳入决策过程。这对于行政相对人而言显然是不公平的。

从执法实践观之,基于人工智能的算法决策所产生的歧视问题日益凸显。以预测警务为例,为了提升社会治安治理能力,基于算法模型的预测警务被日渐广泛地运用,由此导致的歧视问题亦引发了激烈争论。[2]具体而言,算法模型主导下的预测警务系统在很大程度上决定了警察执法资源的配置和布局,将大量警力投入对轻微犯罪行为的持续监控和打击,不仅会忽略对严重犯罪行为的发现和打击,而且会导致对少数族裔和贫困人口的系统性歧视。

---

〔1〕 [德]克里斯多夫·库克里克:《微粒社会:数字化时代的社会模式》,黄昆、夏柯译,中信出版社2017年版,第120页。

〔2〕 See Tal Z. Zarsky, "Automated Prediction: Perception, Law and Policy", *Communicacions of the ACM*, Vol. 55, No. 9, 2012, pp. 33~35.

在大多数地区，由算法模型生成的轻微违法犯罪地图几乎与该地区少数族裔和贫困人口的分布区域高度重叠，并引导警力向少数族裔和贫困分布区域聚集，从而发现更多的违法犯罪行为，由此陷入恶性循环。

综上，我们认为：诚然，机器学习算法模型于行政规制领域的广泛运用在提升行政效率、节约行政成本、便利行政相对人乃至促进行政决定公平方面发挥着重要作用。但是，与此同时，我们也需要清醒地认识到，在人工智能时代，伴随着算法自动决策的广泛兴起，依法行政原则呈现出了衰落迹象，正当程序原则和行政公开原则被架空，行政公平原则因算法歧视的出现而有落空之虞。客观而言，现代行政法治原理正在遭受来自"数字杀伤性武器"的严重威胁和侵蚀。人工智能算法自动决策对传统行政法治原理的侵蚀，既使得公民所享有和珍视并为现代行政法治所致力于保护的隐私权、正当程序权利和平等权等一系列基本权利受到侵蚀，而且也使得法律人一直致力于建设为人们所期许的责任政府、法治政府和透明政府的美好愿景受到人工智能技术的挑战。因此，探索行政规制智能转型中算法自动决策的法律规制方案是一项法律人面临的重大而紧迫的使命。

第三节　通过赋权服膺法治：面向行政规制智能转型的制度建构

面对人工智能时代背景下行政规制智能转型给现代行政法治带来的挑战，法律人不能被技术创新"绑架"，仓促变革既有的法律制度乃至法治原理来一味迎合人工智能技术发展，迁就其肆意滥用，而是应当建立相应的法律制度，对人工智能算法决策在行政规制领域的运用加以合理约束。在总体规制方案上，鉴于算法自动决策模糊性导致行政机关与行政相对人之间权力/权利配置的高度不对称状态，可以考虑采取赋权规制方案，针对人工智能算法决策场景的特殊性，建构以权利为核心的算法自动决策的规制体系，以合理发挥人工智能技术助推行政法治建设的功能。

（一）合理限制人工智能算法决策在行政规制领域的运用范围

伴随着国家大力推行人工智能在政府治理活动中的广泛运用，其逐渐向诸多行政规制领域与环节深度渗透。这种不分界线的强势介入，已经逐渐威胁了依法行政这一行政法治原理。为了捍卫"法律统治"的权威，需要对算法自动决策的领域和范围加以合理界定，以防止依法行政原则被算法自动决策架空。

首先，明确机器学习算法模型在行政规制决策制定中的辅助决策地位，在运用算法决策的场景中，行政规制机构应当避免陷入对算法模型的盲从和过度依赖。其次，合理限制人工智能算法自动决策的使用范围。根据法律赋予特定行政决定裁量空间的大小，区分高裁量行政行为和低裁量行政行为，并据此决定是否赋予行政机关算法自动决策选择权。对于已由法律加以严格约束的低裁量行政行为领域，应严格限制算法自动决策的运用，排除行政机关在该决策领域的算法自动决策选择权；而针对法律赋予宽泛裁量权的行政行为和行政决策领域，则赋予行政机关算法自动决策选择权。这种根据行政决策裁量空间大小来合理界定和限缩行政规制领域算法自动决策运用范围的规制思路，旨在寻求依法行政原则与人工智能算法决策两者之间的平衡，即在遵循依法行政原则的理念之下，充分发挥算法自动决策克服行政恣意、防止裁量权滥用的功能。

（二）赋予行政相对人免受算法自动决策的权利

面对人工智能算法自动决策在行政规制领域的渗透蔓延，还应当赋予行政相对人免受算法自动决策的权利。这一权利的赋予意味着作为受算法自动决策影响的行政相对人，有权拒绝行政机关基于算法模型针对特定行政相对人所作出的自动决策。赋予包括行政相对人在内的数据主体免受算法自动决策的权利具有重要意义，这一权利源于作为个体存在的人要求被作为个体对待的基本权利。[1]在算法自动决策大行其道的人工智能时代，要求作为个体对待的权利具有重要价值。借助于这一权利，在行政规制场域，行政相对人得以拒绝行政机关借助算法模型的自动决策方式。而为了确保这一权利的实现，需要赋予行政机关算法自动决策告知义务，亦即行政机关在运用算法模型自动生成行政决策之前，应当事先告知行政相对人，而行政相对人在被告知后，有权利拒绝行政机关基于算法模型作出行政决策。

（三）赋予行政相对人和利益相关者算法决策解释权

"透明性有助于营造一种信任的气氛，引导大家接受算法的结果。"[2]面

---

〔1〕 See Isak Mendoza & Lee A. Bygrave, "The Right Not to Be Subject to Automated Decisions Based on Profiling", Tatiana-Eleni Synodinou et al. （eds.）, *EU Internet Law: Regulation and Enforcement*, Springer International Publishing AG, 2017, pp. 77~100.

〔2〕 ［法］瑟格·阿比特博、吉尔·多维克：《算法小时代：从数学到生活的历变》，任轶译，人民邮电出版社 2017 年版，第 139 页。

对基于算法模型的行政决定不透明性对行政相对人的正当程序权利和行政决策透明性的威胁，在人工智能时代，需要重申正当程序原则在算法自动决策中的重要价值，并亟须建立符合算法自动决策场景的"技术正当程序"规则体系，通过保证行政相对人在算法自动决策过程中的程序性权利来实现增强算法决策的参与性和透明性。[1]同时，考虑到算法功能和商业秘密等因素，完全的、绝对的透明并非我们所一味追求的。基于此：首先，在透明性价值的追求上，需要在算法决策透明性与效率性之间寻求平衡，以"适当透明"作为算法决策透明性标准，避免过度透明造成算法决策功能的完全丧失。其次，以"适当透明"为原则建构面向算法自动决策场景的技术正当程序的关键在于赋予行政相对人在算法自动决策上的解释权。

"一旦人工智能系统被用于作出影响人们生活的决策时，人们就有必要了解人工智能是如何作出这些决策的。一种方法是提供解释说明，包括提供人工智能系统如何运行以及如何与数据进行交互的背景信息，这种方法可以帮助与用户以及受这些系统影响的人建立信息。通过这些信息，人们将会更容易识别和意识到潜在的偏见、错误和意想不到的结果。"[2]算法决策解释的重要性可见一斑。为了缓和算法决策的黑箱效应，提高算法决策的透明性和责任性，并确保行政相对人及其利益相关者获得有意义的知情权，除了算法决策之前和之后的告知之外，行政机关以及算法模型的开发者还需要承担对算法决策的解释说明义务。而从算法决策的相对方和数据主体的角度而言，则是需要赋予其算法解释权。目前，伴随着《欧盟一般数据保护条例》的出台，学界围绕算法解释权的存在与否与功能价值展开了激烈争论。[3]我们认为，算法解释权作为大数据人工智能时代保护公民基本权利的重要制度保障实有设立之必要。在算法模型驱动的行政自动决策场景中，赋予数据主体算法解释权实则是说明理由制度的具体化和集中体现，旨在苛以决策者对其作出的

---

[1]　Danielle Keats Citron, "Technological Due Process", *Washington University Law Review*, Vol. 85, No. 6, 2008, pp. 1249~1313.

[2]　沈向洋、〔美〕施博德编著：《计算未来：人工智能及其社会角色》，北京大学出版社 2018 年版，第 39 页。

[3]　See Lilian Edwards & Michael Veale, "Slave to the Algorithm? Why A Right to An Explanation Is Probably Not The Remedy You Are Looking For", *Duke Law & Technology Review*, Vol. 16, No. 1, 2017, pp. 18~84；张凌寒：《商业自动化决策的算法解释权研究》，载《法律科学（西北政法大学学报）》2018 年第 3 期。

事关数据主体和利益相关者权益的决定说明理由之义务，对于提高决策的透明性和责任性具有重要意义。

在算法解释权的具体构造上，关键在于根据算法决策的具体阶段来明确解释内容和标准。具体而言，基于算法决策的双阶构造，可以将算法解释权区分为以模型为中心的解释权模式和以具体决策结果为中心的解释权模式。前者侧重于对自动生成决策的算法模型的逻辑的解释，又称为基于逻辑的解释；而后者则侧重于对特定算法决策的结果的解释，又称为基于结果的解释。[1]相较而言，基于逻辑的解释权模式在解释标准上要更为严格，也更有利于处于弱势地位的数据主体及行政相对人。我们认为，上述两种解释权模式并非截然对立、非此即彼的关系，而是可以根据具体决策的阶段和情境来综合考量，选择适用合适的解释权模式。[2]

（四）赋予专门机构算法自动决策审查评估权利

大数据在实现数据共享的同时也导致了数字鸿沟，加剧了社会的不平等和歧视，亟须从制度层面加以规制。"如果我们不努力解决，数字鸿沟将成为断层，在那些能够成为信息圈居民与那些无法做到这一点的人们之间，在知情者与不知情者之间，以及在信息富有者与信息贫困者之间造成新型歧视。"[3]面对算法自动决策场景中愈益严重的歧视问题，可以采取对特定算法决策（尤其是算法模型）加以审查评估的方式，对算法决策可能引发的歧视进行事前评估。

算法审查评估则是由具有中立性的专门机构享有的对算法模型进行审查评估的权利，相较于算法解释权而言，其呈现出了更多权力性面相。为了尽可能减少算法决策所产生的算法歧视以及对行政公平原则的侵蚀：一方面，有必要为算法决策建构符合特定社会场景中大多数人遵循的伦理和正义观念的伦理规则，并将其编码植入算法模型。当然，也必须看到，试图找到一套适用于所有人和所有领域的伦理准则本就是一项非常艰巨甚至不可能完成的任务。鉴于此，宜采分而治之的策略，即针对人工智能技术所适用的具体领

---

[1] Andrew D. Selbst & Solon Barocas, "The Intuitive Appeal of Explainable Machines", *Fordham Law Review*, Vol. 87, 2018, p. 1099.

[2] 张恩典：《大数据时代的算法解释权：背景、逻辑与构造》，载《法学论坛》2019 年第 4 期。

[3] ［英］卢恰诺·弗洛里迪：《信息伦理学》，薛平译，上海译文出版社 2018 年版，第 13 页。

域来凝练相应的伦理规则。具体到行政规制领域，应当将行政法治原理所确立的行政公平原则作为确立算法模型公平性的一个基本标准。另一方面，需要根据所制定的算法伦理规则对行政机关运用算法模型自动决策进行审查，亦即建立算法决策影响评价制度，由专门机构在事前对算法决策可能引发的歧视风险进行影响评价，评估特定行政自动决策潜在的歧视风险程度和范围。[1]在审查评估机构设置上，应当遵循专业性、中立性、多元性的基本原则，采取委员会建制。鉴于算法决策既涉及高度复杂的技术模型，也涉及伦理和制度层面的因素，因此在人员构成上，应该尽可能吸纳来自计算机信息工程、伦理学、法学等专业领域且具有跨学科对话能力的专家。同时，为避免潜在利益冲突对算法决策审查评估的公正性产生负面影响，在专家遴选方面，宜建立完善的利益声明机制，以确保算法审查评估委员会的中立性。借助算法决策的评估机构，数据主体和利益相关者得以要求算法使用者和开发者对其算法决策的过程加以解释说明，从而发现潜藏在算法模型中的偏见乃至于歧视，促进算法决策的公正性和可责性。

本章小结

大数据、人工智能技术促使现代社会逐渐向智慧社会转型，并促使"数字新政"兴起，现代国家俨然成了超级"数字利维坦"。诚然，这一轮的"人工智能+"行动引发了政府社会治理的深刻变革，提升了社会治理效能。然而，人工智能技术绝非包治百病、彻底消除社会治理困局的"灵丹妙药"。现代"数字利维坦"治理能力的提升通常是有代价的，而且代价是重大而非均衡分布的。在行政规制智能转型的真实图景中，我们得以洞悉人工智能与现代法治理念和法律制度变迁之间正在经历的复杂而微妙的解构、互构和重构。在这一耐人寻味的互动关系中，我们能够切身感受到法律人正在经历的阵痛。未来已来！置身于人工智能时代，唯愿法律制度和法律职业共同体所历经的阵痛换来的是法律的"新生"而非法律的"死亡"。因为法律文本，尤其是隐藏于其间的厚重且历久弥新的法治原理是人类智慧和文明的产物，

---

〔1〕　Pauline T. Kim, "Auditing Algorithms for Discrimination", *University of Pennsylvania Law Review Online*, Vol. 166, 2017, pp. 189~203.

人类正是依凭着这些法治原理方才构造出了现代法治政府。在人工智能时代，我们内心憧憬并努力勾勒的理想图景是让人工智能"机器"助推行政法治和法治政府建设，而非取代经历漫长岁月建立起来的法律统治本身，因为其间蕴藏着人类所珍视的尊严、自主、公平及隐私等诸多价值。

第二章

大数据时代的算法解释权：背景、逻辑与构造

人类社会已经进入大数据时代。大数据给人们的生活、工作乃至思维方式都带来了重大变革。大数据之所以能够给人类社会带来诸多变革，所依靠的是计算机算法模型对海量数据进行的自动分析。基于大数据的算法决策正弥散于现代社会，充斥于商业领域与公共治理领域，对人们日常公共与私人生活产生着深刻而复杂的影响，并逐渐显现出取代人类决策的趋势。有学者将这个由大数据算法逐渐占据统治地位的社会形象地称为"算法社会"。[1]以色列历史学家尤瓦尔·赫拉利更是大胆预言："随着机器学习和人工神经网络兴起，有越来越多算法会独立进化，自我改进、从自己的错误中学习。这些算法分析的数据量是天文数字，绝非人力可及，而且它们也能够人类找不到的模式，采取人类想不到的策略。"[2]然而，从目前的情形来看，算法正深度渗透人类生活的诸多方面，对个人权利和利益产生重大影响的算法决策是建立在大数据挖掘分析基础之上的，其隐藏于算法"黑箱"之中，令普通公众难窥其中奥秘。

为了缓和乃至化解现代社会中大数据算法决策的"黑箱"效应，法学理论界与实务界进行着艰辛的理论和制度探索。在众多的规制方案中，创设算

---

〔1〕 Jack M. Balkin, "2016 Sidley Austin Distinguished Lecture on Big Data Law and Policy: The Three Laws of Robotics in the Age of Big Data", *Ohio State Law Journal*, Vol. 78, 2017, p. 1226. 在算法社会中，一方面，人的智性得到了前所未有的发展；另一方面，人的心性和灵性却逐渐被侵蚀。相关论述参见于兴中：《算法社会与人的秉性》，载《中国法律评论》2018 年第 2 期。

〔2〕 ［以色列］尤瓦尔·赫拉利：《未来简史：从智人到智神》，林俊宏译，中信出版社 2017 年版，第 355 页。

法解释权是充满创见而又备受争议的一种方案：言其充满创见，是因为其旨在回应大数据时代算法决策的"黑箱"效应这一基本问题，言其备受争议，是因为对算法解释权的存在与正当与否，学者们仍然存在着重大分歧。[1]可以毫不夸张地说，目前，无论是在理论还是实践维度上，算法解释权都处于"重重迷雾"之中，究其原因，在于学术界对算法解释权这一现代算法社会兴起的重要权利形态缺乏足够研究。[2]面对这种情形，亟待法律学者拨开笼罩在算法解释权上的"迷雾"，使这一算法解释权更具理论意蕴与实践功能。本书不揣浅陋，尝试从算法解释权兴起的背景、权利逻辑、争论焦点与基本构造等方面对大数据时代兴起的这一新型权利类型展开研究，以期对算法解释权的理论探索与制度实践有所助益。

第一节　算法解释权产生的背景：大数据算法决策的兴起及其引发的问题

（一）大数据时代算法自动化决策的兴起

算法是种古老的技艺。在人类社会漫长的发展过程中，人们都在运用算法来解决生活中的问题。正如美国学者克里斯托弗在考究算法历史时所指出的那样："千百年来，人们一直在设计、修改并分享着算法，这一活动早在算法这个词出现之前就开始了。……巴比伦人处理法律事务时会用到算法，古时候拉丁语老师检查语法时会用到算法，医生靠算法来预测病情，无数遍布全球的普通人曾试图用算法预测未来。"[3]但是，公允而言，受制于数据存储和处理能力，彼时，算法的功能和影响力毕竟是有限的。只有到了大数据时

---

〔1〕　Bryce Goodman & Seth Flaxman，"European Union Regulation on Algorithmic Decision-making and a 'Right to Explanation'"，arXiv：1606. 08813v3 〔stat. ML〕，2016；S. Wachter，B. Mittelstadt & L. Floridi，"Why a Right to Explanation of Automated Decision-Making Does not Exist in the General Data Protection Regulation"，*International Data Privacy Law*，2017；Andrew D. Selbet & Julia Powles，"Meaningful Information and The Right to Explanation"，*International Data Privacy Law*，Vol. 7，No. 4，2017.

〔2〕　目前关于算法解释权的研究成果，无论是在相对数量上还是在绝对数量上都非常有限，这与大数据时代算法解释权的重要性似乎呈现出一种不均衡的状态。根据笔者在中国知网数据库的检索，截至 2018 年 8 月 28 日，国内法学界有关算法解释权研究者主题公开发表的研究论文仅有 1 篇。张凌寒：《商业自动化决策的算法解释权研究》，载《法律科学（西北政法大学学报）》2018 年第 3 期。

〔3〕　[美]克里斯托弗·斯坦纳：《算法帝国》，李筱莹译，人民邮电出版社 2014 年版，第 42 页。

代，算法才真正发挥了其潜在的功能和广泛的影响力，以大数据为基础的算法自动化决策遍及私人生活和公共治理领域。

在私人生活中，算法决策被广泛运用于广告营销、就业、银行信贷等诸多领域。当我们作为消费者网络购物时，算法向我们推荐产品；当我们应聘某一岗位时，算法决定着我们是否能够胜任这一岗位，进而决定着我们能否获得就业机会；[1]当我们向银行申请贷款时，银行所使用的大数据算法对我们进行信用打分，进而决定我们是否能够获得贷款以及获得贷款的额度大小。不仅如此，金融算法还被大量运用于金融投资决策之中，美国学者将金融算法形容为开启现代金融帝国大门的新密码。[2]大数据算法之于已经迈入数字时代的现代金融业的重要性由此可见一斑。

在公共治理领域，算法决策也逐渐受到青睐。在刑事侦查中，以大数据算法为基础的预测警务被用于预防和打击犯罪。美国情报部门为了打击恐怖主义以维护国家安全，逐渐开始运用大数据算法识别和发现潜在的"恐怖分子"。美国学者佩德罗·多明戈斯在谈到学习算法之于现代国家安全的重要性时指出："在网络空间之外，学习算法是保护国家的壁垒……恐怖分子可隐藏在足球比赛的人群中，但学习算法能辨认他们的相貌，恐怖分子可以在国外制造爆炸事件，但学习算法能找到他们。"[3]同时，算法决策还被运用于刑事审判，作为量刑的重要依据。美国威斯康星州初审法院基于罪犯改造部门提交的一份载有被告艾瑞克·鲁米斯的再犯风险评估内容的 COPMAS 调查报告，进而对其作出了监禁 6 年外加监外管制 5 年的判决。在接到一审判决之后，被告以初审法院根据 COPMAS 评估作出判决侵犯其正当程序权利为由提出上诉，但最终被威斯康星州最高法院驳回。

算法不仅决定了执法资源的分配，而且还在很大程度上决定着国家扶贫资源的分配。为了实现精准扶贫战略目标，目前，我国贵州、安徽、海南等地纷纷运用大数据来精准识别贫困户，进而决定国家扶贫资源的合理分配。

---

〔1〕　目前，国外已经有公司运用大数据算法来寻找理想职员。See Matt Richtel, "How Big Data Is Playing Recruiter for Specialized Worker", *The NewYork Time*, April 27, 2013.

〔2〕　See Frank Pasquale, *The Black Box Society: The Secret Algorithms That Control Money and Information*, Cambridge: Harvard University Press, 2015, pp. 59~100.

〔3〕　[美]佩德罗·多明戈斯：《终极算法：机器学习和人工智能如何重塑世界》，黄芳萍译，中信出版社 2017 年版，第 24~26 页。

虽然各地的"大数据+扶贫"战略在具体实践中有所差异，但是总体上均遵循如下思路和做法：一是通过相关部门多维度数据对比分析，自动预警、实时推送异常信息，帮助扶贫干部实现贫困户的精准识别。二是以"扶贫云"的建档立卡贫困户数据为基础，通过扶贫相关部门数据对贫困户进行精准画像，实时掌握国家、省、市、县、乡、村各级帮扶干部情况及对应帮扶贫困户信息。三是可根据贫困实时信息，自动比对和身份识别，推送给教育、财政、扶贫等相关部门，实现"一站式"精准扶贫。四是通过大数据可视化，将帮扶企业对各贫困村、贫困户的帮扶情况呈现出来，实时掌握企业帮扶贫困户和贫困户被帮扶进程。[1]

由此可见，算法决策已经弥散于私人和公共领域之中，并且伴随着大数据不断发展，算法决策还在向社会其他领域渗透蔓延。在现代社会中，算法决策之所以被广泛运用，一个重要原因在于算法决策有助于实现精准决策。客观公正是人类决策的重要目标，然而，受到人类认知偏差的影响，人类决策一直为精准性所困扰，现代社会的复杂性更是加剧了精准决策的难度。大数据为复杂社会治理提供了难得的历史契机。一方面，现代数字技术为海量数据的存储提供了便利，人们的日常生活的点滴都得以被记录下来；另一方面，借助于大数据算法，公私决策部门能够对个人的偏好、行为进行精准预测，从而作出相应的决策。而且，算法决策还能固化乃至形塑个人的偏好。当我们浏览网络时，大数据算法那些基于我们浏览历史和消费记录向我们推荐的网页新闻和营销广告，将固化和形塑我们的偏好和认知。从功利主义视角观之，大数据时代盛行的算法决策符合效用最大化的功利原理，这也是算法决策在现代社会备受公共部门与私人机构青睐的根本原因。

（二）算法自动化决策面临的新问题催生算法解释权

大数据时代的算法决策展现的是一种典型的技术理性。算法决策依靠的是大数据挖掘技术。大数据挖掘范围最典型的特征在于，"其转变了传统的围绕特定认知对象或假设而进行的数据搜集模式，取而代之以基于广泛、全面、深度的数据搜集而形成认知对象或假设的过程"。[2]近年来，伴随着算法决策的广泛运用，其在因精准化而备受青睐赞誉的同时，也会因引发风险而遭遇

---

〔1〕 罗以洪、吴大华：《数过留痕！大数据让扶贫变得更精准》，载《经济日报》2018年5月3日。

〔2〕 裴炜：《个人信息大数据与刑事正当程序的冲突及其调和》，载《法学研究》2018年第2期。

到越来越多的批评与质疑。概括而言，目前，作为技术理性产物的算法决策所面临的问题主要是隐私风险和歧视风险。

从隐私维度看，算法决策对生活于其间的个人隐私构成了严重威胁。算法决策是以海量数据为基础的，用于进行算法决策的算法模型就是基于所搜集的历史数据的训练而形成的，亦即机器学习过程。用于训练算法模型的历史数据来源广泛，囊括个人购物偏好、行踪轨迹、生理特征等诸多方面，其中包含大量涉及个人隐私的数据信息。在算法模型被运用于特定主体时，仍然需要对个人上述诸方面的数据信息进行搜集。因此，在很大程度上，大数据时代的算法决策是以牺牲个人隐私来换取所谓的便利和高效，人们的私生活和个人隐私被现代物联网技术暴露无遗。在大数据时代，"进行数据收集、创建、存储和分析的电脑数量呈爆炸性增加，使得技术能够侵犯你的隐私。记录你的生活细节的数据采集点越多，任何想要了解你的人可获得的信息就越多"。[1]无怪乎美国学者洛丽·安德鲁斯发出了大数据时代下个人"隐私死亡"的警告。[2]值得特别注意的是，与传统的技术聚焦于个体的隐私信息搜集和利用的不同之处在于，现代大数据分析技术在隐私信息的搜集和运用上已经呈现出了超越个体层面，而逐渐向群体隐私聚焦的趋势。[3]之所以会带来这种变化，原因在于，以大数据算法决策是建立在分类基础之上的。这意味着，在大数据时代，不仅仅要关注单个个体的隐私保护问题，还需要关注大数据分析技术带来的群体隐私威胁和保护问题，这也给传统的以个体为中心建构的隐私权理论、制度和实践带来了挑战。

从决策的平等性角度观之，自动化算法决策在引发隐私风险的同时，也造成了歧视风险。[4]德国学者克里斯多夫·库克里克将现代大数据算法统治的社会称为"微粒社会"，以区别于传统的"粗粒社会"。微粒社会的典型特点是借助算法对人和事物进行高度的解析、评价和预测。因此，微粒社会也

〔1〕　［美］特雷莎·M. 佩顿、西奥多·克莱普尔：《大数据时代的隐私》，郑淑红译，上海科学技术出版社 2017 年版，第 19 页。

〔2〕　Lori B. Andrews, *I Know Who You Are and I Saw What You Did: Social Networks and the Death of Privacy*, New York: The Free Press, 2013.

〔3〕　Lanah Kammourieh et al. , "Group privacy in the Age of Big Data", Luciano Floridi Taylor & Bart van der Sloot（eds.）, *Group Privacy: New Challenges of Data Technologies*, Berlin: Springer, 2017, pp. 37~66.

〔4〕　Kate Crawford, "The Hidden Biases in Big Data", *Harvard Business Review*, April 1, 2013.

是一个借助算法进行预测和打分的"评价型社会"。然而，由算法所进行的评价并非技术专家所标榜的那样客观和中立。基于算法所作出的"评价和预测不是中立的，它们介入个体的生活，考验着我们对于民主体制中平等的理解"[1]这意味着，算法决策给传统的平等观念和价值带来了严重的挑战，也引发了歧视风险。如果说隐私风险是源自大数据的开放性特征，那么歧视风险则是源于大数据的排斥性特征。在技术乐观主义者看来，大数据具有开放性和包容性，能够在很大程度上消除传统人类决策中的偏见与歧视。然而，大数据并非如我们所设想的那样，只具有开放性，而是同时兼具包容性特征与排斥性特征。[2]而恰恰是大数据的排斥性特征引发了大数据算法歧视的问题。

目前，算法决策的歧视问题呈现在私人与公共决策等诸个方面。例如，在招聘就业领域，算法自动化决策带来了对黑人和女性等特殊群体的系统性歧视。[3]在银行信贷领域，算法决策使得在相同条件下，黑人和其他有色人种获得银行贷款的机会明显减少。[4]美国学者伊恩·艾瑞斯表达了其对于金融信贷领域算法决策种族歧视的担忧："尽管几乎不可能明确根据种族来制定房贷或保险计算程序，……不过，形式上没有种族歧视的计算程序有时也会被质疑为促进了某种实质性的歧视。地域性歧视是历史延续下来的做法，即拒绝向少数群体地区提供贷款。实质性歧视类似于拒绝表明有少数群体聚集的群体提供贷款。让人担心的是放款人可以通过数据挖掘到与种族相关的特征，并把这些特征用作拒绝放款的借口。"[5]牛津学者布莱斯·古德曼和赛斯·弗兰斯曼认为："在一定意义上，运用算法画像来进行资源分配本质上就

---

〔1〕 ［德］克里斯多夫·库克里克：《微粒社会：数字化时代的社会模式》，黄昆、夏柯译，中信出版社 2017 年版，第 110 页。

〔2〕 See Jonas Lerman, "Big Data and Its Exclusions", *Stanford Law Review Online*, Vol. 66, 2013, pp. 55~63; Edith Ramirez et al., *Big Data: A Tool for Inclusion or Exclusion? Understanding the Issues*, Federal Trade Commission, January, 2016.

〔3〕 关于就业领域的算法歧视问题, See Allan G. King & Marko J. Mrkonich, "Big Data and the Risk of Employment Discrimination", *Oklahoma Law Review*, Vol. 68, 2016, pp. 555~584; Pauline T. Kim, "Data Drive Discrimination at Work", *William & Mary Law Review*, Vol. 58, 2017, pp. 857~936.

〔4〕 关于金融信贷领域的算法歧视, See Danielle Keats Citron & Frank Pasquale, "The Scored Society: Due Process for Automated Predictions", *Washington Law Review*, Vol. 89, No. 1, 2014, pp. 1~33.

〔5〕 ［美］伊恩·艾瑞斯：《大数据思维与决策》，宫相真译，人民邮电出版社 2014 年版，第172 页。

具有歧视性：当数据主体根据各种变量进行分组时画像就发生了，而决定的作出则是以某一主体归属于特定的群体为基础的。"[1]在市场营销方面，各大互联网平台通过对消费者历史消费记录的大数据分析，可以精准掌握潜在消费主体的消费偏好和需求，并基于消费者对特定商品和服务的喜好程度来对进行"差别化定价"，提供所谓的"个性化"消费体验。然而，这种个性化定价的背后，则可能构成"价格歧视"。[2]在预测警务执法领域，算法自动化决策则涉嫌歧视黑人群体和有犯罪记录者。[3]

在现代法治社会中，基于个人种族、肤色、宗教信仰或其他一些特征所作出的公共或私人决策都将受到决策平等性的质疑。然而，在大数据算法的帮衬下，决策者可以"绕开这些反歧视约束，实现对特定人群的分组。通过自动化的开发和改进分组的过程，算法将特定种族、婚姻状况、年龄、性取向和宗教信仰的人划到了一起"。[4]这意味着，借助于算法程序，歧视现象将变得更为隐秘，难以为人们所察觉。但是，这并不意味着歧视并不存在。实践中屡屡见诸报端的"大数据杀熟"等大数据歧视现象表明，算法决策并非如我们所设想的那样公正客观，而是同样存在偏见和歧视，人们固有的偏见与歧视将通过数据搜集和数据训练等一系列行为得到延续，甚至加剧。学者形象地将其称为"偏见数据进，偏见决策出"。

算法自动决策所引发的隐私与歧视风险，在不同程度上都指向大数据算法决策的"黑箱效应"。所谓算法决策的"黑箱效应"，是指那些对人们生活产生重大影响的决策，是由大数据算法在人们无法察觉和认知的隐秘状态下自动作出的，具有高度的模糊性。究其原因，算法决策黑箱效应源于算法决

---

〔1〕　Bryce Goodman & Seth Flaxman, "European Union Regulation on Algorithmic Decision-making and a 'Right to Explanation'", arXiv: 1606. 08813v3〔stat. ML〕, 2016, p. 3.

〔2〕　国外学者阿里尔·扎拉奇、莫里斯·E. 斯图克认为，歧视性定价行为指的是商家在向不同的消费者提供相同等级、相同质量的商品或服务时，基于后者的购买意愿与支付能力，实行不同的收费标准或价格政策。而商家成功实施歧视性定价行为需要满足两个条件：一是差别化的定价能力；二是有限的套利空间。大数据时代，商家凭借其掌握海量消费数据和具备自我学习能力的定价算法，能够逼近完全的价格歧视。参见〔英〕阿里尔·扎拉奇、〔美〕莫里斯·E. 斯图克：《算法的陷阱：超级平台、算法垄断与场景欺骗》，余潇译，中信出版社 2018 年版，第 113~118 页。

〔3〕　关于预测警务中的算法歧视问题，See Tal Z. Zarsky, "Transparent Predictions", University of Illinois Law Review, Vol. 2013, 2013, pp. 1503~1569.

〔4〕　〔英〕阿里尔·扎拉奇、〔美〕莫里斯·E. 斯图克：《算法的陷阱：超级平台、算法垄断与场景欺骗》，余潇译，中信出版社 2018 年版，第 164 页。

策具有高度的技术性和隐蔽性。正因如此，大数据算法成了公共和私人机构推诿责任的工具和屏障，当决策失误时，他们便可以决策是由技术中立的算法模型作出为理由拒绝承担责任，从而引发算法决策的可责性问题。凭借着大数据算法，一些商业机构和公共部门正在获得一种新的权力——算法权力。而如何从法律制度层面对这一权力加以有效规制，成了亟待法律学者回应的重要理论与实践命题。

2016 年 4 月 14 日通过并于 2018 年 5 月 25 日正式实施的《欧盟一般数据保护条例》被认为确立了算法解释权。在大数据时代背景之下，作为一种新兴权利形态，算法解释权兴起所展现的实则是试图通过强化对算法自动化决策的解释，进而提高算法透明性，并最终达致克服算法技术性和隐秘性特征所引发的隐私和歧视风险的制度性努力，亦即旨在通过赋予数据主体有权获得算法自动决策的解释权利，来达到规制算法权力，进而缓和乃至消除算法决策隐私和歧视风险的目的。

第二节　通过增强透明性规制算法权力：算法解释权之控权逻辑评析

透过上文的分析，我们得以洞悉算法解释权产生的现实情境。但是，公允而论，作为一种新兴权利，其正当性并不仅取决于在宏观层面大数据时代所面临的形形色色的现实需求，而是更多地取决于这一权利类型究竟能够在多大程度上回应和解决现实的难题。在大数据时代，各种权利话语也呈现泛滥的趋势。加拿大学者萨姆纳对现代社会权利膨胀与贬值的现象提出了批评。在谈到权利话语的问题时，他将经济学上的通货膨胀与权利膨胀相类比："通货膨胀使得货币贬值，降低了购买力。权利要求的扩大也使权利贬值，降低了权力的论争力。权力要求的扩大是有意义的，但往往缺乏基础或比较轻率。"[1] 目前，围绕着算法解释权的实然存在性与应然正当性，学界仍存在明显分歧。为了更好地明确算法解释权的价值，避免算法解释权的制度建构沦为一种缺乏理论基础的轻率产物，殊有必要梳理和检视算法解释权的控权逻

---

〔1〕［加拿大］L. W. 萨姆纳：《权利的道德基础》，李茂森译，中国人民大学出版社 2011 年版，第 14 页。

辑，并澄清和回应目前学者围绕解释权的理论争议。

（一）算法解释权的控权逻辑：增强算法透明性

在算法决策逐渐占据统治地位的算法社会中，各大互联网商业巨头和公共机构正在掌握一种算法权力，而支撑这种新型权力的则是各种功能强大的学习算法。大数据算法的重要特征在于其高度的专业性和模糊性，这些特征使得算法决策呈现出了显著的黑箱效应，并最终引发了算法决策的责任性危机。为了克服算法黑箱效应，进而强化算法决策的可责性，包括法律、计算机领域的各领域专家学者进行了艰辛的理论探索和制度建构。算法解释权则是众多方案中极具代表性的一种。从控权的角度观之，算法解释权基本遵循着一种以权利制约权力的控权逻辑。具体而言，算法解释权制度的建构逻辑如下：算法决策存在严重的黑箱效应，并导致算法决策责任性缺失，为了重塑算法决策可责性，需要通过算法解释权来提高算法决策的透明性。

《欧盟一般数据保护条例》便基本遵循了这样一种以通过赋予解释权、提高算法透明性，进而增强算法决策可责性的算法权力规制路径。《欧盟一般保护数据条例》第 13 条第 2 款第（f）、第（14）条第 2 款第（g）项、第 15 条第 1 款第（h）项均规定了控制者在获取个人数据时，为确保处理过程公正和透明之必要，应当向数据主体提供如下信息："本条例第 22 条第 1 款以及第 4 款所述的自动决策机制，包括数据画像及有关的逻辑程序和有意义的信息，以及此类处理对数据主体的意义和预期影响。"该条实则是确立了算法的解释权。从立法目的上看，该条款明确指出了设立算法解释权的目的，即旨在"确保处理过程的公正和透明"。从权利主体上看，该条款将解释权的权利主体界定为数据主体，而将解释权的义务主体界定为数据控制者，即各大互联网平台和公共机构。从适用对象上看，算法解释权适用于基于算法所作出的自动决策，该条例第 22 条第 1 款进一步对算法自动决策加以界定："如果某种包括数据画像在内的自动化决策会对数据主体产生法律效力或对其造成类似重大影响，数据主体有权不受上述决策的限制。"从解释内容上看，则主要包括"数据画像及有关的逻辑程序和有意义的信息，以及此类处理对数据主体的意义和预期影响"。透过对《欧盟一般数据保护条例》的梳理可以发现，算法解释权的权利构造以及立法目的大致遵循了上述以数据主体算法解释权制约数据控制者算法权力的控权逻辑，且遵循借由提升算法决策透明度来达致算法决策可责性的规制路径。

（二）算法解释权控权逻辑之批判——来自反对者的观点

至于算法解释权背后的控权逻辑是否能够成立，则有待进一步分析论证。为了增强分析论证的针对性，在此，笔者将通过梳理目前学界关于算法解释权的理论争议，来进一步厘清算法解释权控权逻辑的潜在价值和局限性。为了有针对性地回应反对者的观点，笔者将重点梳理和考察对算法解释权持否定与批判态度的学者的观点。概括而言，目前反对者主要是在算法解释权的实存性与正当性两个层面来批判算法解释权。

（1）否定算法解释权是实然的法定权利。以布莱斯·古德曼和塞斯·弗拉克斯曼为代表的学者认为，《欧盟一般数据保护条例》规定，数据主体有权利获得"包括数据画像及有关的逻辑程序和有意义的信息"，确立了算法解释权。[1]而桑德拉·瓦切特等学者则否认《欧盟一般数据保护条例》的上述规定确立了算法解释权，而是认为该条款只是确立了算法知情权（Right to be Informed）。[2]还有观点认为，真正确立算法解释权的是该条例序言第71款。安德鲁·伯特认为，序言第71款"可能是《欧盟一般数据保护条例》中最清晰地表达算法解释权"的条款。[3]但是，在他看来，问题在于，因为该条例序言部分没有法律效力，使得该条所谓的算法解释权无法发生法律约束力。在笔者看来，解释权之所以会造成上述分歧，直接原因在于，2016年出台的《欧盟一般数据保护条例》并未明确规定"解释权"（Right to Explanation），从而给予了学者们理论阐释和解读的空间，甚至直接否定了算法解释权是一项法定权利。

（2）质疑算法解释权的正当性。除了从法律文本上去否定算法解释权的实然存在性，还有学者从权利正当性这一更深层次质疑算法解释权的合理性。

---

〔1〕 Bryce Goodman & Seth Flaxman, "European Union Regulation on Decision-making and a 'Right to Explanation'", arXiv: 1606.08813v3〔stat. ML〕, 2016. 持相近观点还有美国学者安德鲁·赛尔贝特和茱莉亚·波尔斯教授，相关观点，See Andrew D. Selbet & Julia Powles, "Meaningful Information and The Right to Explanation", *International Data Privacy Law*, Vol. 7, No. 4, 2017, p. 233.

〔2〕 S. Wachter, B. Mittelstadt & L. Floridi, "Why a Right to Explanation of Automated Decision-Making Does not Exist in the General Data Protection Regulation", *International Data Privacy Law*, 2017, Available at https://papers.ssrn.com/sol3/papers.cfm? abstract_ id=2903469, Last Visited 2018-8-20.

〔3〕 Andrew Burt, "Is There a 'Right to Explanation' for Machine Learning in the GDPR?", Available at https://iapp.org/news/a/is-there-a-right-to-explanation-for-machine-learning-in-the-gdpr, Last Visited 2018-8-20.

具体而言，对于算法解释权正当的质疑包括以下几个方面：第一，否认算法解释的可能性。一些学者认为，机器学习算法决策不具有可解释性，进而直接否认解释权存在的可能性。第二，否认算法解释的必要性。持这种观点的学者认为，人类所作出的很多决策，尤其是私人机构所作出的决策并不需要进行解释，因此同样不需要对算法决策进行解释。第三，认为赋予算法解释权非但不能达到增强算法决策责任性的目的，反而将会影响算法自动决策的效率，甚至造成不必要的损失，特别是会泄露商业秘密。[1]正是基于上述理由，学者们对算法解释权持怀疑甚至坚决反对的态度。

（三）对反对观点的理论回应

笔者认为，上述观点均在某种层面反映出了算法决策的复杂性，有一定的道理。但是，其中一些观点殊值商榷。以下分述之。

（1）算法解释权已经成为一项法定权利。虽然目前学界对算法解释权是否为一项法定权利仍存争议。但是，通过梳理和比较《欧盟一般数据保护条例》的相关条文，笔者认为，该条例第 13 条第 2 款第（f）项、第（14）条第 2 款第（g）项、第 15 条第 1 款第（h）项，以及第 22 条第 1 款之规定，实际上已经从法律上确立了算法解释权。有学者所谓的算法知情权，实则是对算法解释权解释内容和解释标准的一种片面理解。实际上，从该学者之后发表的有关解释权研究成果中，我们可以发现其也是承认算法解释权的。[2]

（2）目前现实中的算法决策多具有可解释性。诚然，算法决策确实面临着解释的难题，这种解释难题一方面缘于大数据算法自动决策所运用的算法模型具有较高的专业性；另一方面缘于算法决策是建立在相关性基础之上，而并非建立在因果关系之上，按照惯常的决策解释方式，难以对其进行恰当解释。然而，我们不能就此完全否认算法决策的可解释性。实际上，就目前运用的算法模型而言，大多数算法决策还是具有可解释性的。首先，"虽然某些模型缺乏可解释性确实是一项挑战，但总体而言，可理解的解释的前景并非毫无希望。许多算法决策不依赖于难以理解的深度学习和神经网络，而是

---

[1]　Lilian Edwards & Michael Veale, "Slave to the Algorithm? Why A 'Right to An Explanation' Is Probably Not The Remedy You Are Looking For", *Duke Law & Technology Review*, Vol. 16, pp. 18~84.

[2]　Sandra Wachter, Brent Mittelstadt & Chris Russell, "Counterfactual Explanations Without Opening the Black Box: Automated Decisions and the GDPR", Available at https://ssrn.com/abstract=3063289, Last Visited 2018-8-20.

较不复杂和更易解释的模型,例如决策树"。其次,"即使是在复杂的多层模型中,模糊性的问题也被高估了,在不试图打开黑箱的情形下仍有多种方式能够解释某一模型所做出的特定决策"。[1]这意味着,在现实中,大多数算法决策仍然具有解释可能性。

(3)算法解释权有助于缓和算法决策的复杂性。我们认为,那种将以人类为决策者所作出的决策直接与大数据算法自动决策直接等同的观点是值得商榷的。因为在人类通常所作出的决策中,通常是能够为常人所理解的,人们通常不需要描述解释的过程,而更多的是解释作出决策的原因,以体现决策的合理性。实际上,"当涉及人类决策者时,当某人做出我们不理解或不相信的次优决定时,我们常常同样会想要一个解释"。[2]在算法自动决策中,解释的内容不仅涉及描述算法决策作出的过程,还涉及特定算法自动决策作出的原因与理由。换言之,在算法自动决策中,数据控制者实际上承担了更重的解释义务。透过算法解释权,原本具有高度复杂性的算法决策能够在很大程度上为人们所理解。

(4)算法解释权有助于增强算法的责任性。正如前述,算法解释权的控权逻辑实则是通过提高算法透明性来达到增强算法责任性的目的。而否定者则认为,通过提高算法透明性来提升算法决策的责任性的路径收效甚微,且会严重影响算法决策的效率和数据控制者的竞争力。必须承认,否定者所表达的观点以及隐含于其中的对算法透明性的担忧不无道理。

第一,将算法模型、代码和参数等毫无保留地向公众公开是一件极不明智的选择,这不仅将危及公众的隐私,而且将使算法自动决策的功能被完全架空。基于此,通过完全地、毫无保留地将算法彻底公之于众是我们坚决反对的。[3]但是,这并不能构成我们反对算法解释权的理由。因为算法解释权这一制度设计所意欲实现的并非算法模型的"完全透明性",而毋宁是在寻求一种"适当透明性"。[4]这一制度设计并不要求算法模型和决策过程的完全

〔1〕 Reuben Binns, "Algorithmic Accountability and Public Reason", *Philosophy and Technology*, 2017.

〔2〕 Finale Doshi-Velez et al., "Accountability of AI Under the Law: The Role of Explanation", arXiv: 1711.01134v2 [cs. AI] 21 Nov 2017, p. 3.

〔3〕 Paul B. Delaat, "Algorithmic Decision-Making Based on Machine Learning from Big Data: Can Transparency Restore Accountability", *Philosophy and Technology*, 2017.

〔4〕 Frank Pasquale, *The Black Box Society*, Cambridge: Harvard University Press, 2016, p. 142.

公开，而是要求其对算法模型的逻辑和有意义的信息进行解释说明。

　　第二，赋予算法解释权通过对算法决策内在因果性和相关性的解释有助于增强算法的可责性。在现代社会中，可责性既是一种美德，也是一种具体机制。作为一种机制，可责性所指涉的是解释和为特定行为进行辩护的义务。具体到算法决策领域，算法可责性价值的实现，主要体现为以下三个方面：①告知算法决策具体实施的行为；②阐释说明算法决策的正当性；③承担算法决策所带来的制裁后果。算法解释权透过对算法模型的解释、特定算法决策过程的描述以及算法决策对数据主体预期影响的解释说明，能够提升算法的可责性。

　　第三，算法解释权作为一种反思机制有助于提升算法可责性。众所周知，大数据关注的是相关性，而非因果性。大数据算法决策也是试图发现事物之间的相关性，以实现算法决策的精准性和客观性。但是，在很多情形下，相关性并不能保证决策的精准性和客观性，算法解释权通过赋予数据控制者对其算法模型和算法决策的解释说明义务，实则是给予了其对算法决策进行反思的机会。诚如学者所言："通过呈现决策背后的逻辑，解释可以被用来防止错误并增加信任，解释还可能被用来确定在产生争议的情形下，运用的某些标准是否适当。"[1]这一点对于公共领域的算法决策而言尤为重要。公共决策并非单纯的个人欲望、偏好和利益的满足，而是要接受公共理性的检验。此时，算法解释权要求数据控制者对算法决策加以解释说明，恰恰是给予公共领域的算法决策接受公共理性检验的机会，从而促进算法决策的可责性。[2]

　　综上，我们认为，在大数据背景下，伴随着算法自动化决策的兴起，算法决策存在许多问题。算法解释权作为一种应对算法决策黑箱效应的新兴权利，能够通过提升算法透明性来重塑算法决策的可责性，使算法决策具有正当性基础。

---

　　[1]　Finale Doshi-Velez et al., "Accountability of AI Under the Law: The Role of Explanation", arXiv: 1711. 01134v2 [cs. AI] 21 Nov 2017, p. 4.

　　[2]　Reuben Binns, "Algorithmic Accountability and Public Reason", *Philosophy and Technology*, 2017.

第三节　算法解释权的基本构造：两种解释权模式的比较分析

肯定算法解释权在现代算法社会中具有正当性的同时，我们也需要看到，算法解释权作为一种新兴权利，在理论上仍面临着诸多争议，在实践中亦将遭遇许多问题，而回应争议和解决问题的最重要途径是进一步理清算法解释权的基本构造。通常而言，一项权利的基本构造通常涉及权利主体、客体、内容等方面。具体到算法解释权，其基本构造包括算法解释权的主体、客体、内容等各方面。青年学者张凌寒教授已经从算法解释权的主体、解释标准和内容层次上对算法解释权的构造作出了开创性的研究，具有重要意义。[1] 为深化对提高算法解释权利构造的理论认知，本书将从解释主体、解释标准、时机等方面总结算法解释权构造的两种模式，并探讨两种模式运用的具体情境。

从动态角度审视算法决策的形成过程，会发现算法决策过程实际上包含了两个基本阶段：第一阶段为算法模型的建模阶段；第二阶段则是将算法模型运用于特定主体，并在此基础上形成自动化算法决策。基于以上两个阶段，可以将算法解释权界分为以"算法功能为中心"的解释权模式与以"具体决策为中心"的解释权模式。[2] 两种算法解释权模式在解释主体、解释标准和解释时机上具有明显差异。

（1）从解释的主体上看，算法解释权的主体包括算法解释权的权利主体和义务主体。前者指享有获得特定算法解释权的主体，而后者则是指负有算法解释义务的主体。两种解释权模式在权利主体范围上有所差异。以算法系统功能为中心的解释权模式的权利主体主要是数据主体，义务主体则主要是特定算法模型的开发者；而以具体决策为中心的解释权模式的权利主体则主

---

〔1〕　张凌寒博士从算法解释权的主体、解释标准和内容层次对算法解释权的构造作了开创性研究。参见张凌寒：《商业自动化决策的算法解释权研究》，载《法律科学（西北政法大学学报）》2018 年第 3 期。

〔2〕　Andrew D. Selbet & Julia Powles, "Meaningful Information and The Right to Explanation", *International Data Privacy Law*, Vol. 7, No. 4, 2017, p. 233. 还有学者将算法解释模式区分为以模型为中心的解释模式与主体为中心的解释模式，实际上，这种类型学区分与本书采行的界分标准有相似之处。See Lilian Edwards & Michael Veale, "Slave to the Algorithm? Why A 'Right to An Explanation' Is Probably Not The Remedy You Are Looking For", *Duke Law & Technology Review*, Vol. 16, No. 1, 2017, pp. 18~84.

要是受到特定算法自动化决策影响的相对人，例如被特定自动化算法决策拒绝聘用的相对人，其义务主体则是特定算法模型的使用者，例如运用特定算法模型作出雇用决策的公司。需要特别指出的是，因为算法决策的过程具有较高的专业性和复杂性，作为特定算法模型的开发者负有协助解释的义务。

（2）从解释标准观之，数据控制者对自动化算法决策的解释标准不同，意味着其为数据主体提供的"有意义的信息"所包含的具体内容并不相同。以算法的系统功能为中心的解释权模式主要聚焦于对特定算法模型的系统功能的解释说明。在该模式下，特定的数据控制者提供给数据主体的有意义的信息主要包括："自动化决策系统的逻辑、意义、设想的后果和一般的功能，例如规范指南、决策树、预定义模型，标准和分类结构。"[1]以具体决策为中心的算法解释模式则主要聚焦于基于算法模型所产生的"具体决策"进行解释，这种解释模式所提供的有意义的信息包括：特定自动化决策的基本原理、理由和个体情况。例如，特征的权重、机器定义的特定案例决策规则、参考或画像群体的信息。由此可见，两种算法解释权模式在解释标准上存在显著差异。

（3）从解释的时机观之，以算法的系统功能为中心的解释权模式的解释行为通常既可以选择在算法模型建模完成之后特定算法决策作出之前，也可以选择在特定决策作出之后。而以具体决策为中心的算法解释模式，其解释行为通常是在作出特定自动决策之后进行。

由此可见，两种算法解释权模式在解释主体、解释标准和解释时机上存在显著差异。但是，需要指出的是，根据算法决策的时间阶段不同对算法决策解释权作出类型化界分，旨在明确各个阶段的解释权的具体标准和内容，而并非意在算法解释权运用过程中对两者进行排他选择，更不是对所有的算法决策统一选择某种解释标准。有学者认为，在解释标准上，算法解释权应当聚焦于特定决策，并认为对特定算法模型"系统功能"的解释是法律上"无意义的信息"。[2]笔者认为，上述观点是值得商榷的。实际上，算法"系统功能"与特定算法决策的结果密切相关，不能因为系统功能的解释本身具

---

〔1〕　张凌寒：《商业自动化决策的算法解释权研究》，载《法律科学（西北政法大学学报）》2018年第3期。

〔2〕　张凌寒：《商业自动化决策的算法解释权研究》，载《法律科学（西北政法大学学报）》2018年第3期。

有较高的技术性特征便认为其解释是无意义的。这种理解既不符合《欧盟一般数据保护条例》的"有意义的信息"的立法涵义，也不符合算法解释权的立法目的。

本章小结

在大数据时代，伴随着算法统治时刻的来临，如何从法律制度上对这些广泛而深刻影响人类权利和利益乃至于人的尊严和完整性的大数据算法进行有效规制，成了现代"算法社会"中法律人义不容辞的使命与责任。诚然，赋予数据主体以及受特定算法决策影响的相对人以算法解释权，只是众多规制方案中的一种。作为一种赋权规制路径，如同其他规制方案一样，算法解释权既有其功能上的不可替代性，也存在着局限性。但是，无论怎样，以提高算法决策透明度和可责性为重要目的的算法解释权规制方案，在捍卫人的尊严和完整性方面，发挥着无法取代的重要作用，而对人的尊严和人的完整性的侵蚀恰恰是现代算法社会所面临的根本性挑战。从这个意义上，作为其中可资利用的一个新兴权利形态，算法解释权具有的捍卫和实现算法社会中为人们所共同珍视的隐私、包容等关系人的尊严的重要价值方面的制度功能，值得我们憧憬和认真对待。

第三章

超越算法知情权：算法解释权理论模式的反思与建构

　　在大数据和算法技术的强势联合与助推之下，人类正逐渐迈入算法社会。在算法社会中，作为一种全新的社会治式，算法治理术（algorithmic governmentality）[1]在公私领域被广泛运用。无论是在市场营销、金融信贷、就业招聘等商业领域，还是在社会福利分配、预测警务和司法裁判等公共治理场景，人们都正在亲身经历着算法治理术给人类社会带来的深刻复杂变化，感受着"隐秘"算法治理术所蕴含的强大力量，接受着来自算法权力的深度规训。[2]相较于算法治理术在人类社会的悄然兴起，在广泛渗透公共和私人领域，并逐渐迈向算法统治时刻的过程中，人们对这一处于黑箱之中，但却影响乃至主宰人类命运的隐秘机器却知之甚少，甚至一无所知。在这一背景之下，人们对无孔不入的算法治理术潜藏的隐私、歧视等诸多风险也深感忧虑，并逐渐显露出了对算法社会的信任危机。[3]

　　以大数据和算法代码为技术架构的算法治理术所引发的信任危机在很大程度上源于算法的"黑箱"效应和算法问责制的缺失。随着算法治理术的日

---

　　[1]　关于算法治理术，See Antoinette Rouvroy, "The End（s）of Critique: Data Behaviourism Versus Due Process", Mireille Hildebrandt（ed.）, *Privacy, Due Process and Computational Turning: The Philosophy of Law meets the Philosophy of Technology*, Routledge, 2013, pp. 143~167.

　　[2]　关于算法对个人的规训和操控的论述，参见［美］约翰·切尼-利波尔德：《数据失控：算法时代的个体危机》，张昌宏译，电子工业出版社2019年版，第89~139页；［瑞典］大卫·萨普特：《被算法操控的生活：重新定义精准广告、大数据和AI》，易文波译，湖南科学技术出版社2020年版，第77~165页。

　　[3]　张欣：《从算法危机到算法信任：算法治理的多元方案和本土化路径》，载《华东政法大学学报》2019年第6期。

渐兴起，"开发一些非常人性化的工具（一套权利、责任和法规）来管理甚至推动我们的技术创新就显得越来越重要"。[1]为了化解算法黑箱效应，提升算法决策的透明性和责任性，包括法律学者在内的诸领域学者进行了艰辛的技术、制度和理论探索。然而，在众多的制度和理论探索中，作为"个体赋权范式"理论重要分支之一的"算法解释权"制度甫一提出便在理论和实务上引发了诸多争议。[2]以《欧盟一般数据保护条例》的相关条文为蓝本，学术界围绕算法解释权展开了激烈争论，一些学者对算法解释权的实存性和正当性加以批判，将算法解释权意欲实现的"透明性"价值斥为"透明之谬误"，并在否认算法解释权实存性和可行性的基础之上提出了算法知情权理论。[3]还有学者主张将算法解释权定位为一种程序性权利，而非实体性权利。[4]

算法知情权理论在不揭开算法黑箱的前提之下，保证算法决策的可责性，获得了理论界和实务界的高度青睐。置身于算法统治"黑箱社会"的背景之下，理论建构和制度设计的天平似乎正逐渐向"算法知情权"倾斜。然而，在我们将天平倾向算法知情权理论之前，仍然存在一些需要加以认真思索的、悬而未决的问题：算法知情权理论与算法解释权之间究竟是什么关系？其蕴

---

〔1〕 ［印度］卡尔提克·霍桑纳格：《算法时代》，蔡瑜译，文汇出版社 2020 年版，第 154 页。

〔2〕 目前，国内外法学界围绕算法解释权制度是否存在及其正当性展开了激烈争论。国外相关研究成果，See Bryce Goodman & Seth Flaxman, "European Union Regulation on Algorithmic Decision-making and a 'Right to Explanation'", *AI Magazine*, Vol. 38, No. 3, 2017, pp. 50~57; Sandra Wachter et al., "Why a Right to Explanation of Automated Decision-Making Does Not Exist in the General Data Protection Regulation", *International Data Privacy Law*, Vol. 7, No. 2, 2017, pp. 76~99; Lilian Edwards & Michael Veale, "Slave to the Algorithm? Why A 'Right to An Explanation' Is Probably Not The Remedy You Are Looking For", *Duke Law & Technology Review*, Vol. 16, No. 1, 2017, pp. 18~84; Andrew D. Selbet & Julia Powles, "Meaningful Information and The Right to Explanation", *International Data Privacy Law*, Vol. 7, No. 4, 2017, pp. 233~242; Sandra Wachter et al., "Counterfactual Explanations without Opening the Black Box: Automated Decisions and the GPDR", *Harvard Journal Law & Technology*, Vol. 31, No. 2, 2018, p. 888; 参见张凌寒：《商业自动化决策的算法解释权研究》，载《法律科学（西北政法大学学报）》2018 年第 3 期；张欣：《算法解释权与算法治理路径研究》，载《中外法学》2019 年第 6 期；张恩典：《大数据时代的算法解释权：背景、逻辑与构造》，载《法学论坛》2019 年第 4 期；解正山：《算法决策规制——以算法"解释权"为中心》，载《现代法学》2020 年第 1 期；丁晓东：《基于信任的自动化决策：算法解释权的原理反思与制度重构》，载《中国法学》2022 年第 1 期。

〔3〕 沈伟伟：《算法透明原则的迷思——算法规制理论的批判》，载《环球法律评论》2019 年第 6 期。

〔4〕 丁晓东：《基于信任的自动化决策：算法解释权的原理反思与制度重构》，载《中国法学》2022 年第 1 期。

含着怎样的权利哲学理念？其究竟能够在多大程度上增强算法决策的透明性、强化对数据主体的算法决策理解和控制，以化解算法社会的信任危机、重建算法信任？面对上述问题，本书将以《欧盟一般数据保护条例》为蓝本，将目光聚焦于算法知情权理论，并穿行于制度文本与理论建构之间，考察检视算法知情权理论建构的思路和方案，洞悉、反思其背后的权利哲学意蕴，揭示算法知情权理论的缺陷与不足，在此基础上以道义论权利观为基础，探寻算法解释权的本土化建构方案。

第一节　作为"弱化"版本的算法解释权：算法知情权之规范考察

在展开对算法知情权的理论反思之前，有必要结合《欧盟一般数据保护条例》相关条文对算法知情权理论的建构路径加以梳理考察，以明确其究竟是算法解释权的替代，抑或是算法解释权的另一个弱化版本。

（一）算法知情权理论建构的规范阐释：以《欧盟一般数据保护条例》为中心

2016 年 4 月，《欧盟一般数据保护条例》出台，该条例甫一出台便引发了世界范围的激烈争论，其中关注最多的莫过于该法案所创立的数据主体权利体系。最初，学术界集中关注的莫过于"遗忘权"，而在英国牛津大学学者布莱斯·古德曼和赛斯·弗兰斯曼发表了一篇关于"算法解释权"的论文之后，争论的焦点又进一步扩展至"算法解释权"这一数据权利。自算法解释权这一新型权利被提出之后，有关该权利在《欧盟一般数据保护条例》中的实存性和可行性便引发了争论。而同为牛津大学学者的桑德拉·瓦赫特等人更在批判算法解释权的基础上，提出了算法知情权概念。[1]他认为，《欧盟一般数据保护条例》并没有创立算法解释权这一数据权利，而是创立了算法知情权。下面，笔者将结合《欧盟一般数据保护条例》的相关条文来分析算法知情权理论模式的解释技术和论证策略。

（1）否认《欧盟一般数据保护条例》中存在具有法律效力的算法解释权

---

[1] Sandra Wachter et al. , "Why a Right to Explanation of Automated Decision-Making Does Not Exist in the General Data Protection Regulation", *International Data Privacy Law*, Vol. 7, No. 2, 2017, pp. 76~99.

概念。在算法知情权模式的倡导者看来，在整个《欧盟一般数据保护条例》文本中，明确提出解释权这一概念的只有序言第 71 条。该条规定："任何情况下，数据处理都应受到适当的保障，其中应包括向数据主体提供的具体信息和获得人为干预的权利、表达其观点的权利、获得对评估后作出的决定的解释的权利以及对该决定提出质疑的权利。"该条明确规定数据主体有获得针对决定的解释的权利。然而，遗憾的是，他们认为，背景引言"只是为理解条文提供了指引，自身并不具有法律约束力"，并不能产生直接的法律效力，故而根本不能成为数据主体享有算法解释权并向数据控制者请求解释的规范性基础。

（2）否认《欧盟一般数据保护条例》正文中存在广泛意义上的"算法解释权"。桑德拉·瓦赫特等人认为，梳理《欧盟一般数据保护条例》正文的相关条文，通篇并未提及算法解释权，因此否认广泛意义的算法解释权的存在。

（3）主张《欧盟一般数据保护条例》相关条文只能推导出算法知情权。桑德拉·瓦赫特等学者采取类型化分析，将对算法自动决策的解释界分为"系统功能性解释"和"具体决定解释"，并根据时间节点界分为事前解释和事后解释。在此基础之上，其否认了《欧盟一般数据保护条例》赋予数据主体获得针对具体决定的事后解释的权利，而承认了针对算法"系统功能"的事前解释。他们认为，《欧盟一般数据保护条例》第 13 条、第 14 条确立了告知义务，但是这一告知义务并非事后解释权。其给出了以下两点理由：第一，这一告知义务针对的是事前"系统功能"，而非事后"特定决策"。他们认为，根据第 13（2）和第 14（2）条，数据控制者负有的告知义务是有时间限制的，即只有"在获取个人数据"时方才"应当向数据主体提供信息"。从逻辑上，告知义务只能在事先告知，即只能针对系统功能，而无法针对"特定决策"。第二，《欧盟一般数据保护条例》第 13（2）（f）条和第 14（2）（g）条仅适用于第 22（1）和（4）条，而其中未述及防止自动决策的保障措施。据此，他们认为，将第 13、14 条自动化决策所涉及的逻辑、意义和设想的后果的通知与事后解释权之间联系起来是站不住脚的。在此基础上，桑德拉·瓦赫特等人进一步分析了第 15 条所确立的数据访问权条款。他们认为，与第 13（2）（f）条和第 14（2）（g）条相一致，第 15（1）（h）条也仅是确立了针对"系统功能"的事前解释，数据控制者只需告知数据主体正在使用自动决策方法处理其数据即可。

通过对《欧盟一般数据保护条例》相关条文的体系性解读，桑德拉·瓦赫特等学者认为，《欧盟一般数据保护条例》并未在规范层面规定"算法解释权"，而只是规定了"算法知情权"，进而确立了所谓的算法知情权理论模式。

（二）算法知情权理论之本质意涵：作为弱化版本的算法解释权理论

从表面上看，关于算法解释权与算法知情权的概念之争似乎显得有些微不足道。其实不然，通过考察算法知情权理论的论证策略和规范阐释路径，我们可以洞悉算法知情权的本质意涵，从而揭示两者对算法自动决策规制进路的差异。

（1）算法知情权并非算法解释权的替代。考察桑德拉·瓦赫特等人有关算法解释权的观点和思路可以发现，他们并非如同其在那篇引起广泛影响的论文标题所表达的那般，彻底否认算法解释权的存在，而更多的是提出了一个"弱版本"的算法解释权模式，即以"系统功能"为中心的事前解释模式。

（2）算法知情权采行的是一种外部解释模式。之所以将算法知情权定位为一种外部解释模式，原因在于其是一种在不打开算法黑箱的前提下所进行的解释。从表面上看，算法知情权主张在处理个人数据时对自动决策"系统功能"进行事前解释，似乎是一种揭开算法黑箱的内部解释模式，具有很高的强度。实则不然，算法知情权理论所主张的针对系统功能的事前解释，仅仅是针对概括性的系统功能，远未达到深入算法系统内部的程度。这种外部解释体现在算法知情权理论倡导者所主张的反事实解释方法和标准上。反事实解释又被称为反事实思维，是指对过去已经发生的事实进行否定而重新表征，以建构一种可能性假设的思维活动。在日常生活中，反事实解释非常普遍。其典型表现为："如果当时……，就会（不会）……"反事实解释的优势在于不需要对算法决策进行全面的解释，而只需要对其中个别变量之间的关联进行解释。例如，某个人显示一个 x_i 的特征，反事实推理型解释将以这样的形式展示，即"因为你的特征是 x_i，所以生成的结果是 Y；如果已展现的特征是非 x_i（$-x_i$），那么则会生成结果 Y′"。[1]借助于反事实解释方法，算法黑箱内部的参数、权重以及决策背后的运行程序和逻辑都无须加以解释

───────────────

　　〔1〕〔德〕约恩·赫姆斯特鲁维尔：《人工智能与不确定性条件下的行政决定》，载〔德〕托马斯·威施迈耶、蒂莫·拉德马赫编：《人工智能与法律的对话》，韩旭至等译，韩旭至、陈吉栋校，上海人民出版社 2020 年版，第 236 页。

说明。桑德拉·瓦赫特等人明确地指出："对算法决策的解释，无论是《欧盟一般数据保护条例》所设想的还是一般的，并不一定取决于公众对算法系统如何工作的理解。尽管这种解释性是非常重要的，而且应该加以追求，但原则上，解释是不需要打开'黑匣子'就可以提供的。把解释看作帮助数据主体行动而不仅仅是理解的一种手段，人们可以根据他们支持的具体目的或行动来衡量解释范围和内容。"[1]由此可见，究其本质，算法知情权理论所主张的是一种在不揭开算法黑箱前提下的外部解释模式。

基于以上分析，笔者认为，桑德拉·瓦赫特等人所精心构造的算法知情权理论并非从根本上否认算法解释权的存在，而是另辟蹊径，试图在不揭开算法黑箱的前提之下，为我们提供"弱版本"的外部算法解释权。而之所以作出这样的选择，既是基于算法模型复杂性的客观原因，也是基于对算法模型开发者、应用者和受算法决策影响者等各方利益的考量。

第二节　算法知情权理论之法理反思

对于桑德拉·瓦赫特等人否认欧盟《一般数据保护条例》确立算法解释权的观点和论证策略，塞尔布斯特和鲍尔斯评论道：其观点是建立在"没有根据的假设和令人不安的分析框架"基础之上的。笔者认为，作为一种"弱版本"的算法解释权理论，其究竟能够在多大程度上捍卫算法时代数据主体的权利、实现算法决策的可责性是一个值得深入思索和澄清的问题。而对这一问题的澄清，除了规范文本阐释之外，还需要洞悉隐藏在该理论背后的权利哲学。笔者认为，每一种权利主张背后均蕴含着某种权利哲学，对其权利哲学的揭示和阐发将有助于我们重新审视某一特定权利的功能价值和潜在问题。算法知情权亦不例外。在此，笔者将借由对蕴含在算法知情权理论背后的权利哲学基础的深入挖掘，发现算法知情权理论的潜在缺陷。

（一）算法知情权理论的权利哲学基础：功利主义权利哲学

从权利哲学视角观之，算法知情权理论浸润着功利主义权利哲学理念，从学者的论证中，我们可以隐约窥见算法知情权理论背后的功利主义权利哲

---

〔1〕 Sandra Wachter et al. , "Counterfactual Explanations without Opening the Black Box: Automated Decisions and the GPDR", *Harvard Journal Law & Technology*, Vol. 31, No. 2, 2018, p. 843.

学传统和理论基质。

1. 算法知情权理论能够实现算法自动决策效用最大化

诚如学者所言："功利主义伦理学可以被理解为一种效率伦理学，它对个别行为、行为方式、个人和社会的行动准则、组织机构、动机、德行概念和理想等所有的单一道德成分采用这样一种标准来进行评价，即他们在多大的程度上适合促进有意识能力的生物的主观幸福。对它们来说，道德的准则不是自我目的，而是对行为进行控制的、仅仅通过自己的功能证明有存在理由的社会公约。在某种意义上，功利主义伦理学可以被看作对目的和手段理性的技术和经济模式的一种普遍化。"[1]按照密尔的功利主义哲学观点，一项规则或政策的正当判断标准在于其能否实现"最大多数人的最大幸福"，即能否实现效用最大化。[2]应该说，功利主义哲学的目的论导向和对效率价值的追求意味着其与技术之间存在着密切关系。功利主义伦理学和技术之间的联系不仅体现在两者之间分享着"目的-手段-理性"的基本结构，还体现在"对自然原则的否定和始终如一的反保守主义。缺乏对上帝所造之物的和自然生长之物的敬畏，是功利主义和技术皆而有之的典型特点"。[3]

作为在现代社会日渐占据统治地位的一种重要治理术，算法治理术蕴含着开发者和运用者对治理绩效的不懈追求。"权利的功利论告诉我们，真正的权利要求在其适当存在的规则体系中得到社会政策的认可，而这种社会政策能够最好地促进某种人们赞成的目标。"[4]换言之，功利主义权利观认为，权利的正当性根植于目标。"功利主义伦理学从一开始就表现出同经济以及技术的紧密关系。技术行为是典型的以特定非技术目的为导向的手段行为。技术的优化也总是带有效用最大化的特征。"[5]算法知情权理论则迎合了算法自动决策效用最大化的目标追求。在算法知情权理论的倡导者看来，算法知情权

---

〔1〕　[德] 阿明·格伦瓦尔德主编：《技术伦理学手册》，吴宁译，社会科学文献出版社 2017 年版，第 268 页。

〔2〕　[英] 约翰·穆勒：《功利主义》，徐大建译，上海人民出版社 2008 年版，第 7 页。

〔3〕　[德] 阿明·格伦瓦尔德主编：《技术伦理学手册》，吴宁译，社会科学文献出版社 2017 年版，第 272 页。

〔4〕　[加拿大] L. W. 萨姆纳：《权利的道德基础》，李茂森译，中国人民大学出版社 2011 年版，第 182 页。

〔5〕　[德] 阿明·格伦瓦尔德主编：《技术伦理学手册》，吴宁译，社会科学文献出版社 2017 年版，第 268 页。

作为一种弱解释权模式，只需要对算法模型的总体功能进行事前的解释，其既不像算法公开方式那样，要将所有的数据和算法模型都公之于众，也无需针对特定决策进行事后解释，亦不需要深入算法模型内部，对算法模型与特定决策结果之间的因果关系展开论证。这使得算法模型应用者所承担的解释义务大大降低。在算法知情权理论模式之下，算法黑箱无需被揭开，能够在很大程度上保障算法决策功能。因为，在算法知情权理论倡导者看来，一旦算法黑箱被完全打开，便会引发相应的策略性行为，从而使得算法自动决策在实践中的预测能力大大减损，算法治理术在现代公私领域中的地位和作用将有被架空之虞。

2. 算法知情权理论能够实现利益平衡

功利主义权利哲学认为权利的本质是利益，强调具体利益而非抽象的价值理念的重要性。当需要对多元利益和价值进行取舍时，功利主义权利哲学主张进行利益权衡比较，而权衡的惯常方法是成本效益分析。算法知情权理论可谓充分展现了功利主义权利哲学的利益权衡思想。在算法知情权理论倡导者看来，算法知情权能够在很大程度上实现算法应用者和利益的平衡。究其原因在于：一方面，过高标准的算法解释要求将会招致算法开发者或其他数据主体的抵制，因为其很可能侵害算法开发者的商业秘密和知识产权等权益，甚至可能会侵犯其他数据主体的隐私。[1]相形之下，算法知情权理论在不揭开算法黑箱的前提之下对算法功能做简要解释，保护了算法开发者的商业秘密和知识产权，不仅维护了算法开发者的利益，保障了算法模型的功能，也使其有动力持续进行算法模型的开发和优化，有助于人工智能算法技术的创新发展。另一方面，算法知情权赋予数据主体要求获得针对系统功能的事前解释的权利，使其能够了解那些对其产生重要影响的算法模型的一般功能，有助于数据主体在了解算法模型功能基础上行使质疑和拒绝自动化决策等一系列数据权利，维护自身合法权益。

3. 算法知情权理论符合机器学习算法决策的特征

受经验主义哲学思潮的深刻影响，功利主义权利哲学倡导法律权利应当建立客观经验基础之上，而非建立在空洞抽象的先验理念基础之上。在算法

〔1〕 Sandra Wachter et al. , "Counterfactual Explanations without Opening the Black Box: Automated Decisions and the GPDR", *Harvard Journal Law & Technology*, Vol. 31, No. 2, 2018, p. 843.

知情权理论的倡导者看来，算法知情权理论符合机器学习算法自动决策的特征，具有现实可行性。一方面，目前的人工智能算法模型具有自学习的特征，这使得解释算法模型所作出的针对数据主体的特定决策变得非常困难，因为算法模型的开发者也难以准确地判断究竟是输入的哪一个或哪几个变量最终影响了算法自动输出的结果。另一方面，以海量数据为原料的算法自动决策，关注和揭示的是事物之间的相关性，而对事物之间的因果性则并不关注。[1]由于基于大数据的算法奠基于相关关系，而非因果关系之上，对算法的解释往往难以满足人类因果关系思维的解释。[2]在算法知情权理论的倡导者看来，在人工智能算法自动决策场景之下，算法开发者和数据控制者既难以事先预料算法模型输出的结果，也难以在事后对算法模型所自动生成的特定决策结果作出明确解释。因此，在这一场景下，要求算法应用者像人类决策那样对机器学习算法所自动作出的特定决策进行充分的、个别化的因果解释实在是强人所难，并不符合机器学习算法决策的场景特征，不具有现实可行性。

据此，算法知情权理论的倡导者认为，应当放弃针对特定决策的事后解释的这一不切实际的幻想，退而求其次。一方面，主张针对算法系统功能的事前解释；另一方面，主张一种与算法决策的"相关性"相适应的"反事实解释"，而不要求对算法决策结果与算法模型及输入数据变量之间的因果性进行解释。[3]

综上，算法知情权理论作为一种弱化版本的算法解释权理论，根植于功利主义哲学传统，该理论力求在算法模型开发者、应用者和数据主体三者的利益之间达致平衡，并试图实现算法自动决策效用的最大化。

（二）算法知情权理论之反思

诚然，算法知情权理论在促进人工智能算法技术创新，提升经济社会效益方面发挥着重要功能，但客观而言，植根于功利主义权利哲学的算法知情权理论却也存在着严重缺陷。

---

〔1〕［英］维克托·迈尔-舍恩伯格、肯尼思·库克耶：《大数据时代：生活、工作与思维的大变革》，盛杨燕、周涛译，浙江人民出版社2013年版，第75页。

〔2〕丁晓东：《基于信任的自动化决策：算法解释权的原理反思与制度重构》，载《中国法学》2022年第1期。

〔3〕Sandra Wachter et al., "Counterfactual Explanations without Opening the Black Box: Automated Decisions and the GPDR", *Harvard Journal Law & Technology*, Vol. 31, No. 2, 2018, p. 841.

1. 算法知情权理论难以为数据主体提供有意义的解释从而危及数字人权

在算法社会中，算法自动决策的黑箱效应使得人们处于机器学习算法的摆布之下，却因难以洞悉其决策过程和理由而陷入茫然失措。算法开发者借助隐秘的算法模型，得以对个人进行精准画像，据此对个人的偏好、行为、能力、信用等进行预测和评分，进而判断和决定其是否具有获得特定机会和待遇的资格。算法自动决策的不透明性特征导致人们无从知晓那些对其产生重要影响的评分和预测究竟是如何作出的。这进一步加剧了算法时代的隐私和歧视风险等诸多问题。诚如德国学者库克里克所言："几乎所有的数据公司都会搜集用户的个人信息资料，并且对其进行全方位的打分：商业信誉、购买意愿、在社交媒体上的影响、固执性、可被影响性。用户对此通常并不知晓。这会使人们产生巨大的不适，并且会激发人们对于普遍歧视的怀疑。人们会感觉被以某种方式观察，同时受到糟糕的对待。只有透明才能改变这种情况。"[1]为了克服上述问题，要求那些掌握算法治理术并主宰普通民众生活的算法开发者和应用者对其算法自动决策进行有意义的解释便成了保障数据主体合法权益的重要方式。[2]但是，客观而言，算法知情权理论针对算法模型的系统功能进行事前解释，实不足以为数据主体提供有意义的解释。

一方面，对于数据主体而言，算法知情权理论仅仅将解释的范围限定于算法模型的一般性系统功能，并不能够使数据主体了解那些对其产生重大影响的算法自动决策究竟是如何生成的，数据主体也无从知晓如何通过行为、偏好等诸多数据变量的改变来改善自身的境遇。另一方面，对于数据主体而言，算法知情权理论将使得《欧盟一般数据保护条例》赋予的数据权利流于形式。为了捍卫和实现算法时代的个人尊严，《欧盟一般数据保护条例》规定了数据主体享有质疑和反对算法自动决策的权利。可以说，这些权利是智慧社会第四代"数字人权"的重要组成部分。[3]客观而言，数据主体所享有的

---

〔1〕 ［德］克里斯多夫·库克里克：《微粒社会：数字化时代的社会模式》，黄昆、夏柯译，中信出版社 2017 年版，第 111 页。

〔2〕 See Andrew D. Selbet & Julia Powles, "Meaningful Information and The Right to Explanation", *International Data Privacy Law*, Vol. 7, No. 4, 2017.

〔3〕 马长山：《智慧社会背景下的"第四代人权"及其保障》，载《中国法学》2019 年第 5 期。关于算法自动化决策反对权的论述，See Isak Mendoza & Lee A. Bygrave, "The Right Not to be Subject to Automated Decisions Based on Profiling", Tatiana-Eleni Synodinou et al. （eds.）, *EU Internet Law: Regulation and Enforcement*, Switzerland: Springer, 2017, pp. 77~100.

这些重要人权的维护和实现，除了致力于建设尊重人权价值的"道德基础设施"之外，另一途径则是要让数据主体能够以自身行动践行这些权利。但是，数据主体意欲真正行使和捍卫这些权利，则需要以获得关于算法自动决策的"有意义的解释"为前提。只有在获得了充分有意义的解释之后，数据主体才能进一步选择是否行使质疑或反对算法自动决策的权利。然而，算法知情权理论仅仅将解释范围局限于算法模型的一般性系统功能，这使得数据主体难以获得真正有意义的信息，从而使数据主体难以真正捍卫和保障智能社会的一系列数字人权。

2. 算法知情权理论过度追求效率而损害公平价值

在解释方法上，算法知情权理论倡导者主张采用反事实解释方法。这种解释方法与算法知情权理论主张的最小化披露原则，即在不打开算法黑箱的前提之下进行解释的观点是一脉相承的。根据学者的分析，其具有三个方面的优势：第一，算法开发者无需就算法黑箱内部的逻辑对外进行解释，从而避免承担过多的技术成本；第二，反事实解释方法遵循最小化披露原则，减少了对算法开发者商业秘密和个人隐私的侵犯；第三，反事实解释为数据主体挑战算法决策提供了可能。[1]

平心而论，在学者所列举的反事实解释方法的以上三大优势中，前两者是值得肯认的，而第三大优势则显得有些言过其实了。反事实解释方法旨在揭示个别数据变量与决策结果之间的相关性，而对于算法模型的内部运行机理，揭示海量数据变量与决策结果之间的因果关系则难有助益。就此而言，反事实解释方法似乎与强调"相关性"的算法自动决策场景相适应。"强硬的数据主义者认为无需任何理论，也无须借助为世界运行方式建立模型，单凭相关性就可以解决一切问题。"[2]但是，将算法解释仅仅局限于"相关性"是远远不够的。因为，面对海量数据之间错综复杂的相关性，数据主体容易迷失在"相关性"的海洋之中，借助于反事实解释方法难以穿越"相关性"的海洋，揭示诸多数据变量与特定算法决策结果之间的确切关联。因此，作为一种在不打开算法黑箱的前提下所展开的解释，反事实解释方法无疑有助

---

〔1〕 Sandra Wachter et al. , "Counterfactual Explanations without Opening the Black Box: Automated Decisions and the GPDR", *Harvard Journal Law & Technology*, Vol. 31, No. 2, 2018, p. 888；杜小奇：《多元协作框架下算法的规制》，载《河北法学》2019 年第 12 期。

〔2〕 [美] 史蒂夫·洛尔：《大数据主义》，胡小锐、朱胜超译，中信出版社 2015 年版，第 162 页。

于保障算法开发者和运用者的利益。但是，对于数据主体而言，反事实解释方法所能够提供的保护极为有限。德国学者赫姆斯特鲁维尔在肯定反事实解释优点的同时，也直截了当地指出了反事实解释在保障数据主体方面存在的缺陷：一方面，反事实解释难以让我们知道一个算法模型中为了获得一个不同结果所需要替换的最小规模的数据集合；另一方面，反事实解释并不会提供两种不同的决策作出模式的结构性差异。因此，反事实解释为数据主体提供的信息不仅是相当有限的，而且其更多的是从有利于算法开发者和使用者的角度出发去作出解释，进而基于这一立场，要求数据主体对自身的行为作出改变和调整，并有可能会误导从而诱使公民放弃本可以采取的诉讼途径。[1]

客观而言，在算法模型的可解释性与准确性之间存在着某种张力，算法知情权理论采行的反事实解释方法聚焦于个别数据变量与输出结果之间的"相关性"，而将海量数据变量与决策结果之间复杂的因果关系放置在一旁，实则表明在可解释性和准确性的天平之间偏向了后者。"数据科学家适用预测分析技术时则不去探究这些内在联系。只要预测模型能精确预测就好，预测结果比解释更重要。"[2]这也意味着，以功利主义为哲学基础的算法知情权理论将效率价值置于公平价值之上。诚如安德鲁·塞尔布斯特和索隆·巴罗卡斯在评价反事实解释方法时指出的那样："这种方法的目的不是询问决策的基础是否合理；而是将决策视为给定的，并试图让受其影响的人避免或处理不好的结果。这种方法没有使用解释来探询决策的合理性，而是将对不良结果的责任从自动化决策的设计者转移到受其影响的人身上。"[3]由此可见，反事实解释方法为算法应用者追求效率和算法的准确性提供了方便，而算法自动决策的后果则由受其影响的人们承担，对于数据主体以及受其影响的人们而言，这显然有失公平。

---

〔1〕 ［德］约恩·赫姆斯特鲁维尔：《人工智能与不确定性条件下的行政决定》，载［德］托马斯·威施迈耶、蒂莫·拉德马赫编：《人工智能与法律的对话》，韩旭至等译，韩旭至、陈吉栋校，上海人民出版社 2020 年版，第 236 页。

〔2〕 ［美］埃里克·西格尔：《大数据预测：告诉你谁会点击、购买、撒谎或死去》，周大昕译，中信出版社 2017 年版，第 122 页。

〔3〕 Andrew D. Selbst & Solon Barocas, "The Intuitive Appeal of Explainable Machines", *Fordham Law Review*, Vol. 87, No. 3, 2018, p. 1122.

3. 算法知情权理论过度强调算法的复杂性而遮蔽了算法模型解释的可能性

算法知情权理论在很大程度上是建立在机器学习算法的复杂性之上的。通过诉诸机器学习的复杂性，算法知情权理论支持者在很大程度上否认了解释的可能性。而且，令人担忧的是，技术专家为机器学习算法模型复杂性和不可解释性的"背书"，正在逐渐剥夺作为外行的数据主体对算法自动决策提出质疑、要求解释和加以拒绝的资格。对于身处算法社会的个人所面临的尴尬境地，美国学者凯西·奥尼尔认为："如果我们不夺回一定程度的控制权，这些未来的数学杀伤性武器将会成为隐藏在人类社会幕后的控制者。他们将以它们的方式对待我们。而我们却对此毫不知情。"[1]我们认为，要求获得解释是人们获得那些对其产生重要影响的算法自动决策的控制权的重要方式。在人们获得那些与其利益攸关的算法决策的有效解释之前，其对算法决策的控制权和反对权只不过是空头支票而已，难以真正落到实处。

诚然，随着机器学习算法的不断发展，无论是解释算法模型的系统功能，还是为算法模型生成的特定决策结果提供合理解释都将变得日益困难。但是，笔者认为，机器学习日益复杂化并不能成为算法应用者拒绝对算法自动决策加以解释的当然理由，也不能以此作为否认算法解释权存在必要性和合理性的借口。否则，算法开发者均可以算法模型涉及高度复杂的技术为由，拒绝就算法自动决策作出任何合理解释，即使算法模型对人们的利益产生重大影响，而实际上，该算法模型可能远没有其宣称的那样复杂和不可理解。[2]现实中，甚至不排除算法开发者有意将算法模型复杂化和模糊化，刻意制造算法黑箱，以此逃避解释义务，并借此牟利的可能性。[3]况且，目前实践中运用的算法模型并非复杂到完全不具有可解释性。关键在于，透过立法赋予数据主体算法解释权，并苛以算法应用者一定的算法解释义务，迫使算法开发者和运用者寻找适当的解释方法揭示遮蔽在算法复杂性托词背后的算法决策

---

〔1〕　［美］凯西·奥尼尔：《算法霸权：数学杀伤性武器的威胁》，马青玲译，中信出版社2018年版，第201页。

〔2〕　Reuben Binns, "Algorithmic Accountability and Public Reason", *Philosophy and Technology*, 2017.

〔3〕　Cynthia Rudin, "Stop Explaining Black Box Machine Learning Models for High Stakes Decisions And Use Interpretable Models Instead", *Nature Machine Intelligence*, Vol. 1, 2019, p. 209.

自动生成的机理和逻辑。

虽然算法知情权理论宣称力求在机器学习算法的技术场景中实现算法决策准确性与可解释性、数据应用者和数据主体的多元主体利益格局的平衡，然而奠基于功利主义权利哲学的算法知情权理论所勾勒的理想愿景远未能实现。相反，正如上文所分析的那样，算法知情权理论这一弱化的外部解释权模式却陷入了技术理性的泥淖，沦为了算法应用者谋取自身利益的有力武器。相形之下，对于数据主体而言，算法知情权所能够提供的保护却往往流于形式。

第三节　超越知情权模式：道义论权利论下算法解释权之本土化建构

奠基于功利主义哲学传统的算法知情权理论在解释时机上主张事前解释，在解释内容上主张以一般性系统功能为中心，在解释方法上倡导对算法模型披露最小的反事实解释，并以此来阐释《欧盟一般数据保护条例》的解释权相关条文。然而，正如前文所揭示的那样，遵循功利主义权利哲学传统将算法解释权弱化为"算法知情权"对于捍卫算法社会中处于弱势地位的数据主体的基本人权，对于捍卫人的自治和尊严价值收效甚微。因此，笔者认为，需要在对算法解释权制度进行理论奠基之后对算法解释权制度加以本土化建构。

（一）算法解释权的理论奠基：道义论权利哲学

笔者认为，与从功利主义权利哲学脉络中完成算法知情权理论建构和阐释不同，应当将算法解释权置于道义论权利哲学理论框架中加以阐释，以充分发挥算法解释权在算法社会中的规范价值。道义论权利观念具有以下基本论点：第一，主张权利优先于善；第二，主张尊严优先于利益；第三，主张权利本位。[1]遵循道义论权利观，算法解释权理论在实现个人自主、维护个人尊严方面具有重要意义。

---

〔1〕　张伟涛：《当代道义论权利理论评析》，载《人民论坛（中旬刊）》2014年第4期。

1. 以道义论为基础的算法解释权以维护人的尊严为终极价值

不同于基于功利主义权利观的算法知情权将利益置于优先地位，以道义论权利观为基础的算法解释权理论将维护人的尊严作为理论建构和制度架构的最终依归。"使人之成为人的尊严，为基本的法定秩序奠定了基础，我们的生活正是根据这些法定秩序的现行规定而变得或好或坏。"[1]算法社会中，个人自治和个人尊严正面临着来自算法自动决策的严重侵蚀，在算法自动决策广泛取代人类决策的过程中，人们正逐渐丧失对那些对其产生重要影响的决策的理解和控制能力，个人的自治能力和主体性地位都在遭受严重侵蚀，面临前所未有的危机。[2]算法社会中人的主体地位的全面解构引发了许多学者的忧虑。德国学者库克里克指出，由数字代码组合而成的算法模型具有了规则生产的能力，并促使人类社会向有算法模型的微粒社会演进。微粒社会是一个典型的评价型社会，在这一社会中，差异革命、智能革命和控制革命"三重革命"正在共时性地交织展开。而对于置身于其中的个人而言，则在算法模型的高度解析之下逐渐沦为"微粒人"。借助于算法模型，"我们开始将人分类，进而区分人、控制人"。[3]美国学者卢克·多梅尔有着颇为精妙的论述："算法往往把独立自主的个人看成人类的一个分类节点，这与个人的真正含义之间存在明显的差异，它有可能造成'公式'遭遇同样的'自我危机'。"[4]由此可见，在算法社会中，人面临着前所未有的主体性危机，而人的尊严价值这一现代法律的伦理总纲在算法机器的操纵下则逐渐消失殆尽。

一方面，在经济领域，在所谓的算法个性化推荐背后，潜藏着的是算法对个人选择和偏好的隐秘操纵，进而导致消费者自主选择能力被显著削弱。另一方面，在社会和政治领域，新闻、信息的个性化推荐造成了人的单体化和

---

[1]　[德]瓦尔特·施瓦德勒：《论人的尊严——人格的本源与生命的文化》，贺念译，人民出版社2017年版，第3页。

[2]　参见[瑞典]大卫·萨普特：《被算法操控的生活：重新定义精准广告、大数据和AI》，易文波译，湖南科学技术出版社2020年版，第77~165页。

[3]　[德]克里斯多夫·库克里克：《微粒社会：数字化时代的社会模式》，黄昆、夏柯译，中信出版社2017年版，第108页。

[4]　[美]卢克·多梅尔：《算法时代：新经济的新引擎》，胡小锐、钟毅译，中信出版社2016年版，第30页。

思维观念的极化，即所谓的过滤泡效应。[1]更为重要的是，伴随着算法决策在公共治理领域的广泛运用，其带来的一个严重后果是对公民正当程序权利的剥夺。在算法决策兴起的背景下，作为现代民主政治的公众参与和协商机制极有可能被悬置。[2]就行政监管领域而言，目前，行政监管领域中运用的算法决策模型主要包括反应型算法和预测型算法，两者带来了不同程度的正当程序系统性失灵。[3]其中，反应型算法通过对传统行政过程的自动化，进而相应地压缩了行政决定的程序空间，使得传统行政决定中面向行政相对人的一系列程序和步骤运作被省略。与反应型算法通过压缩程序实现执法的高效化不同，预测型算法通过对既往执法数据的收集和潜在违法者行为轨迹的追踪，实现对潜在违法者的风险评级，进而根据算法模型对潜在违法者的风险评级来优化执法策略。因为预测型算法被运用于正式的行政行为作出之前，因此相较于反应型算法而言，其对行政相对人造成的正当程序权利侵害程度要弱一些。但是，预测性算法依靠运算在算法黑箱内部得出结果加剧了行政决策内部化，并使得公众参与和专家论证等正当程序装置被架空。而且，预测型算法在带来行政程序危机的同时，也引发了严重算法歧视的问题。[4]

　　诚如学者在谈及算法权利对个体的负面影响时指出的那样："若算法决策系统不公正地抹杀了个体获取机会的资源（例如工作、教育机会、住房、贷款和保险等），那么个体就会受到不利影响。更确切地说，这种不利影响应该是一种过错，因为其可能会侵犯个体受平等对待和尊重的基本权利。这种权利根植于对人的尊重这一根本原则，生而为人，若其因决策遭受直接不利影响，理应有权要求相关决策主体作出解释，且应享有反对者该决策的权利。"[5]在算法决策场景中，经典正当程序理念和制度面临严重冲击，但是这并不意味

---

[1] 参见［美］伊莱·帕里泽：《过滤泡：互联网对我们的隐秘操纵》，方师师、杨媛译，中国人民大学出版社 2020 年版。

[2] 张恩典：《人工智能算法决策对行政法治的挑战及制度因应》，载《行政法学研究》2020 年第 4 期。

[3] 张凌寒：《算法自动化决策与行政正当程序制度的冲突与调和》，载《东方法学》2020 年第 6 期。

[4] 张恩典：《反算法歧视：理论反思与制度建构》，载《华中科技大学学报（社会科学版）》2020 年第 5 期。

[5] ［英］凯伦·杨：《自动化决策，何忧之有》，载［英］凯伦·杨、马丁·洛奇编：《驯服算法：数字歧视与算法规制》，林少伟、唐林垚译，上海人民出版社 2020 年版，第 38 页。

着正当程序理念和制度就应该被摒弃。恰恰相反，我们应当建立起一套面向算法决策的技术性正当程序。[1]算法解释权制度作为一种算法决策场景中的说明理由程序装置是算法时代个人对抗算法机器、摆脱主体性危机的一张"王牌"。借由这张"王牌"，当遭受到来自强大而隐秘的算法自动决策的不利影响时，数据主体有权要求算法模型的开发者和运用者对决策作出充分和合理的解释，这是算法时代"尊重个体主体性、自治性和人格尊严的基本要求"。[2]从这个意义上讲，以道义论权利哲学为基础的算法解释权对于在算法社会场景中实现个人自治、捍卫个人尊严价值而言无疑具有重要意义。

2. 以道义论为基础的算法解释权是激活数据主体权利的关键

人的自主性是人之所以为人的基本特征，关乎人的尊严和自由。诚如学者所言："'自主性'本质上是一个将自由和控制结合在一起的政治概念或道德概念。自主是指自治、独立，不为外部法则或力量所支配。在康德的形而上学中，自主性指的是自由意志的根本条件，即意志遵守它赋予自身的道德法则的能力。"在现代社会中，算法治理术作为一种自主性技术兴起，正在侵蚀人的自主性。[3]个人正逐渐被边缘化。个人主义"即将崩溃，权威也将从个人转向由算法构成的网络。人类不会再认为自己是自主的个体，不再依据自己的期望度日，而是习惯把人类看作一种生化机制的集合体，由算法网络实时监测和指挥"。[4]那些不懂算法技术的普通民众甚至有可能沦为受各种算法模型和传感器监视、追踪的"无用阶级"，其唯一的价值就在于通过各种行为产生等待收集处理的数据"原料"。

为了改变这样一种力量悬殊的算法社会格局，一种重要的应对方案是借由个人赋权的方式来赋予数据主体一揽子权利，以强化数据主体的能力和地位。以欧盟为例，2018 年生效的《欧盟一般数据保护条例》赋予了数据主体数据访问权、算法解释权、反自动决策权、删除权、数据可携权等一系列数

---

〔1〕 刘东亮：《技术性正当程序：人工智能时代程序法和算法的双重变奏》，载《比较法研究》2020 年第 5 期。

〔2〕 张欣：《算法解释权与算法治理路径研究》，载《中外法学》2019 年第 6 期。

〔3〕 ［美］兰登·温纳：《自主性技术：作为政治思想主题的失控技术》，杨海燕译，北京大学出版社 2014 年版，第 13 页。

〔4〕 ［以色列］尤瓦尔·赫拉利：《未来简史：从智人到智神》，林俊宏译，中信出版社 2017 年版，第 296 页。

据权利，而这些权利是技术性正当程序装置的重要组成部分。[1]虽然上述权利之间是并列关系，但是却构成了人工智能时代防止算法暴政的数据权利体系。在整个数据权利体系中，算法解释权占据着中枢地位，反自动决策权和被遗忘权的有效行使在很大程度上都依赖于数据主体能否从数据控制者那里获得充分、合理的解释。在缺乏算法解释权的有效行使的情形下，数据主体所享有的反自动决策权和删除权的行使将因缺乏充分的信息、无从理解算法决策背后的逻辑而变得盲目，其合理性亦将减损。因此，应当建立健全算法解释权制度，破除算法解释权的行权障碍，进而为数据主体行使其他数据权利提供制度支撑，真正发挥数据权利和数据主体在防止算法暴政、促进算法透明性和可责性方面的积极作用。

（二）算法解释权制度的本土化建构方案

我国《个人信息保护法》[2]第24条第3款规定："通过自动化决策方式作出对个人权益有重大影响的决定，个人有权要求个人信息处理者予以说明，并有权拒绝个人信息处理者仅通过自动化决策的方式作出决定。"在此基础上，该法第44条规定："个人对其个人信息的处理享有知情权、决定权，有权限制或者拒绝他人对其个人信息进行处理；法律、行政法规另有规定的除外。"上述两条被认为确立了中国版的算法解释权，虽然其具体内涵仍有待阐释，但其为在我国确立算法解释权制度提供了一种制度空间。在此基础上，国家互联网信息办公室联合四部委颁布了《互联网信息服务算法推荐管理规定》（以下简称《算法规定》），对算法推荐服务加以规范，并对用户权益权利作出了专章规定。《算法规定》第16条规定："算法推荐服务提供者应当以显著方式告知用户其提供算法推荐服务的情况，并以适当方式公示算法推荐服务的基本原理、目的意图和主要运行机制等。"该条实则规定了一种事前的针对算法系统的算法解释权。这表明，在算法解释权制度构造上，更多采行的是一种弱版本算法解释权版本。

笔者认为，为了充分发挥算法解释权在维护个人自主和尊严、激活个人数据权利等方面的积极作用，在理念上，我国算法解释权制度建构和实践运

---

[1] Danielle Keats Citron, "Technological Due Process", *Washington University Law Review*, Vol. 85, No. 6, 2008, pp. 1249~1313.

[2] 《个人信息保护法》，即《中华人民共和国个人信息保护法》。为表述方便，本书中涉及我国法律文件，直接使用简称，省去"中华人民共和国"字样，全书统一，后不赘述。

行应以道义论权利哲学为基本遵循，以为数据主体提供真正"有意义的信息"为目的，建立超越算法知情权的加强版解释权模式。与弱化版算法知情权模式相比，这一强解释权模式秉持个人尊严优先于经济效率、个人基本权利优先于商业秘密保护的原则，在解释内容、解释时机和解释方法等具体构造方面都更加凸显对数据主体权利的保护，促成算法决策的透明性、公正性和可责性。

（1）在解释内容上，坚持系统功能解释与特定决策解释相结合。系统功能解释主要围绕算法模型的工作原理和一般功能等内容展开，包括算法系统的需求规范、预定义模型、训练参数、输入数据摘要、运行逻辑、模型测试、训练或者筛选的相关信息等方面。[1] 而特定的决策解释主要围绕某个特定决策展开，解释的内容主要包括特定自动化决策的基本原理、理由和个体情况。例如，特征的权重、机器定义的特定案例决策规则、参考或画像群体等信息。在具体的解释实践场景中，对于数据主体而言，针对算法系统的一般性功能解释往往更为抽象、原则，而针对特定决策的解释则更为具体、明确。因此，从数据主体的角度而言，其往往更在意获得特定决策的解释，因为这似乎对于维护其个人利益和权利而言更为重要。但是，这并不意味着系统功能的解释就不重要。实际上，对于很多的算法自动决策的理解都需要建立在系统功能和特定决策两者的共同解释基础之上才有可能获得关于特定算法自动决策的"有意义的信息"。同时，需要指出的是，"有意义的信息"还意味着，无论是系统功能解释，还是特定决策解释，均应尽可能以数据主体易于理解的方式加以表达，以使其真正获得关于算法决策的有意义的信息。

（2）在解释时机上，坚持事前解释与事后解释相结合。在解释时机上，主要分为事前解释和事后解释。从逻辑上讲，因为事前解释只能发生在特定决策作出之前，所以事前解释只能针对算法模型的一般性功能展开，而事后解释则既可以针对算法模型的"系统功能"，又能够针对特定的算法自动化决策。然而，由于事前针对系统一般性功能的解释往往过于模糊，常不足以让受算法模型自动生成的特定决策影响的数据主体获得充分而有效的理解，因此即使算法模型的开发者和运用者对系统功能进行了事前解释，也不能免除

---

[1] Margot E. Kaminski, "The Right to Explanation, Explained", *Berkeley Technology Law Review*, Vol. 34, No. 1, 2019, pp. 214~215.

其针对特定决策展开更具针对性的，更加具体的事后解释的义务。

（3）在解释标准上，坚持相关性解释与因果性解释相结合。鉴于公共和商业领域中算法自动决策主体所受公私法约束强度的差异，个人尊严和自治所受威胁和侵害的程度亦有所差别。因此，在解释标准上，需要根据算法自动化决策的公私领域来加以差异化区分。具体而言，在诸如广告营销、新闻推送等商业领域的算法自动化决策场景中，解释标准可以适当宽松，更多地采行相关性标准，在解释方法上可以运用反事实解释方法。而在预测警务、福利分配等公共领域的算法自动化决策中，解释标准则更为严格，单纯适用以"相关性"为核心的反事实解释并不足够，还需要对算法开发者或运用者苛以更高的解释标准，适当引入因果性标准，要求其对算法决策的内在逻辑加以解释，以证明算法自动决策的正当性。[1]

本章小结

在由大数据和机器学习算法双轮驱动的智慧社会中，算法自动决策是一种以技术理性为支撑、以效率价值为逻辑导向的治理术。[2]在人们享受算法治理术带来的高效与边界的同时，人的隐私、自主和尊严正在面临史无前例的威胁，而这些威胁在很大程度上源于算法复杂性及其引发的黑箱效应。"生而为人，我们理应得到尊严与尊重，利用行为分析技术的算法决策系统会损害这一权利，同时还会消磨我们的自治和自决权。"[3]鉴于此，必须透过法律来对算法技术的应用加以有效规制，以防止其滥用对人类所珍视并为现代法治所保障的自主、自由、隐私、平等诸多价值带来严重冲击。诚如学者所言："在法律算法化预嵌和自动运行过程中，要确保法律规则和原则、法律价值和文化、法律功能和目标不受减损，需要确立的原则是'法律先于技术''法律融入技术''法律归化技术'，而不是'法律与技术二元共治"，更不是'法

---

〔1〕 Margot E. Kaminski, "Binary Governance: Lessons from The GDPR's Approach to Algorithmic Accountability", *Southern California Law Review*, Vol. 92, No. 6, 2019, p. 1529.

〔2〕 郑智航：《人工智能算法的伦理危机与法律规制》，载《法律科学（西北政法大学学报）》2021年第1期。

〔3〕 ［英］凯伦·杨、马丁·洛奇编：《驯服算法：数字歧视与算法规制》，林少伟、唐林垚译，上海人民出版社 2020 年版，第 29~30 页。

律的归法律，技术的归技术’。”〔1〕算法治理术植根于技术理性的土壤，并遵循效率逻辑，其运用常以消除个体差异性和不断消解个体的自主性为代价，以道义论权利哲学为基础的算法解释权制度主张加强算法决策的解释力度，以增强算法透明性和可责性，这对于扭转算法社会中个人的失权和失能状态、增强算法时代个人的“可行能力”、维护和捍卫个人自主和个人尊严而言具有重要的现实意义。〔2〕当然，我们也要清醒地认识到，从方法论角度而言，以道义论为基础的算法解释权制度仍然是一个个体主义的算法治理方案，在强大的机器学习算法面前，我们仍面临着技术复杂性和不确定性的挑战。〔3〕但是，这绝不意味着以算法解释权为代表的个体赋权范式便是没有实际用途的稻草人，而是算法合作治理机制的重要组成部分。〔4〕归根结底，算法治理是一个复杂、系统的工程：一方面，有待在秉持维护人的尊严地位和基本权利的基础之上，建立适应机器学习算法技术发展和具体运用场景的算法解释权理论和制度架构；另一方面，则需要在个体赋权范式之外，积极探索建构内部的算法问责制，进而建立起算法自动决策的合作治理模式。

---

〔1〕　齐延平：《数智化社会的法律调控》，载《中国法学》2022 年第 1 期。

〔2〕　关于信息社会的分配正义和“可行能力”的论述，参见［荷］尤瑞恩·范登·霍文、艾玛·茹思柏：《分配公正与信息的价值——（广义上的）罗尔斯方法论》，载［荷］尤瑞恩·范登·霍文、［澳］约翰·维克特：《信息技术与道德哲学》，赵迎欢、宋吉鑫、张勤译，科学出版社 2014 年版，第 307~324 页。

〔3〕　关于用户赋权这一个体主义数据治理模式的反思性研究，请参见丁凤玲：《个人数据治理模式的选择：个人、国家还是集体》，载《华中科技大学学报（社会科学版）》2021 年第 1 期。

〔4〕　Margot E. Kaminski, "Binary Governance: Lessons from The GDPR's Approach to Algorithmic Accountability", *Southern California Law Review*, Vol. 92, No. 6, 2019, pp. 1532~1533.

第四章

反算法歧视：理论反思与制度建构

以大数据与机器学习算法为主要驱动力的人工智能革命席卷而来，在全面而深刻地改变经济、社会和生活方式的同时，也开启着人类社会的第四次工业革命。[1]大数据算法决策的核心功能在于预测。为提高决策的精准性，商业机构和公共部门纷纷运用机器学习算法模型作出各种决策，算法自动决策在公私领域的广泛运用显露出了替代人类决策的趋势，人类已经逐渐进入"算法社会"。[2]而伴随着算法治理术的广泛运用，算法歧视的问题也逐渐显露出来。[3]在国外，警察在侦查活动中广泛运用由算法模型系统主导的预测警务系统引发了社会民众对种族歧视的担忧。[4]在国内，近年来，"大数据杀熟"引发了社会的广泛关注和争论。[5]这些关注与争论，实则从不同侧面反映出了算法歧视问题的严重性和紧迫性。置身于"算法为王"的评分社会场

---

〔1〕 德国学者克劳斯·施瓦布认为，我们当前正处于第四次工业革命的开端。其特点在于："同过去相比，互联网变得无所不在，移动性大幅提高；传感器体积变得更小，性能更强大、成本也更低；与此同时，人工智能和机器学习也开始崭露锋芒。"关于第四次工业革命的论述，参见﹝德﹞克劳斯·施瓦布：《第四次工业革命：转型的力量》，李菁译，中信出版社 2016 年版，第 3~11 页。

〔2〕 Jack M. Balkin, "2016 Sidley Austin Distinguished Lecture on Big Data Law and Policy: The Three Laws of Robotics in the Age of Big Data", *Ohio State Law Journal*, Vol. 78, 2017, p. 1226.

〔3〕 关于算法治理术的研究，See Antoinette Rouvroy, "The End (s) of Critique: Data Behaviourism Versus Due Process", Mireille Hildebrandt (ed.), *Privacy, Due Process and Computational Turning: The Philosophy of Law meets the Philosophy of Technology*, Routledge, 2013, pp. 143~167.

〔4〕 Julia Angwin Jeff Larson, Surya Mattu & Lauren Kirchner, "Machine Bias, Propublica", Available at https://www. propublica. org/article/machine - bias - risk - assessments - in - criminal - sentencing#disqus_thread, Last Visited 2019-8-8.

〔5〕 杜园春、张若白、渠性怡：《51.3%受访者遭遇过大数据"杀熟"》，载《中国青年报》2018 年 3 月 15 日。

景之中，如何保障和实现那些全方位渗透、影响甚至操纵人类公私事务的算法决策的公正性，是一个亟待解决的重大理论和现实问题。[1]为了克服和缓解算法歧视，包括法律学者在内的专家学者正在积极探索算法歧视的规制方案和路径。从研究现状来看，目前对于算法歧视规制方案的研究主要从两个维度展开，即技术维度和法律维度。前者将算法歧视的根源归结为技术问题，认为是数据采集和算法模型设计得不合理导致了算法歧视的发生，并希冀透过算法模型技术的改进来提高算法公正性，进而解决算法歧视问题；[2]后者则将算法歧视的根源归咎于法律制度的缺失，并寄望于通过相应法律制度的完善来寻求缓解和规制算法歧视的制度方案。[3]

客观而言，算法歧视的规制离不开技术支撑和具体制度规则的建构。有关算法歧视规制的研究进路和具体路径研究对于缓解算法歧视问题无疑具有重要意义，也为我们进一步探索算法歧视的规制方案提供了有益参考。然而，以上两个维度的对算法歧视规制方案的探索均忽略了一个重要的前提性理论命题，即反算法歧视究竟应当遵循何种反歧视法理学和反歧视理论？现有研究进路的问题在于，要么未能从反歧视法理的视角来审视算法歧视的问题，要么忽略了算法歧视的特征和特殊之处，在未经检视的情况下径直将传统反歧视法理嫁接到算法歧视的场景之中。由于现有算法歧视规制研究在歧视理论上缺乏应有的理论自觉，导致无论是算法模型的技术规制路径，还是制度建构维度的研究，均缺乏适当的反歧视法理论奠基，从而容易在反算法歧视的算法技术设计和制度建构中出现偏颇，乃至出现"水土不服"的情况，进而使得规制方案难以真正发挥反歧视作用，甚至有可能加剧大数据时代的歧视和不平等问题。[4]

---

〔1〕 吴静：《算法为王：大数据时代"看不见的手"》，载《华中科技大学学报（社会科学版）》2020年第2期。

〔2〕 Solon Barocas & Andrew D. Selbet, "Big Data's Disparate Impact", *California Law Review*, Vol. 104, 2016, pp. 671~723.

〔3〕 Pauline T. Kim, "Data-Driven Discrimination at Work", *William& Mary Law Review*, Vol. 58, No. 3, 2017, pp. 857~936；刘友华：《算法偏见及其规制路径研究》，载《法学杂志》2019年第6期。

〔4〕 值得特别指出的是，目前也有学者对算法歧视引发的平等权保护模式问题进行反思性研究，并在一定程度上触及反算法歧视的法理问题。相关研究参见崔靖梓：《算法歧视挑战下平等权保护的危机与应对》，载《法律科学（西北政法大学学报）》2019年第3期；卜素：《人工智能中的"算法歧视"问题及其审查标准》，载《山西大学学报（哲学社会科学版）》2019年第4期。另外，还有学者考察了美国算法歧视的法律规制实践。郑智航、徐昭曦：《大数据时代算法歧视的法律规制与司法审查——以美国法律实践为例》，载《比较法研究》2019年第4期。

笔者以为，无论是透过算法模型改进的技术规制路径，还是透过法律制度完善的规制方案，均需要以适当的反歧视法理为前提预设，因为算法模型设计与算法歧视法律制度规则设计首先要面对的基本问题便是算法歧视的判断与识别问题，而这又涉及反算法歧视的种种规制方案究竟意欲达致何种"反歧视"目标等根本性问题。基于此，笔者不揣浅陋，以人工智能时代为背景，将在描述大数据算法歧视的类型和特征基础之上，检讨传统反歧视法律理论在因应机器学习算法模型所产生的各种歧视问题方面存在的不足之处，进而提出合理调适传统反歧视理论的思路，并据此提出相应的算法歧视的制度规制方案，以期对人工智能时代的反算法歧视理论研究和制度建构有所助益。

第一节　人工智能时代的算法歧视：类型与特征

人工智能时代，各种以海量数据为原料喂食而成的机器学习算法正在广泛介入私人生活和公共治理领域。在私人领域，互联网巨头借助各种推荐算法模型所作出的精准营销在很大程度上影响着人们的消费偏好；金融机构运用算法模型对我们进行信用评分，决定着人们的信用声誉；公司运用算法模型来判断求职者的岗位匹配度，并据此作出是否雇用的决策。在公共治理领域，公共部门正逐渐运用机器学习算法模型来决定各种公共物品的配置与分配。算法模型不仅被运用于城市公共安全治理和食品安全监管活动中，而且被运用于扶贫资源的分配中。[1]由此可见，我们已然置身于"一个数据评级无所不在的世界，我们很多人的日常生活都被处理成了'信号'，并作为实施奖惩、给予利益和施加责任的依据"。[2]客观而言，机器学习算法模型设计和运用，蕴含着设计者和使用者对效率和公正价值的追求，希望借由算法模型来克服人类决策的偏见与歧视，提高公私决策的客观性和公正性，优化公私

---

〔1〕　关于大数据、人工智能技术在城市公共安全、食品安全和精准扶贫等公共治理领域中的运用，参见赵家新：《江苏深挖大数据 打造智慧警务》，载《人民公安报》2018 年 3 月 27 日；郑小梅、宣应、鄢留宝：《为食品安全监管装上"智慧大脑"》，载《嘉兴日报》2019 年 4 月 2 日；段虹：《用大数据助力精准扶贫》，载《经济日报》2017 年 2 月 17 日。

〔2〕　[美] 弗兰克·帕斯奎尔：《黑箱社会：控制金钱和信息的数据法则》，赵亚男译，中信出版社 2015 年版，第 32 页。

资源配置。但是，必须看到，大数据算法决策并非如同算法设计者和使用者所鼓吹的那般天然具有公正性和客观性。那些未经合理约束和控制的算法模型非但不能提高效率、促进公正、给人类带来福祉，反而有可能给个人基本权利带来严重损害，成为剥削和压制、制造社会不平等的"数学生化武器"。[1]在大数据算法决策大行其道的今天，我们需要追问和反思的一个问题是：大数据算法是否彻底根除了潜藏在人类灵魂深处的偏见与歧视，抑或只是为人类的偏见与歧视提供了看似中立、客观的技术性包装？其实，伴随着算法决策的兴起，算法歧视的问题和争论一直如影随形，并引发持续的高度关注。下面，笔者将对算法歧视的类型与特征加以分析。

（一）算法歧视的类型分析

从算法歧视的形成机理上，我们可以将算法歧视加以类型化。算法歧视主要有如下几种类型：一是用于训练算法模型的历史数据本身存在偏见，一旦将这种存有偏见的、受污染的数据集用于机器学习，训练出的算法模型很可能会存有偏见。二是将种族、性别等具有显著歧视性的数据用于算法模型的训练，从而导致歧视的发生。三是将"代理"变量用于训练算法模型，例如以邮编或者位置信息作为识别特定对象的身份、能力和偏好的代理。四是由特征选择导致的歧视。目前，机器学习算法模型的训练主要是监督式机器学习，即首先由算法工程师对被用于训练的数据集进行标记，数据标记的主要任务是对训练数据的特征选择，然后将标记后的数据集用于对算法模型的训练，并对机器学习过程进行监督纠正。算法工程师在对训练数据进行特征选择的过程中，容易将个人的偏见和歧视植入特征选择。五是数据质量不高导致算法歧视。算法工程师收集的用于训练算法模型的数据集质量不高会导致算法模型预测精准性不高，从而引发算法偏见和歧视。

由此可见，算法决策并非如同算法模型开发者和运用者所标榜的那般客观公正，而是潜藏着各种歧视和偏见。同时，需要指出的是，以上是从形成机理视角对算法歧视进行的类型化分析，旨在表明算法歧视通常容易由以上几种方式诱发，但并非意味着算法歧视就必然发生，其是否构成歧视仍需根

---

[1]　[美]凯西·奥尼尔：《算法霸权：数学杀伤性武器的威胁》，马青玲译，中信出版社 2018 年版；See Sarah Valentine, "Impoverished Algorithms: Misguided Governments, Flawed Technologies, and Social Control", *Fordham Urban Law Journal*, Vol. 46, No. 2, 2019, pp. 364~427; Woodrow Hartzog, "Unfair and Deceptive Robots", *Maryland Law Review*, Vol. 74, 2015, p. 832.

据反歧视的法理来加以判断与识别。从理论层面来看，根据行为主体主观上是否具备"歧视"意图，可将歧视界分为"主观"的差别待遇歧视与"客观"的差别性影响歧视。[1]客观而言，上述两种歧视类型均有可能在算法决策中出现，并且在算法场景中，歧视总体上呈现出向客观的结构性、差别性影响转变的趋势。

（二）算法歧视的特征描述

大数据算法决策机制与人类决策机制具有显著差异，而算法决策的特征也在很大程度上决定了算法歧视呈现出不同于人类歧视的特征。

（1）算法歧视具有结构性特征。所谓算法歧视结构性，意指大数据算法决策所产生的歧视中有相当一部分是源于历史数据隐藏的歧视，这些歧视经由机器学习过程被植入算法模型，从而使得算法模型所自动生成的决策延续了历史数据的偏见。美国计算机学者斯维尼将这种由历史统计数据引发的歧视称为结构性种族主义。[2]算法歧视的结构性特征给歧视的判断和识别带来了困难，由此也引发了一个争论，即算法模型的设计者和使用者究竟是否需要对由具有偏见和歧视的历史数据训练的算法模型所产生的歧视后果负责。

（2）算法歧视具有高度隐蔽性。有学者将算法决策的过程形容为"算法黑箱"，其决策过程难以为普通人所理解和洞悉。[3]而算法决策的黑箱效应则源于算法决策的模糊性特征。根据美国学者珍娜·布雷尔的一项研究成果，算法自动决策的模糊性主要源自以下三个方面：第一，由商业秘密或者国家秘密导致的不透明性；第二，由技术了解程度导致的不透明性；第三，由算法本身的复杂性导致的不透明性。[4]算法决策的模糊性特征导致算法决策能够以高度隐蔽、常人无法察觉的方式对个人加以区别对待。例如，在刑事司

---

〔1〕 美国学者塔尔·扎尔克主张歧视的三分法，即将歧视界分为显性歧视、隐性歧视和差别性影响。这实际上是将差别对待这一故意歧视进一步区分为显性歧视与隐性歧视。See Tal Zarsky, "Understanding Discrimination in the Scored Society", *Washington Law Review*, Vol. 89, 2014, pp. 1384~1404.

〔2〕 Latanya Sweeney, "Discrimination in Online Ad Delivery", *Communications of the ACM*, Vol. 56, No. 5, 2013, pp. 44~54；[美] 史蒂夫·洛尔：《大数据主义》，胡小锐、朱胜超译，中信出版社 2015 年版，第 272~278 页。

〔3〕 关于算法黑箱的描述，参见 [美] 弗兰克·帕斯奎尔：《黑箱社会：控制金钱和信息的数据法则》，赵亚男译，中信出版社 2015 年版；Maayan Perel & Niva Elkin-Koren, "Black Box Tinkering: Beyond Disclosure in Algorithmic Enforcement", *Florida Law Review*, Vol. 69, No. 1, 2017, p. 222.

〔4〕 Jenna Burrell, "How the Machine 'Thinks': Understanding Opacity in Machine Learning Algorithms", *Big Data & Society*, Vol. 3, 2016, pp. 1~12.

法领域，算法的运行方式通常意味着很少有机会以熟悉的方式进行故意歧视。而算法模型训练的特征选择过程则创造了通过将种族作为输入，有意省略种族以产生歧视类型，或以模仿相同效果的方式选择数量不足的变量的机会。但是，客观而言，这种掩盖将很难被发现。[1] 由此可见，算法模型的复杂性和算法决策过程的高度不透明为算法设计者和使用者提供了掩盖歧视行为的"遮羞布"，而个人因无法知晓其决策过程，只能被动接受算法开发者和运用者以"科学客观"之名所作出的具有差别性影响乃至带有歧视意图的决策。

（3）算法歧视具有高度单体性。以大数据分析为基础的算法决策具有高度的分析能力，能够对事物和人进行分类，并对个人进行高度解析。大数据算法对个人的高度解析，破坏乃至消解了个人的完整性，也使得社会演变为了所谓的"微粒社会"。德国学者库克里克为我们描绘了微粒社会的理想图景："最理想的情况下，数据会使我们更加清楚并更加精确地定义自己的需求，我们究竟需要什么来让我们感到舒适。数据同时将揭示我们自身，并使得生活环境尽可能确切地适应我们的需求成为可能。这就是微粒社会的终极理想。"[2] 在由算法模型主导的微粒社会中，正在发生着一场差异革命。而这场差异革命的结果则是造就一个个由各种分散的数据碎片所拼凑成的单体，具有主体性的个体被算法所肢解，并逐渐被单体所取代。算法设计者和使用者眼中呈现的只是一片片数据或数据集，以及根据这些海量动态数据碎片勾勒出来的用户画像。

借助算法模型，公共组织和商业机构得以对以单体化形式存在的决策对象进行完美歧视。"大数据杀熟"便充分地向人们呈现了算法歧视的单体性特征。[3] 在小数据时代，如何根据消费者的偏好需求来对其进行差异化定价、实现所谓精准营销一直是各大商家孜孜以求的愿望。商家受制于有限的信息获取途径和高额的信息获取成本，只能基于有效的信息对消费者的保留价格作出估计，采取所谓的不完全价格歧视。然而，在大数据时代，借助于差别

〔1〕　Aziz Z. Huq，"Racial Equity in Algorithmic Criminal Justice"，*Duke Law Journal*，Vol. 68，No. 6，2019，p. 1102.

〔2〕　［德］克里斯多夫·库克里克：《微粒社会：数字化时代的社会模式》，黄昆、夏柯译，中信出版社 2017 年版，第 13 页。

〔3〕　关于大数据价格歧视的识别认定与法律规制研究，参见付丽霞：《大数据价格歧视行为之非法性认定研究：问题、争议与应对》，载《华中科技大学学报（社会科学版）》2020 年第 2 期。

化定价算法模型，"从前粗放式的歧视定价行为已演化为更为精准的消费者分组。在这个过程中，商家会为我们贴上一个个标签，他们既会考察消费者的价格敏感度和消费习惯，也会综合社会阶层和脾气秉性对分组的影响"。[1]此时，作为个体的消费者不见了，呈现出来的是消费数据碎片以及根据这些数据碎片内容所进行的各种形形色色的分组。电商平台利用算法模型通过收集到的海量数据信息来对消费者进行用户画像，精准定位其消费偏好，并据此尽可能逼近消费者的保留价格，以制定差异化的价格，实现所谓的完全价格歧视和完美的行为歧视，最大限度地攫取消费者剩余。

（4）算法歧视具有高度系统连锁性。虽然目前大多数机器学习算法是在人类工程师的监督下进行的，但不可否认的是，机器学习具有相当程度的自动性，这也使得算法决策在一定程度上呈现出了取代人类决策的趋向。具有自动性的机器学习算法能够发现、揭示隐藏在海量数据中的相关性。这意味着，一旦个体被算法模型判断为来自某个受保护阶层的成员而被标记，其在某个场景中的数字化形象便会被保留下来，并会被其他领域中的算法工程师作为训练数据用以训练新的算法模型，而这一新的算法模型会延续之前的偏见与歧视，从而在个人身上发生系统性歧视连锁反应，加剧社会的不平等状态。"如果有人一旦被贴上了'懒惰''不可靠''极端'或者更加糟糕的标签，那么他的人生可能就此毁了。"[2]这是因为其他领域的算法模型将极有可能参照先前算法所运用的分类标准对个人进行分类，再次将其归入到不良信用者、好逸恶劳者或边际消费者之列。

综上，在大数据时代，歧视问题仍然存在，其仍然根植于人类的脑海之中，隐藏于算法模型和数据代码之中，并借助数学和计算机科学所营造的科学、中立及客观的形象，对普通民众（尤其是那些弱势群体）进行区别对待，产生差别性影响。在算法社会中，算法歧视所呈现出来的高度隐蔽性、结构性、单体性、连锁性等一系列特征无疑增加了歧视识别、判断和审查的难度，给经典反歧视法律理论带来了深刻挑战。

---

〔1〕［英］阿里尔·扎拉奇、［美］莫里斯·E. 斯图克：《算法的陷阱：超级平台、算法垄断与场景欺骗》，余潇译，中信出版社 2018 年版，第 135 页。

〔2〕［美］弗兰克·帕斯奎尔：《黑箱社会：控制金钱和信息的数据法则》，赵亚男译，中信出版社 2015 年版，第 46 页。

第二节 算法决策语境下传统反歧视理论的适用困境

平等一直是人类不懈追求的重要价值之一，而根植于人类内心、深入并固化于社会生活中的歧视则成了人类实现平等的主要障碍。为了捍卫平等价值，法律一直将反歧视作为重要使命。反歧视的法理与制度并非铁板一块，而是受到平等理念的丰富性和复杂性的深刻影响。

按照经典理论，我们可以将平等界分为形式平等与实质平等，基于这一区分，反歧视理论进路被界分为反分类歧视理论与反从属歧视理论。反分类歧视理论以康德义务论为哲学基础，并以形式平等为价值追求，强调人与人之间形式上平等，主张不能基于人的种族、性别、宗教信仰等因素而对人加以区别对待。在歧视的判断标准上，以义务论哲学为基础的反分类歧视理论主张将是否具备歧视意图作为认定歧视的一个基本判断标准。因此，在歧视判断标准上，反分类歧视理论遵循所谓的"差别待遇"标准。[1]

相较而言，反从属歧视理论则以功利主义后果论为哲学基础，并以实质平等为价值目标，强调结果上的平等，主张不能以反歧视的目的而使人受到差别性影响，进而使其在社会中处于从属地位。简而言之，反从属歧视理论旨在反对立法和决定所产生的差别性影响。在歧视的判断标准上，以功利主义后果论哲学为基础的反从属歧视理论主张以客观上是否产生歧视后果，而并非以主观上具备歧视意图作为判断是否构成歧视的基本判断标准。故而，在歧视判断标准上，反从属歧视理论坚持所谓的"差别性影响"判断标准。[2]

反分类歧视理论与反从属歧视理论脱胎于美国种族歧视问题的政治法律

---

[1] See Jack M. Balkin & Reva B. Siegel, "The American Civil Rights Tradition：Anticlassification or Antisubordination?", *University of Miami Law Review*, Vol. 58, No. 1, 2003, pp. 9~11.

[2] 关于反分类歧视理论和反从属歧视理论的分析，See Reva B. Siegel, "Equality Talk：Antisubordination and Anticlassification Values in Constitutional Struggles over Brown", *Harvard Law Review*, Vol. 117, No. 5, 2004, pp. 1547；Jack M. Balkin & Reva B. Siegel, "The American Civil Rights Tradition：Anticlassification or Antisubordination?", *University of Miami Law Review*, Vol. 58, No. 1, 2003, pp. 9~11. 关于两种反歧视理论政治哲学基础的分析，See Tal Z. Zarsky, "An Analytic Challenge：Discrimination Theory in the Age of Predictive Analytics", *A Journal of Law and Policy for the Information Society*, Vol. 14, No. 1, 2017, pp. 11~35.

论争。从上述两大反歧视理论在种族歧视问题突出的美国社会的运用来看，以差别待遇理论为判断标准的反分类歧视理论和以差别性影响为判断标准的反从属歧视理论实属两大主流反歧视理论，对反歧视制度建构和司法实践产生了深刻影响。并且，伴随着显性歧视向隐性歧视的转向，反从属歧视理论因其判断标准的客观性而具有了更为广阔的运用前景。两大经典反歧视法律理论虽然源自美国种族歧视，但是由于上述反歧视理论分歧的背后实则是形式平等与实质平等之争，因而其理论的影响力是世界性的，包括欧盟和我国在内的诸多国家地区的反歧视理论探索与制度建构均未超越上述两大反歧视法律理论的基本范畴。目前我国关于就业歧视、身份歧视等问题的讨论仍可被整合进上述两大反歧视理论。[1]因此，本书将以上两大反歧视法律理论作为检视对象，将其置于人工智能算法决策场景之下加以全面考察反思，以揭示其适用困境。

在人工智能算法自动决策兴起的背景之下，人们在享受大数据算法带来的便利的同时，也面临着新技术引发的各种新的不平等问题。基于大数据算法所产生的各种歧视现象亦不断涌现，既在很大程度上加剧了社会不平等，也给传统反歧视理论带来了相当程度的挑战。下面，笔者将结合算法歧视的本质特征来检视算法时代两大反歧视理论所面临的适用困境。

（一）反分类歧视理论之困境

（1）算法歧视的隐秘性特征给反分类歧视理论带来挑战。正如前述反分类歧视理论在价值目标上追求"形式平等"，主张立法、决策和行为均应对所有人同等视之，不能基于个人的种族、性别、肤色、宗教信仰等而对其加以差别待遇。在大数据时代，个人数据信息被公私机构广泛收集，其中不乏涉及个人隐私的敏感数据。并且这些敏感数据信息连同普通数据信息一起被作为"训练数据"，用于机器学习算法模型训练。然而，由于目前算法模型的生成阶段和决策阶段都具有高度隐秘性和模糊性，缺乏基本的透明性，算法决策模型所运用的数据无需公开，算法歧视得以一种隐秘的方式进行。在算法决策缺乏基本透明性的情形之下，反分类歧视理论将很难发挥作用。而且，

---

〔1〕 关于美国反歧视法律理论对我国反就业歧视立法和司法实践的影响，参见阎天：《重思中国反就业歧视法的当代兴起》，载《中外法学》2012 年第 3 期；郭延军：《就业性别歧视的法律判断标准——基于美国法律实践的考察》，载《环球法律评论》2011 年第 6 期。

更为重要的是，按照传统反分类歧视理论，将种族、性别、肤色等具有显性歧视特征的因素排除出大数据收集范围，并禁止将其作为机器学习算法模型的训练数据，也仍然难以达到消除歧视影响的目的。因为大数据算法能够借助其他替代性数据，让那些不具有显著歧视特征的数据作为"代理"变量，仍然能够实现歧视目的。

（2）算法歧视的结构性特征消解了反分类歧视理论确立的"差别待遇"判断标准的歧视识别功能。反分类歧视理论是一种典型的主观主义的歧视理论，这一点充分反映在其所确立的"差别待遇"这一歧视判断标准上。从司法实践上观之，"差别待遇"标准坚持从决策主体的主观状态出发，要求决策主体必须具备主观上的"歧视意图"（discriminatory intent）方才构成歧视。然而，这一具有鲜明主观主义特征的歧视判断标准在算法歧视场景中却面临着被悬置的极大可能。究其原因在于，在算法决策背景之下，"歧视意图"这一反分类歧视要件的识别和认定将变得异常困难。一方面，从机器学习算法模型训练角度观之，算法模型训练所运用的数据集有相当一部分是历史性数据，这些数据形成于特定的社会、经济、文化背景，其中很有可能带有特定社会场景中的歧视烙印。那么，如果数据训练者将这些历史数据作为算法模型的训练数据集，是否能够据此认定算法模型的运用者具有"歧视意图"？在笔者看来，按照目前的反分类歧视理论，那些由具有一定偏见的历史数据所训练的算法模型所作出的算法决策，即使从结果上可能会产生歧视性后果，也不能就此反推算法模型的设计者和运用者就具有"歧视意图"。这意味着，在算法歧视中，由于缺乏歧视意图这一主观要件，以差别待遇为判断标准的反分类歧视理论将面临适用困境。另一方面，从算法决策机制看，算法决策所具有的自动性和模糊性特征无疑增加了歧视识别的难度，意欲证明算法模型的设计者和使用者具有"歧视意图"将变得极为困难。

诚如学者所言："通过机器学习或深度学习将训练数据转换为新的分类方案，并没有明显地映射到熟悉的人类意图形式上。"[1]这意味着，在算法自动决策场景中，歧视行为变得更为隐蔽和不可察觉，传统以差别待遇为标准的反分类歧视理论面临着严峻挑战，如需发挥作用，亟须加以适当调整。

----

〔1〕　Aziz Z. Huq, "Racial Equity in Algorithmic Criminal Justice", *Duke Law Journal*, Vol. 68, No. 6, 2019, p. 1089.

（二）反从属歧视理论之困境

客观而言，相较于呈现高度主观主义色彩的反分类歧视理论所面临的严重挑战，具有显著客观主义特征的反从属歧视理论因契合了算法歧视的结构性和系统性特征而在算法决策场景中展露出了更大的适用空间。美国部分学者基于算法歧视的结构性和系统性特征，主张将差别性影响作为算法歧视的判断和识别标准。[1]但是，这并不意味着，以"差别性影响"为判断标准的反从属理论便是完美无缺的。相反，在算法决策场景中，其也面临着适用上的困境，亦存在着被架空的危险。

（1）强调群体公正的反从属理论无法回应算法歧视的单体性特征。反从属歧视理论是一种结构主义的歧视理论，更多地聚焦于政治、社会、经济层面的结构性因素所导致的系统性、结构性歧视问题。相较于专注于"个体公正"的反分类歧视理论，反从属歧视理论更加关注"群体公正"。我们可以看到，目前，公共和私人部门运用算法模型作出的决策正在导致对社会弱势群体的结构性排斥和歧视，许多设计糟糕的算法模型正在加剧恶化弱势群体的生存境遇。[2]将专注"群体公正"的反从属歧视理论运用于算法决策，确实有助于改善那些受到算法决策系统性排斥和歧视的群体的社会地位，在一定程度上有助于缓解长期以来存在的结构性排斥、改善其生存境况。但是，需要注意的是，以"群体公正"为导向的差别性影响标准忽视了个体公正。

在算法决策之中，除了结构性歧视问题之外，仍存在严重的个体公正问题。正如前文所述，算法自动决策表面上追求所谓的"个性化"。然而，透过所谓个性化推荐、精准化服务的光鲜外表，我们会看到，"这并不是真正针对个体的服务。模型在我们看不到的地方仍然把我们归类为各种各样的群体，以各种行为模式为指标。不管最终的分析正确与否，这种不透明性都会导致欺

---

[1] See Solon Barocas，"Andrew D. Selbet，Big Data's Disparate Impact"，*California Law Review*，Vol. 104，2016，pp. 671~723；Pauline T. Kim，"Data-Driven Discrimination at Work"，*William& Mary Law Review*，Vol. 58，2017，pp. 857~936；Mark Mac Carthy，"Standards of Fairness for Disparate Impact Assessment of Big Data Algorithms"，*Cumberland Law Review*，Vol. 48，No. 1，2017-2018，pp. 67~147.

[2] ［美］凯西·奥尼尔：《算法霸权：数学杀伤性武器的威胁》，马青玲译，中信出版社2018年版；Virginia Eubanks，*Automating Inequality：How High-Tech Tools Profile，Police，and Punish the Poor*，St. Martin's Press，2018.

诈"。[1]实际上，这是将个人行为和特征进行高度解析之后，再分别纳入不同的组群之中，所遵循的仍是一种去个体化的逻辑理路和操作方式。而其导致的必然后果则是个体公正被忽视，因为在算法模型的设计者和运用者眼中，个体已经不再重要，重要的只是碎片化的数据而已。诚如美国学者卢克斯所言："在当今的数字时代，自我的概念主要依赖于算法的结果。人们将个人的特点与具体'可知性'的特点的大型数据集进行对比，寻找二者的相关性。从某种意义上讲，这种做法其实就是自我的公式化。有的算法异常复杂，需要收集特定个体尽可能多的数据，才能得出结果。有的算法采用'归谬法'，就像在抽象派艺术中采用最粗略的'模糊人影'来表示人一样，追求简单化。"[2]在算法自动决策场景下，单体化特征是算法歧视的基本特征。意欲规制算法自动决策的单体化歧视，首先需要将个人作为完整的个人加以看待，关注个体公正，而并非仅仅聚焦于群体公正。[3]然而，以规制系统性、结构性歧视见长的反从属歧视理论却因聚焦群体公正、关注统计上的平等（statistical parity）而忽略了个体公正，难以有效回应大数据时代个体所面临的具有高度单体性特征的歧视类型。[4]

（2）反从属理论的差别性影响标准在算法决策场景中容易被架空。不同于反分类理论的差别待遇标准的主观主义特质，反从属理论的差别性影响标准是从特定决策行为所产生的外部影响上来判断行为人是否构成歧视，而并不关心行为人主观上是否具备歧视意图，即只要特定行为造成受保护阶层不成比例地承受负面结果，造成所谓差别性影响，便极有可能构成歧视。但是，为了防止差别性影响标准在实践中的泛化，在适用差别性影响标准判断歧视行为时，还增加了一个豁免条件，即行为人如能证明其所作出的决策行为是考虑了与其决策的"相关性"因素，便不构成歧视。换言之，即使决策在客观上造成了差别性影响，决策者仍然能够借由证明其行为考虑了与特定决策

---

〔1〕　[美] 凯西·奥尼尔：《算法霸权：数学杀伤性武器的威胁》，马青玲译，中信出版社2018年版，第190页。

〔2〕　[美] 卢克·多梅尔：《算法时代：新经济的新引擎》，胡小锐、钟毅译，中信出版社2016年版，第29页。

〔3〕　Stephanie Bornstein, "Antidiscriminatory Algorithms", *Alabama Law Review*, Vol. 70, No. 2, 2018, p. 519.

〔4〕　Bruno Lepri et al. , "Fair, Transparent, and Accountable Algorithmic Decision-making Processes", *Philosophy and Technology*, Vol. 31, 2018 , pp. 616~617.

相关的因素而得到豁免，进而被判定为不构成歧视。以雇用决策为例，按照差别性影响标准，雇主如需能够证明其在雇用决策中是在考虑了与工作相关的因素基础之上所作出的决策，即使其行为导致了大量弱势群体不成比例地被拒绝雇用，其雇用决策行为仍具正当性，不构成歧视。

相较于具有高度主观性的"歧视意图"而言，差别性影响标准具有高度客观性。在算法决策场景中，依据这一标准将使得歧视更容易被判断识别。反从属理论所秉持的这一客观歧视标准，相对更适合算法自动决策场景中由历史数据和数据质量不高带来的大量结构性和系统性歧视。但是，目前，差别性影响标准附加的考虑决策"相关性"因素的豁免条件使得算法模型的开发者和运用者可以以"相关性"为由主张歧视豁免，亦即即使其运用算法模型作出了导致实质性不平等后果、造成所谓"差别性影响"的决策，亦不构成歧视，无须承担法律责任。

综述之，伴随着人工智能算法决策的兴起，算法自动决策所带来的歧视问题，给反分类理论和反从属理论这两大传统歧视理论均带来了相当程度的挑战，两大歧视理论及其歧视判断标准在算法决策场景中均存在适用上的困境，亟待加以合理调适，以因应人工智能时代的算法歧视问题。

第三节　基于算法决策场景的反歧视理论调适

面对两大经典歧视理论在大数据算法歧视的判断和规制实践中所面临的适用困境，需要对传统歧视理论加以适当的修构，期待借由理论的进一步完善，能够适应算法自动决策场景，并发挥适应歧视理论在反算法歧视方面的功能，以遏制人工智能时代算法歧视肆意蔓延的态势。

（一）反分类歧视理论之修构

诚然，在算法自动决策场景中，算法歧视的结构性特征确实导致了传统反分类歧视理论的适用空间被大幅压缩，但这并不意味着反分类歧视理论便完全式微。笔者认为，在经过适当调适之后，该歧视理论在大数据时代仍能够焕发强大生命力。其具体完善路径分为微观和宏观两个层面。

（1）在微观层面，宜对反分类歧视理论加以适当调整，放宽差别待遇判断标准，将间接的隐性歧视（implicit bias）纳入其中。根据歧视行为主观性的程度差异，可以将歧视分为显性歧视、隐性歧视与差别性影响。其中，显性歧视是直接的、故意的歧视，隐性歧视是间接的、非故意的歧视，差别性影响则对歧视行为实施者的主观态度不做要求，而在客观后果上加以判断。隐性歧视与显性歧视的关键差别之处在于：显性歧视（expilict bias）直接将种族、肤色、性别作为区别待遇的考量因素，而隐性歧视往往采用其他更为间接的因素作为区别对待的考量因素，因此其在歧视意图认定上也更为困难。现实中，从主观心态上看，在隐性歧视中，与显性歧视直接进行歧视并追求歧视后果的发生不同，歧视行为实施者在主观上更多地呈现出间接放任或疏忽大意的态度。在算法决策场景中，隐性歧视大量存在。根据美国学者塔尔·扎尔克教授的研究，在算法决策场景中，隐性歧视主要包括掩饰、潜意识歧视、依赖受污染的数据集和工具和公然运用"代理"变量四种类型。[1]此时，由于并未直接将种族、肤色、性别作为变量，主观上缺乏故意的歧视意图，按照现有反分类歧视理论难以认定其构成歧视。为了回应算法决策场景的歧视判断难题，可以考虑引入隐性歧视概念，并在歧视意图判断标准上适当放宽，将算法开发者和运用者在算法决策中的间接故意和疏忽大意也纳入歧视意图范畴。具体而言，在算法歧视的判断中，不要求算法模型运用者在算法决策中必须具有直接故意歧视意图，只要其未尽到审慎的审查义务，将那些与种族、肤色、宗教信仰等特征高度关联的因素作为"代理"变量，不顾及歧视后果发生可能性，便构成间接歧视意图，进而成立隐性歧视。歧视意图标准的放宽将使得证明算法模型的设计者和运用者具有主观上的歧视意图的难度显著降低，证明其行为构成歧视的难度亦将会随之降低，从而避免出现大量的实质性算法歧视行为因难以证明主观歧视意图的存在而无法追究责任的情形。

（2）在宏观层面上，宜将反刻板印象歧视理论吸收整合到反分类歧视理论之中，实现反分类歧视理论的更新。"刻板印象最基本的定义是，他们是对群体特征的确信。"[2]刻板印象的形成有着深厚的认知心理学基础，人类对外部事物的认知和理解常常借助于固有的观念。作为人类与生俱来的一种认知方式，刻板印象因具有深刻的认知基础而难以克服。但是，一旦这种刻板印

---

〔1〕　See Tal Z. Zarsky, "Understanding Discrimination in the Scored Society", *Washington Law Review*, Vol. 89, 2014, pp. 1389~1396.

〔2〕　Alexandra Timmer, "Toward an Anti‒Stereotyping Approach for the European Court of Human Rights", *Human Rights Law Review*, Vol. 11, 2011, p. 738 .

象转化为具体的行为，并有可能对他人造成歧视，便需要被纳入法律的调整范围。[1]反刻板印象理论旨在反对这种基于经济、社会、文化等因素形成刻板印象而对特定主体进行差别对待的现象。例如，在女性就业问题上，雇主通常是基于长期以来由特定经济社会文化形成的对女性群体的固定刻板印象而作出某一特定的女性个体是否适合该工作的判断，进而作出是否雇用的决策。反刻板印象理论认为，这种基于对女性群体的刻板印象来看待特定女性的做法对该女性而言显然是不公平的。近年来，反刻板印象歧视理论也逐渐成了一个重要的反歧视理论，并在反歧视司法实践日渐受到重视。[2]在美国法院审理的"J. E. B. v. Alabama ex rel. TB. 案"中法院认为："那种是为了认可和延续关于男女相对能力的令人不快的、过时的和过分的刻板影响歧视违反了平等保护。"[3]笔者认为，鉴于算法歧视的单体性特征，宜将反刻板印象理论整合进反从属理论，将反刻板印象作为反算法歧视的一个重要目标。理由如下：

一方面，两者具有重要的理论渊源，为理论整合提供了可能性。两大歧视理论具有重要的理论渊源表现在：无论是反分类歧视理论，还是反刻板印象歧视理论，均是广义上的反分类理论，即都反对参照特定的分类来对人加以差别对待；两者都要求对个体加以平等对待。从宽泛意义上看，反分类歧视理论蕴含着将个人作为独立的个体而非某个特定群体的成员来对待的要求。由此，反刻板印象理论构成了反分类理论的下位概念。由于共享相同的理论渊源，将两者进行理论整合具有了可能性。当然，从核心含义上看，两者存在着一定的差别。反分类歧视理论要求对来自不同群体的个体进行平等对待，如对来自男性群体中的 A 与来自女性群体中的 B 平等对待。而反刻板印象则要求将来自某一群体的 A 作为个体来加以对待，以使得 A 从人们对某一群体所形成的刻板印象中摆脱出来。[4]换言之，反分类理论中的平等对待是无论种族、性别、宗教信仰等因素的平等，而反刻板印象的平等对待是将特定主

---

〔1〕 卜素：《人工智能中的"算法歧视"问题及其审查标准》，载《山西大学学报（哲学社会科学版）》2019 年第 4 期。

〔2〕 Missouri v. Jenkins，515 U. S. 70，120～121（1995）.

〔3〕 J. E. B. v. Alabama ex rel. TB.，511 U. S. 127，137～146（1994）.

〔4〕 Stephanie Bornstein，"Antidiscriminatory Algorithms"，*Alabama Law Review*，Vol. 70，No. 2，2018，p. 544.

体作为个人来加以对待，而非以基于特定群体的统计数据所形成的刻板印象来对待个人，这就使得个人得以从分类化的群体中独立出来，作为个人来加以对待，有利于保证个人的完整性。

另一方面，反刻板印象理论具有的反算法歧视功能为理论整合提供了必要性。正如前述，在由机器学习算法所主导的算法社会中，大数据算法决策所遵循的是物以类聚、人以群分的分类逻辑，算法社会是一个典型的分类社会。[1] 而且，大数据算法决策的分类逻辑是去个体化，在此过程中，个人的完整性和自然秉性被算法模型借由各自的分格技术高度透析、消解。在算法决策场景中，机器学习算法模型通常运用各种数据参数来建构一个标准的并符合算法设计者预期的完美"主体"形象，然后将这个完美的主体形象用以评价真实的个体，这个由算法模型生成的完美主体形象实则成了评价个体的基本参照系。以算法雇用决策为例。雇用算法模型的开发者在算法模型的训练过程中需要事先运用各种历史招聘和员工日常工作表现等数据参数训练出一个理想的"好雇员"模型，然后按照这一"好雇员"模型来判断应聘者是否符合该好雇员的形象，进而作出是否雇用的决定。然而，这一由机器学习算法所生成的"好雇员"模型本身可能是基于对特定弱势群体的刻板印象。由此可见，在机器学习算法模型的生成过程中，算法模型设计者所试图建构的标准化形象，以及据此所收集用以训练算法的数据集等一系列行动，均有可能是在对特定弱势群体抱持某种负面刻板印象的前提下展开的。

在机器学习算法大行其道的今天，算法模型的设计者和使用者得以隐秘地将其对特定群体的刻板印象植入算法模型，进而透过算法自动决策对特定个人和群体加以差别对待。反刻板印象理论则旨在要求将特定个人个体与其所从属的类别区别来看，将特定个人作为独立的个体来加以对待，而不能将那些业已形成的对特定个人所从属群体的刻板印象作为评价其个人的判准标准。反刻板印象歧视理论这一将个人作为个体来加以看待的基本教义，与以分类为基本特征的算法社会正在兴起的一项重要权利类型——请求作为个人

---

〔1〕 关于分类社会的描述，See Giovanni Comandè, "Regulating Algorithms' Regulation? First Ethico-Legal Principles, Problems, and Opportunities of Algorithms", Tania Cerquitelli, Daniele Quercia & Frank Pasquale (eds.), *Transparent Data Mining for Big Data and Small Data*, Springer, 2017, pp. 172~177.

加以对待的权利——可谓不谋而合。[1]反刻板印象歧视理论因其主张将个人作为独立的个人而非分类群组中的一员来加以对待，从而使得个人在很大程度上摆脱那些基于刻板印象的算法模型所作出的决策。[2]当算法设计者基于对特定群体的刻板印象而收集带有偏见的数据，将其运用于训练算法模型，并运用该算法模型作出针对该特定主体的决策时，该特定主体可以基于反刻板印象歧视理论主张算法模型的设计者或使用者的行为构成歧视，并要求其承担相应的责任。

（二）反从属歧视理论之修构

在算法自动场景中，反从属歧视理论相对而言具有更为广阔的前景。但是，正如前述，其也面临被架空的威胁。反从属歧视理论的差别性影响标准在具体实践中采用"相关性"的豁免条件时，决策者能够以特定因素之考量与决定之间具有"相关性"为由，证明其行为的正当性，因此不构成歧视，进而无须对就其决策对特定群体造成不成比例的负面影响承担相应责任。实践中，差别性影响标准宽泛的"相关性"不但无法缓解算法歧视问题，反而可能加剧算法歧视。

通常而言，相关性豁免条件只需要证明特定因素或变量之考量与某一决定之间存在统计学意义上的相关性即可。相关性是一个非常宽泛的标准，这对于大数据算法决策而言更是轻而易举的。大数据算法模型的核心功能就是能够发现海量数据之间潜藏的相关性。但是，发现事物之间统计学意义上的相关性并不意味着两者之间就存在因果关系，更不意味着对这种相关性的运用就具有正当性。诚如学者所言："算法发现某种相关性，并不一定意味着我们就可以利用这种相关性。"[3]例如，大数据算法模型发现黑人具有较高的再犯率，是否就能据此以种族肤色作为判断其再犯风险的相关性因素？答案显然是否定的。必要性豁免条件要求决策者证明其在特定决策中将某一因素或数据变量纳入考量范围对于改善决策结果、实现特定的决策目标而言具有显

〔1〕 关于统计歧视与请求作为个人加以对待的权利的关系的分析，See Kasper Lippert-Rasmussen，"'We are all Different'：Statistical Discrimination and the Right to be Treated as an Individual"，*Journal of Ethics*，Vol. 15，2011，pp. 47~59.

〔2〕 Stephanie Bornstein，"Antidiscriminatory Algorithms"，*Alabama Law Review*，Vol. 70，No. 2，2018，p. 540.

〔3〕 ［美〕史蒂夫·洛尔：《大数据主义》，胡小锐、朱胜超译，中信出版社 2015 年版，第 275 页。

著的正当性。例如，某一特定因素或数据变量真实、准确地显示其影响到决策的绩效，根据必要性豁免条件，要求算法模型的开发者和运用者证明其在算法决策中所考量的因素或者运用的数据变量与特定决策之间具有正当性，真实准确地揭示出两者之间的关联，将其纳入考量范围是合理甄别而非歧视。较之于宽泛的相关性豁免条件，必要性豁免条件则更为严格。对于算法模型的开发者和运用者而言，必要性豁免条件要求其对造成差别性影响的特定决策的合理性和正当性作出解释说明，实则是对其苛以了更高的证明标准，无疑增加了证明难度。因此，为了充分发挥差别性影响标准在识别、判断以及规制算法歧视方面的功能，宜提高差别性影响标准的豁免门槛，以更为严格的"必要性"豁免条件替代宽松的"相关性"豁免条件。

以雇用决策为例。按照必要性豁免条件，算法模型的设计者和使用者仅证明某个数据变量与雇用决策具有"工作相关性"（job-relateness）是不够的，其还应当证明在算法模型的设计中使用的这些数据变量具有"业务必要性"（business necessity）。换言之，单纯统计上的相关性并不足以证明算法模型作出雇用决定的正当性。而是需要证明运用雇用算法模型训练的某一因素或变量与工作绩效之间存在显著的关联性和必要性，而且当原告能够证明存在歧视后果更少的替代性措施时，作为雇用算法模型运用者的被告以"业务必要性"的理由请求豁免承担歧视责任将不能成立。[1]提高差别性影响标准的豁免门槛，旨在防止大量对弱势群体产生不成比例的负面影响的歧视行为出现逸脱现象，真正发挥差别性影响标准在识别、判断和规制算法歧视中的重要功能。

第四节 反算法歧视之制度建构

在算法自动决策中，"受优待和受歧视的群体主要是在计算的过程中才能被区分开来。法律不再是为平等的人而撰写，我们需要生产出'平等者'，使得他们服从这样的规则"。[2]这意味着，大数据算法正在逐渐改变歧视的产生

---

〔1〕 Stephanie Bornstein, "Antidiscriminatory Algorithms", *Alabama Law Review*, Vol. 70, No. 2, 2018, pp. 556~557.

〔2〕 ［德］克里斯多夫·库克里克：《微粒社会：数字化时代的社会模式》，黄昆、夏柯译，中信出版社 2018 年版，第 120 页。

方式，而且对于歧视的规制也日益依赖于在算法模型开发设计中的伦理植入。诚如学者所言："对算法嵌入伦理道德的价值是有必要的，它强调设计符合伦理原则的算法，为人类提供帮助或者算法自身在某种程度上具有伦理决策的能力。"〔1〕技术专家和伦理学者在算法歧视规制中无疑占据重要地位，但仍离不开相应的制度支撑。我们认为，在反算法歧视的制度规则的建构中，应以反算法歧视理论价值和反歧视目标定位为基本遵循，贯彻"通过设计实现公平"的规制原则，〔2〕根据算法歧视类型、特征加以类型化制度建构。具体而言：一方面，以反分类歧视目标为宗旨，建立健全数据清洁制度，强化对算法模型训练数据的事前清洁处理。另一方面，以反从属歧视目标为宗旨，尽快建立算法影响评估制度，对拟投入使用的算法模型的潜在歧视风险进行预测评估。同时，建立算法模型运行动态审查制度，根据两大反歧视目标，对算法模型进行全过程动态审查，以发现歧视后果或潜在歧视风险。

（一）建立数据清洁制度

在大数据算法决策场景中，形式平等仍然是算法社会的重要追求，算法自动决策仍需满足形式平等的要求。为了实现算法自动决策的形式平等，应当建立算法模型的事前数据清洁制度，明确算法模型设计者的数据清洁义务和责任，禁止将具有显著歧视性特征的数据作为算法模型的训练数据。这意味着，在特定算法模型训练和设计之前，需要对用于算法模型训练的数据进行清洁。首先，将诸如种族、性别、年龄、宗教信仰等具有显著歧视性特征的数据排除出去。其次，算法模型设计者在算法中以"邮编""地域"等数据作为"代理"的做法应当被禁止，这些数据在歧视性程度上虽然没有种族、性别、年龄等那样显著，但其仍然具有明显的歧视特征。因此，对于这些具有明显"歧视特征"的数据也应当予以排除，禁止将其作为算法模型的训练数据，以尽可能确保算法模型在种族、性别、年龄、宗教信仰等方面的"中立性"。有学者认为，禁止种族、性别、年龄、宗教信仰以至于地域等与种族具有高度关联的"代理"数据被运用于算法模型的训练将会造成算法决策的准确度降低，不利于算法自动决策功能的发挥，甚至会抑制创新。〔3〕客观而

---

〔1〕 郭林生：《论算法伦理》，载《华中科技大学学报（社会科学版）》2018 年第 2 期。

〔2〕 张涛：《自动化系统中算法偏见的法律规制》，载《大连理工大学学报（社会科学版）》2020 年第 4 期。

〔3〕 Sandra G. Mayson, "Bias in, Bias out", *Yale Law Journal*, Vol. 128, No. 8, 2019, pp. 2266~2267.

言，将上述具有显著歧视性特征的数据排除出算法模型确实会在一定程度上降低算法决策预测的精准性。但是，笔者认为，算法决策预测精准性的提高不能以牺牲公民所享有的平等保护这一基本权利为代价，不能单纯为了提高所谓的决策效率而让人们遭受不平等的区别对待，而是应当在确保形式平等的基础上，追求决策效率。从这个意义而言，针对算法自动决策中存在的差别待遇歧视，建立事先的算法数据清洁制度尤为必要，其是保证算法决策形式平等的重要机制。

（二）建立算法歧视动态审查制度

机器学习算法具有高度的自动性，算法模型能够发现海量数据之间的潜在的相关性，并在算法训练和运行过程中造成算法设计者意想不到的歧视后果。针对这种情形，宜建立复合性算法动态审查制度。首先，在审查方式上，宜采取定期审查与不定期审查相结合的方式，以发现算法模型和算法决策中的歧视。其次，在审查内容上，宜实现过程审查与结果审查相结合：一方面，对算法模型的输入数据和过程是否具有歧视进行审查；另一方面，对算法模型所输出的结果，即算法自动决策后果是否具有歧视进行审查。最后，在算法歧视审查标准上，应当坚持差别对待标准与差别性影响标准相结合，既要审查算法模型设计中是否具有差别对待的主观歧视，又要审查算法模型的输出结果是否对受保护群体造成不成比例的歧视后果。同时，鉴于算法自动决策场景中结构性、系统性歧视大量增加，宜将这种客观、隐性的歧视作为审查重点，采用上文修改后的差别性影响标准，对此类算法歧视进行识别和规制。[1]

（三）建立算法歧视影响评估制度

在大数据算法决策场景中，歧视具有高度的隐蔽性，歧视的判断和识别在算法模型的遮蔽下变得更为困难，此时往往需要从算法模型输出的后果上加以判断和识别。面对算法自动决策给受保护群体造成的系统性歧视后果，反算法歧视还需要以实质平等作为重要的价值追求。因此，在具体制度建构上，可以参酌环境影响评价制度，建立算法歧视影响评估制度。[2]算法歧视

---

〔1〕　Bryce Goodman, "Discrimination, Data Sanitation and Auditing in the European Union's General Data Protection Regulation", *European Data Protection Law Review*, Vol. 2, No. 4, 2016, pp. 503~506.

〔2〕　Andrew D. Selbst, "Disparate Impact in Big Data Policing", *Georgia Law Review*, Vol. 52, No. 1, 2017, pp. 168~182.

影响评估制度是采取算法平权行动的重要步骤。[1]这一制度要求在算法模型设计完成后、投入使用前，由专门机构对算法可能造成的潜在歧视影响进行事前评估，尤其是要对其是否将对特定受保护群体产生不成比例的差别性影响加以评估。如经过评估后，发现拟投入使用的算法模型将产生潜在的歧视性后果，则不得将此算法模型投入使用。为了确保算法影响评估制度真正发挥作用，需要对该制度加以合理建构。

具体而言：第一，在算法影响评估主体上，从保证算法影响评估中立性和专业性角度而言，宜由专业的第三方评估机构进行评估。第二，在算法评估范围上，一方面针对拟投入运行的算法模型的歧视性影响进行评价，另一方面，需要将算法模型决策之外的替代性方案的潜在歧视性影响也纳入评估范围，从而判断算法模型决策是不是优先选择。第三，建立算法评估报告披露制度。为了保证算法评估活动的公开透明，算法影响评估结构应当以适当的方式，对特定算法模型所作出的评估报告予以披露，披露对象主要是受算法决策潜在影响的主体。第四，建立算法评估公众参与机制。算法评估公众参与机制是保障算法评估活动公正、透明的一项重要制度。在由专业机构主导的算法影响评估活动中，选择一些具有较高专业知识背景且受到算法模型决策潜在影响的公众参与算法模型评估活动能够在一定程度上发挥监督算法影响评估活动、表达合理利益诉求的功能。

上述算法歧视规制制度的建立能够形成一套贯穿于算法模型设计和算法自动决策全过程的算法歧视识别与规制方案，有助于缓解算法自动决策造成的歧视问题，并在很大程度上实现算法公正。当然，在算法歧视规制实践中，需要根据反歧视的目标预设，有针对性地选择运用相应的制度方案。如果在具体的算法决策场景中，算法研发者和运用者更多地追求形式平等，则要健全机构内部数据清洁制度机制，例如设立负责内部数据清洁的组织或人员、完善数据清洁流程，以保证数据清洁工作落到实处。如果在特定算法决策场景中，算法研发者和运用者更多地追求实质平等，则要建立健全机构内部的算法影响评估机制。数据和算法管理部门要尽快出台数据清洁和算法影响评估方面的规范指引，为算法开发和运用机构开展反算法歧视内部合规管理活

---

[1] Anupam Chander, "The Racist Algorithm?", *Michigan Law Review*, Vol. 115, No. 6, 2017, pp. 1039~1045.

动提供规范引导。

本章小结

平等是人类不懈追求的价值。在漫长的人类社会中，人类为争取平等付出了艰辛努力，乃至殊死的斗争。反歧视法律理论正是人类长期以来通过法律反对歧视、寻求平等的智慧结晶。置身于由大数据算法驱动的人工智能时代，人类反对歧视、寻求平等的理想愿景并没有因此改变。在很大意义上，大数据算法技术承载着人类追求公平和效率的美好愿景，但是我们不能因此陷入"技术乌托邦"，而是应看到，大数据算法模型不仅潜藏着各种歧视与偏见，而且在一定程度上改变了歧视呈现的样态，并给传统反歧视法律理论带来了深刻挑战。究其本质，目前算法歧视的治理是一种面向弱人工智能体的道德嵌入，并遵循"通过设计实现公平的治理原则"。[1] 而这种嵌入的过程无疑需要法律理论和制度层面的有力回应。时下法学界对人工智能法律主体资格和责任承担方面的研究便是明证。面对算法决策场景和算法歧视呈现的新特征，对歧视法律理论和制度加以合理调适与建构，同样具有重要的理论和现实意义。在算法社会中，随着算法自动决策日益广泛而深入地介入就业、医疗、教育、社会保障乃至执法等各类决策过程，影响乃至决定公共和私有资源在不同社会群体之间的分配，算法决策的平等性和公正性将成为一个利益攸关的重要问题，反算法歧视必将成为所有追求平等的人们关注的焦点话题，也将成为包括法律人在内的各学科学者肩负的重要使命，必须认真对待，并透过伦理、制度和技术多维度的共同合作，寻找适当的治理方案，加以有效应对和解决。

---

〔1〕 潘斌：《人工智能体的道德嵌入》，载《华中科技大学学报（社会科学版）》2020 年第 2 期。

第五章

算法透明度的理论反思与制度建构

　　随着机器学习算法技术的迭代发展，算法技术已经深度介入过去完全由人类掌控和完成的诸种公私事务。在算法技术浪潮席卷之下，人类已然置身于由底层算法技术精心构筑的数字生活世界。在这一社会形态之下，算法技术"将与市场和国家一起决定我们获得重要社会物品的途径"。[1]这意味着，算法将超越传统的技术范畴，成为法律制度之外一种重要的分配正义机制，由此也引发了社会公众对算法透明性问题的强烈担忧。为回应社会公众的担忧，国家互联网信息办公室等四部委于 2021 年 12 月发布了《算法推荐管理规定》。其中第 4 条、第 12 条、第 16 条和第 17 条对互联网推荐服务者的算法透明义务作出了规定，是建立我国算法透明制度的探索性实践，在实现互联网信息服务算法透明方面发挥着重要作用。

　　算法透明度并非一个纯粹的技术问题，而是一项技术、管理和法律相互交织的重要社会议题。当前，实现何种程度的算法透明以及如何实现算法透明成了包括法律学者在内的众多学科研究者和实务工作者关注的重大理论和实践命题。总体上而言，目前的研究主要从算法透明度的概念属性、学理争议、功能定位、实现机制等方面展开：在概念属性的研究方面，有学者阐释了算法透明度的概念，并揭示了其与算法解释之间的区别与关系，认为算法可解释性是算法模型的客观属性，算法透明度则是算法运行结果与主观预期

---

　　〔1〕　〔英〕杰米·萨斯坎德：《算法的力量：人类如何共同生存？》，李大白译，北京日报出版社2022 年版，第 219 页。

的关系。[1]在学理争议方面，有学者对算法透明度原则进行了批判性研究，认为算法透明度原则是一种事前规制方式，具有先天缺陷，既不可行，亦无必要。[2]在功能定位研究方面，有学者认为，算法透明是实现算法问责的重要机制，具有多重维度。[3]还有学者认为，算法透明虽可以实现算法治理，但其作用不宜被过分夸大。[4]在实现机制研究方面，有学者对实现算法透明的算法解释权[5]、算法影响评估[6]和算法审计[7]等具体机制展开了研究。

客观而言，既有研究对于完善我国算法透明制度、促进算法问责无疑具有重要意义。然而，上述研究亦存在理论建构不足和实践指引不足的双重缺失。一方面，目前的研究更多地聚焦于制度层面，试图通过对个别化算法透明制度的研究来建构算法透明制度，并为算法透明度实践提供指引。这对于建立健全我国算法透明制度颇有助益。然而，目前这种碎片化的研究对繁复细微的算法透明制度实践背后潜藏的理论意蕴缺乏深入的挖掘，容易迷失在微观制度研究中，从而忽视了制度背后的理论意蕴。另一方面，算法透明实践离不开丰富的算法透明"工具箱"，其依赖于实践中的合理运用，以实现算法透明合规。然而，目前的研究对于如何合理设计、组合各种算法透明制度机制缺乏足够的关注，导致算法透明度实践进退失据，甚至滋长了全盘否定算法透明度价值的错误认知。鉴于此，本书在阐释和重申算法透明度的内在价值和工具性价值基础上，将算法透明制度实践置于透明度理论脉络中加以审视，对算法透明制度实践加以细致考察并予以理论凝练和检视反思，进而倡导迈向基于关系的算法透明度理论，并以该理论为指引探索算法透明机制的具体建构方案。

---

〔1〕　苏宇：《优化算法可解释性及透明度义务之诠释与展开》，载《法律科学（西北政法大学学报）》2022年第1期。

〔2〕　沈伟伟：《算法透明原则的迷思——算法规制理论的批判》，载《环球法律评论》2019年第6期。

〔3〕　汪庆华：《算法透明的多重维度和算法问责》，载《比较法研究》2020年第6期。

〔4〕　魏远山：《算法透明的迷失与回归：功能定位与实现路径》，载《北方法学》2021年第1期。

〔5〕　张凌寒：《商业自动化决策的算法解释权研究》，载《法律科学（西北政法大学学报）》2018年第3期。

〔6〕　张恩典：《算法影响评估制度的反思与建构》，载《电子政务》2021年第11期。

〔7〕　张欣、宋雨鑫：《算法审计的制度逻辑和本土化构建》，载《郑州大学学报（哲学社会科学版）》2022年第6期。

第一节　算法透明度的价值谱系

算法透明度在算法治理制度体系中占据重要地位，这得益于其所蕴含的多维价值。从类型学上看，我们可以将价值分为固有价值与工具性价值。该分类有助于更加全面地理解算法透明度潜藏的价值意蕴。鉴于目前的算法治理实践中存在着仅将算法透明度定位为一种工具性价值，甚至全然否认算法透明度价值的错误倾向，本书将从固有价值与工具性价值维度来解读算法透明度的价值谱系，以重申算法透明度在算法治理中的功能。

（一）算法透明度的固有价值

固有价值通常被认为是"某种特殊道德类型的非派生性价值"，[1]据此，算法透明度的固有价值意指算法透明本身内在所蕴藏的价值，其并不是派生的。"一旦放弃了透明过程，内生价值将随之一并消散，保障人的自由和尊严的功能也将大大减弱，所以内生价值因其固有性和直接性而具有不可替代性。"[2]算法透明度的内在价值可以从人的尊严自主和算法正义两方面来理解。从人的尊严维度上看，算法透明作为一种内在价值，彰显了算法时代背景下对人的尊严和个人自主的捍卫。"算法决策剥夺了受影响者个体'表达意见'和反驳决策的权利，人作为道德主体（即有自己观点且能够理性行事），理应受到相应认可和对待，且有权享有尊严和尊重，这是生而为人的基本权利，而算法决策从根本上破坏了这种权利。"[3]算法透明度是促进个人人格发展，实现理性自主的重要保障。面对缺乏基本透明度的算法决策，个人极有可能在隐秘算法的操纵下丧失其自主选择的能力，也将失去捍卫个人尊严的力量，并最终沦为数字时代的弱者和流众，甚至沦为"赤裸生命"。[4]透过算法透明度，个人得以洞悉算法决策背后的运行逻辑，进而在一定程度上祛除机器学习算法对人主体性的遮蔽，增强个人的自主选择能力。

---

〔1〕 M. Zimmerman, "Intrinsic vs. Extrinsic Value", *Stanford Encyclopedia of Philosophy*, Substantive Revision Wed Jan 9, 2019.

〔2〕 安晋城：《算法透明层次论》，载《法学研究》2023 年第 2 期。

〔3〕 ［英］凯伦·杨、马丁·洛奇：《驯服算法：数字歧视与算法规制》，林少伟、唐林垚译，上海人民出版社 2020 年版，第 25 页。

〔4〕 高奇琦：《数字世界的例外状态与赤裸生命：来自阿甘本的启示》，载《山西大学学报（哲学社会科学版）》2022 年第 5 期。

在算法正义维度上，算法透明度是算法正义的内在要求。有学者揭示了算法正义与现代法治的关系，认为"算法正义要求算法实践在法治之下秉持平等、尊严与自由价值"。[1]马长山教授在论及算法治理的正义原则时便将公平透明原则作为三大算法正义原则之一。[2]算法透明度反映出了算法社会中人类普遍且质朴的正义观念，构成了算法正义的重要面相，体现出了算法时代人类对于正义的不懈追求。美国计算机协会下属美国公共政策委员会于2017年发布的《算法透明度和问责制声明》确立了算法透明度和问责制的七大原则。[3]国家网信办等四部委出台的《算法规定》第4条明确规定，提供算法推荐服务应当遵循公开透明度原则。可见，算法透明度原则已经成为算法治理实践的基本原则和价值追求。这意味着，算法透明度是算法正义的题中之义，并非只具有工具性价值。算法透明本身成了算法治理的目的，而非仅仅只作为算法治理的工具或手段。

（二）算法透明度的工具性价值

工具性价值意指一种非内在的派生价值，意谓某事物的价值并非源于其本身而是取决于其外在目的之实现。算法透明度的工具性价值强调算法透明是实现特定价值的工具和手段。

（1）适当的算法透明度有助于减少算法错误和歧视。算法决策实践表明，机器学习算法并非像其开发者和应用者所宣称的那般客观中立，而是充斥着错误和歧视，并掩盖在算法黑箱之中，难以为外界所察觉。算法开发者既可以借由对训练数据和算法模型参数权重的设计对受保护群体进行直接歧视，也可以因为对历史数据的拣选而延续、固化业已存在的结构性间接歧视。[4]透明度意味着一种持续的观察和监控，[5]适当的算法透明机制则犹如一幅透视算法黑箱的透镜，透过它人们得以对机器学习算法进行持续的观察、检查

〔1〕　李晓辉：《算法商业秘密与算法正义》，载《比较法研究》2021年第3期。

〔2〕　马长山：《算法治理的正义尺度》，载《学术前沿》2022年第10期。

〔3〕　Association for Computing Machinery US Public Policy Council，"Statement on Algorithmic Transparency and Accountability"，Available at https://www.acm.org/binaries/content/assets/public-policy/2017_usacm_statement_algorithms.pdf，Last Visited 2022-12-10.

〔4〕　张恩典：《反算法歧视：理论反思与制度建构》，载《华中科技大学学报（社会科学版）》2020年第5期。

〔5〕　David Heald，"Varieties of Transparency"，Christopher Hood David Heald（eds.），Transparency：The Key to Better Governance？，Oxford：Oxford University Press，2006，pp.27~28.

和监控，以发现潜藏在算法黑箱中的错误和偏见，进而采取有效措施去减少机器学习算法的错误和歧视。

（2）适当的算法透明度有助于提高算法决策的问责制。问责制是现代公共行政的重要价值追求，其可以从两个维度来加以理解：一是对决策过程和结果的解释说明；二是对决策后果的归责。然而，在算法决策场景中，机器学习算法模型的复杂性和算法决策的自动性特征却不同程度地导致了问责制困境。一方面，算法决策面临解释难题。机器学习算法模型具有高度的复杂性，加之算法开发者以商业秘密为由拒绝披露算法，使得技术专家难以对机器学习算法输出的决策结果作出准确的解释，更别说对算法技术知之甚少的普通民众了。而在这种由机器学习算法模型编造的卡夫卡环境中，由于人们不了解某个决定的形成过程，就难以提出有力的反对理由。例如，在平台经济中，"人力投入其实对数字平台的运作必不可少，但是就连知识渊博的用户可能都会以为算法决策是'中立的'，并且因为平台运营的不透明和复杂性，用户并不敢质疑平台的操作行为和过程"。[1]另一方面，算法决策的复杂性和自动化特征引发事后归责的难题。算法决策的复杂性和自动性导致人们在将决策后果归责于某个特定主体的过程中面临着归责的难题。这一难题源于人类对机器学习算法决策过程参与程度和控制力的弱化，而科技巨头主导算法自动化系统的开发和部署则进一步加剧了算法问责困境。其一，通过事前披露算法模型的运行机理和有关权重参数等信息，有助于增强外界对算法模型内部运行过程的了解；其二，通过向那些受特定算法决策影响的个体提供事后的个别化解释说明，能够增强个人对其自身权益产生深刻影响的算法决策的理解，为其挑战那些算法决策结果提供可能性；其三，算法透明度对机器学习算法模型的开发和运行建立起事前、事中和事后的动态、周期性的评估和审计机制，能够进一步增强对算法运行过程和结果的控制。换言之，算法透明机制实则是在这些具有高度复杂性和自动性的机器学习算法决策上建立一套制度化的自我监控和外部监督机制，进而有助于强化算法决策问责。

（3）适当的算法透明度有助于增强民众对算法决策的信任。在现代社会，信息透明被认为是信任大厦得以牢固建立的基础。在算法社会背景下，算法

---

〔1〕〔英〕马丁·摩尔、达米安·坦比尼编著：《巨头：失控的互联网企业》，魏瑞莉、倪金丹译，浙江大学出版社 2020 年版，第 113 页。

信任是构成算法社会发展的基石和关键性媒介。与此同时，"算法厌恶"情绪悄然扩散开来。究其原因，固然有算法系统错误、歧视以及算法决策带来的控制力弱化等因素，但算法模型缺乏基本透明度是引发算法厌恶的重要原因。[1]合理的算法透明机制为利益相关者提供了可访问、可解释、可评估的算法理解路径，透过可信算法的开发和部署，重建算法信任。[2]

综上所述，算法透明度蕴含着丰富的固有价值，其本身便是算法治理的重要目标，并具有重要的工具性价值，而算法透明度价值的实现端赖于合理的算法透明制度设计。

第二节　基于信息的算法透明度实践之理论反思

目前的算法透明实践所采行的是一种基于信息的算法透明度模式。该模式将算法透明度实践视为一个信息披露和信息解释的过程，试图通过充分的信息披露来打开算法黑箱，以达提高算法透明度之目的。

（一）基于信息的算法透明度模式之理论渊源与制度构造

1. 理论渊源：透明度即信息（transparency as information）

诚如韩炳哲所言："当代公共话语中没有哪个词比透明更高高在上，地位超然。人们对它孜孜以求，这首先与信息自由息息相关。对'透明'无所不在的需求愈演愈烈，甚至让它登上神坛，一统天下。"[3]在透明度的诸多理论中，透明度即信息理论占据主导地位。[4]该理论认为，导致不透明的原因在于信息供给的不足以及信息不对称，而实现透明则需要通过信息披露以弥合主体间的信息鸿沟。基于信息的透明度能够实现可见性，提供"清晰"的"洞察力"，以便我们"看穿"组织或政府机构。[5]据此，实现透明的过程被

---

〔1〕　Berkeley J. Dietvorst, Joseph P. Simmons & Cade Massey, "Algorithm Aversion：People Erroneously Avoid Algorithms after Aeeing Them Err", *Journal of Experimental Psychology*：*General*, 2015, Vol. 144, No. 1, pp. 114~126.

〔2〕　袁康：《可信算法的法律规制》，载《东方法学》2021年第3期。

〔3〕　［德］韩炳哲：《透明社会》，吴琼译，中信出版社2019年版，第1页。

〔4〕　Daan Simon Tielenburg, *The "Dark Sides" of Transparency*：*Rethinking Information Disclosure as a Social Praxis*, Master's Thesis Submitted for the Research Master's Philosophy Utrecht University, 2018, pp. 10~40.

〔5〕　A. Henriques, *Corporate Truth*：*the Limits to Transparency*, London：Earthscan, 2007, p. 54.

视作是一个持续的公开和披露信息过程。

透明度即信息理论对政府规制实践产生了深远影响。根据这一理论，政府对市场施加规制的原因在于，产品经营者与消费者之间存在着信息不对称，而对产品经营者苛以披露义务，要求其向消费者披露信息，以克服信息不对称造成的市场失灵。[1]在政府治理中，政府透明度亦被视为是消解作为委托人的国民与作为代理人的政府之间存在的信息不对称的基本方式，"阳光是最好的防腐剂"是该理论的鲜明佐证。

受透明度即信息理论学说之影响，基于信息的算法透明度理论亦被广泛接受。这一理论认为，算法透明的本质即在于通过信息的主动公开和披露来消解横亘于普通民众与算法模型开发者之间的"信息鸿沟"，使得普通民众得以打开算法黑箱，观察和洞悉黑箱的运行。"观察产生洞察力，从而产生治理和让系统负责的知识。观察则被认为是一种伦理行为，观察者接触更多关于系统的信息，就能够更好地判断一个系统是否按照预期运行，亦即需要作出哪些改变。"[2]基于信息的算法透明度理论倡导者坚信，算法透明实则是一个信息公开和流动的过程，借由算法模型和算法决策过程的最大限度公开以及算法决策的解释，能够获得算法治理和问责所需的信息和知识。

2. 制度设计：算法公开与算法解释的双重构造

基于信息的算法透明度理论对算法透明具体制度实践产生了深刻影响，并衍生出了算法公开和算法解释两大颇具代表性的算法透明制度。所谓算法公开，即向外界披露算法代码、算法模型的架构和运行原理。算法公开"假定算法是一个黑箱，只要打开这个黑箱，算法就会暴露在阳光下，为人们所知晓"。[3]算法解释则是算法开发者和应用者向受算法决策影响的主体解释算法决策运行的逻辑。

《欧盟一般数据保护条例》第 5 条第 1（a）款规定："个人数据应以合法、公正、透明的方式处理。"该条确立了个人数据处理的透明度原则。在此基础上，《欧盟一般数据保护条例》序言第 39 条、第 58 条规定个人数据处理

---

〔1〕 Jens Foessæck & Lars Oxelheim, *The Oxford Handbook of Economic and Institutional Transparency*, Oxford University Press, 2015, pp. 3~25.

〔2〕 王娟、叶斌：《"负责任"的算法透明度——人工智能时代传媒伦理建构的趋向》，载《自然辩证法研究》2020 年第 12 期。

〔3〕 丁晓东：《论算法的法律规制》，载《中国社会科学》2020 年第 12 期。

应当符合透明度原则，透明度原则要求"任何向公众或数据主体发布的信息是简洁、容易获取和易于理解的，并要求使用清晰朴实的语言并采用可视化的方法"。就透明类型而言，这是典型的事前透明。此外，《欧盟一般数据保护条例》还确立了事后透明机制。《欧盟一般数据保护条例》序言第71条规定，数据主体有权获得人为干预的权利，以表达数据主体的观点，在评估后获得决定解释权并质疑该决定。同时，《欧盟一般数据保护条例》第13条第2（f）款规定："控制者在获取个人数据时，为确保处理过程的公正和透明之必要，应当向数据主体提供包括数据画像及有关逻辑程序和有意义的信息。"以上条款被学者认为确立了算法解释权制度。[1]

在算法透明制度规定方面，我国深受该理论模式的影响。具体而言，《个人信息保护法》第7条规定："处理个人信息应当遵循公开、透明原则，公开个人信息处理规则，明示处理的目的、方式和范围。"该条将公开透明确立为包括算法自动化决策等在内的个人信息处理活动的基本原则。同时，该法第24条第1款规定："个人信息处理者利用个人信息进行自动化决策，应当保证决策的透明度和结果公平、公正，不得对个人在交易价格等交易条件上实行不合理的差别待遇。"规定"通过自动化决策方式作出对个人权益有重大影响的决定，个人有权要求个人信息处理者予以说明"。这实则确立了"中国版"的算法解释权制度。在此基础上，《算法规定》则针对推荐算法的公开和算法解释作出了更为细致的规定。其中第12条规定："鼓励算法推荐服务提供者……优化检索、排序、选择、推送、展示等规则的透明度和可解释性，……"第16条规定："算法推荐服务提供者应当以显著方式告知用户其提供算法推荐服务的情况，并以适当方式公示算法推荐服务的基本原理、目的意图和主要运行机制等。"从透明类型上观之，上述两条规定实则规定了一种事前的算法公开制度。《算法规定》第17条第3款规定："算法推荐服务提供者应用算法对用户权益造成重大影响的，应当依法予以说明并承担相应责任。"该条规定实则是一种事后的针对特定决策的算法解释权。可见，事前的算法公开和事后的算法解释共同构筑起了事前和事后算法透明制度。

---

〔1〕　B. Goodman & S. Flaxman, "European Union Regulations on Algorithmic Decision-making and a 'Right Aight to Explanation'", *AI Magazine*, 2017, Vol. 38, No. 3, pp. 50~57；Andrew D. Selbet & Julia Powles, "Meaningful Information and the Right to Explanation", *International Data Privacy Law*, 2017, Vol. 7, No. 4, pp. 233~242.

上述规定类似于美国学者卡里·科格里安塞等所言的"鱼缸型透明"与"析理型透明"。[1]前者通过事前主动公开披露算法的原理和运行机制，乃至于算法模型、代码来实现充分的透明，旨在解决"是什么"的问题；后者则借由针对特定决策进行解释说明来实现算法决策的透明，旨在解决"为什么"的问题。两者旨在通过算法原理的公开或算法决策的解释说明，尽可能地为用户提供关于算法模型和算法决策的信息，帮助用户洞悉算法决策的形成过程和逻辑。

（二）基于信息的算法透明度模式之理论检视

客观而言，基于信息的透明度模式在促成算法透明度方面发挥着重要作用，并深刻影响着欧盟和我国的算法透明度制度实践。同时，该模式仍存在以下缺陷。

1. 忽视了算法决策的复杂性和动态性特征

算法决策呈现出了高度复杂性和动态性。一方面，算法决策具有高度复杂性。这一复杂性多源于算法决策背后的复杂算法模型、海量数据及繁复的应用场景。另一方面，算法决策呈现出了高度动态性。[2]算法决策具有高度的动态性潜能，能够从可用的新数据中不断学习，故算法系统处于持续变动中，仅具暂时稳定性。[3]然而，基于信息的透明度理论将透明度看成是一个静态的信息披露行为，认为信息早已存在，并能够为人们所使用，相关组织和机构所需要做的是尽可能地向人们披露。由此可见，该理论更多地将信息视作一个价值无涉的中性事实，聚焦于信息的可获取性，对于信息披露背后所涉及的选择机制、过程和政治等因素则不甚关心。[4]在这种透明度观念支配之下，该模式将算法透明简单视为静态的算法模型披露或者算法决策结果解释的行为，而忽视了算法决策背后所涉及的机器学习等算法技术的复杂性、动态性特征以及应用场景的繁复性，导致算法透明度实践缺乏足够的回应性。

〔1〕 Cary Coglianese & David Lehr, "Transparency and Algorithmic Governance", *Administrative Law Review*, 2019, Vol. 71, No1, pp. 20~21.

〔2〕 Markus D. Dubber, Frank Pasquale & Sunit Das (eds.), *The Oxford Handbook of Ethics of AI*, Oxford: Oxford University Press, 2020, pp. 197~214.

〔3〕 Albert Meijer, "Understanding the Complex Dynamics of Transparency", *Public Administration Review*, 2013, Vol. 73, No. 3, pp. 429~439.

〔4〕 Heike Felzmann et al., "Towards Transparency by Design for Artificial Intelligence", *Science and Engineering Ethics*, 2020, Vol. 26, No. 6, p. 3339.

2. 难以回应利益相关者的多元化透明需求

算法透明度的要求因信息接受者的不同而呈现多样化。算法决策背后涉及算法系统的开发者、采购应用者、用户、普通公众、第三方技术专家和监管者等众多主体，他们对于算法透明度有着差异化需求。对于公众而言，算法透明度以算法的一般性功能为主，对于受决策直接影响的个体而言，其中关于个人决策的特定信息将是其主要关注点。该模式强调最大限度地向社会或用户披露算法原理乃至代码，或解释特定的算法决策，聚焦于普通公众和用户的透明度需求，对其他利益相关者的算法透明度需求则缺乏足够的关切。

客观而言，基于信息的算法透明度模式对于算法透明的理解是偏颇的。诚如学者所言："透明度常常与仅仅披露信息相混淆。我们认为，两者之间的一个重要区别在于，透明度实践具有需求侧的层面，需要充分考虑相对方对于算法透明度的现实需求。这意味着传递的信息不仅要可观察到，而且要与接收方相关、值得信任、足够精确，归根结底传递信息对接收方具有价值。"[1] 在具体实践中，该模式往往将算法透明度看作是一个"全有或全无"的状态。其实，算法透明具有多重维度，其更多是一个程度的问题，应当被视为一个面向不同利益相关者的关系性过程，而不能简单地将算法透明视作信息的披露或传递，而应基于利益相关者的差异化透明度需求，有针对性地开展算法透明度实践。福斯托·朱奇利亚主张多样化的算法透明度实践，并对此提出了五个层次的算法透明度机制，分别为用户感知、观察者审计、开发者披露、用户/开发者映射及完全透明。[2] 当前，我国算法透明度实践多聚焦于用户和普通公众层面，未充分考虑其他利益相关者的透明度需求，在算法透明度需求的回应性方面亟待提升。

3. 忽视个体对算法决策的理解能力

基于信息的算法透明度模式而认识到横亘于算法开发者与个体间存在的巨大鸿沟，并试图透过尽力对外披露算法模型原理、解释算法决策，以达到弥合鸿沟之目标。该模式将实现算法"完全透明"作为其理想追求。然而，所谓的完全透明并不可能。"算法完全透明（披露所有信息）在技术上轻而易

〔1〕　Jens Forssbaeck & Lars Oxelheim, *The Oxford Handbook of Economic and Institutional Transparency*, Oxford: Oxford University Press, 2015, p. 25.

〔2〕　F. Giunchiglia et al., "Towards Algorithmic Transparency: A Diversity Perspective", Available at https://arxiv. org/abs/2104. 05658, Last Visited 2023-5-21.

举，但在政治上和实践上却不可行，而且可能毫无裨益。"[1]而且，该制度实践预设的前提是只要尽可能地披露算法信息，便能使用户理解算法模型和算法决策。[2]然而，该观点忽视了普通用户对机器学习算法的理解力，并有可能加重普通民众的责任。由于基于信息的算法透明模式预设了在算法决策中个人是高度理性的，并相信只要将信息披露给个体，其便能作出知情决策。实则是通过算法透明的方式赋予了个体更多的算法治理责任，并为算法开发者以已经"公开算法""披露算法信息"为由推诿责任提供了便利。学者卡尔波卡斯对那种片面追求完全透明的做法提出了质疑。他认为："如果更高的透明度仅仅是将责任转移到在权力、时间和知识方面的资源已经有限且无法进一步延伸的个人身上，那么纯粹的透明度可能会让事情变得更糟，而不是更好。"[3]

算法透明度与信息披露强度有较大关联，但并不意味着信息披露越多透明效果便越佳。从主体角度观之，基于信息的算法透明度模式认为，个体的特定认知和实践技能的运用仅源于个人自由意志，是内在于个人的一种能力。实际上，个体的认知和实践技能是在主体交往中逐渐习得和运用的，个体对于信息的理解具有高度的情境主义特征，并受到个人"前见"的深刻影响，呈现出高度差异化。从客体角度观之，由于机器学习算法技术本身具有高度的复杂性，普通公众和用户囿于自身理解能力，即使算法开发者将代码向外界完全披露，也难以真正为普通公众和用户所理解，反而可能陷入"信息冗余"状态，偏离算法透明目标。

客观而言，该模式在理论预设上将透明度实践简化为静止的算法信息披露，在理论预设上存在偏狭之处。而以此理论为指导的算法透明制度实践忽视了算法决策的动态性和复杂性、利益相关者的透明度需求多元化以及个体对于算法模型和决策信息披露的理解力的局限性，导致有效性和回应性不足，

〔1〕 ［美］约叔华·A.克鲁尔等：《可问责的算法》，沈伟伟、薛迪译，载《地方立法研究》2019年第4期。

〔2〕 Mike Ananny & Kate Crawford, "Seeing Without Knowing: Limitations of the Transparency Ideal and Its Application to Algorithmic Accountability", *New Media & Society*, 2018, Vol. 20, No. 3, p. 979.

〔3〕 Nicolas P. Suzor et al., "What Do We Mean When We Talk about Transparency? Toward Meaningful Transparency in Commercial Content Moderation", *International Journal of Communication*, 2019, Vol. 13, pp. 1526~1543.

并给人一种"无意义透明"的观感。

第三节　算法透明度之理论更新：迈向
基于关系的算法透明度模式

鉴于传统算法透明度实践所面临的困境，有必要对其加以理论更新，倡导算法透明度的"关系"转向，即由传统静态的基于信息的算法透明度模式迈向动态的基于关系的算法透明度模式，以提高其解释力和指导价值。

（一）基于关系的算法透明度模式之理论意涵

1. 将算法透明度定位为"关系"概念

不同于传统理论将透明度简化为纯粹的信息传递，基于关系的透明度理论更多地从关系维度来理解透明。该理论认为，那种将透明度简化为单纯信息披露的化约主义观点是片面的，其主张将透明度看作是指称"关系"的概念，并将其置于具体的社会、文化情境中加以理解，更多地关注信息披露背后的社会、价值因素。诚如学者所言："如果仅仅将透明度理解为信息从一个主体向另一个主体的传递，而不注意与这种传递相关的意义、价值和社会功能，就不能理解透明度的意义。"[1]基于关系的算法透明度模式的倡导者批判那种将透明度简单视为信息披露和传递的观点，转而强调算法透明度实践应充分考虑算法决策所涉及的复杂的技术条件、组织结构和具体应用场景等诸多影响因素，而不再以简单的系统"透明"和"不透明"二分法去理解和界分算法透明度。[2]该模式让我们将目光更多地投向那些被传统模式所遮蔽和忽略的蕴含于算法透明度实践的社会性面向，将算法透明度实践视为是一个在多元主体间展开的社会实践活动。[3]同时，该模式还引导我们关注算法治理转型背后潜藏的诸如算法歧视等不公正的社会关系，并通过多样化的算法

---

[1]　Andrew D. Selbet & Julia Powles, "Meaningful Information and the Right to Explanation", *International Data Privacy Law*, 2017, Vol. 7, No. 4, pp. 233~242.

[2]　Markus D. Dubber, Frank Pasquale & Sunit Das (eds.), *The Oxford Handbook of Ethics of AI*, Oxford：Oxford University Press, 2020, pp. 197~214.

[3]　Daan Simon Tielenburg, *The "Dark Sides" of Transparency：Rethinking Information Disclosure as a Social Praxis*, Master's Thesis Submitted for the Research Master's Philosophy Utrecht University, 2018, pp. 10~40.

透明机制改变这一关系。

2. 将算法透明视为动态交流的互动过程

基于关系的透明度模式将透明度实践视为动态的、双向的交流过程。诚如学者所言，透明度是关系性的，涉及不同行动者之间的信息交换。[1]这意味着，透明度并非个体维度的信息传递者公开信息的行为，而是发生在信息传递者与接收者之间的互动交流过程。具体到算法透明度，该理论将算法透明实践视为动态的、多主体之间的信息交流互动过程，并主张算法透明度并不意味着披露的算法模型信息越多越好，而是要重点关注算法决策中的算法采购者、用户、监管者、第三方机构等多元主体的透明度需求。尼古拉斯·苏佐等学者指出，有意义的算法透明度应被理解为对独立利益相关者的问责沟通过程的组成部分。[2]这显然是从关系维度理解算法透明度，将其看作是一个多元主体沟通交流的过程。该模式既有效回应了算法决策的动态性特征，也充分诠释了算法透明实践的关系性特质。

3. 倡导"透明度设计"的理念

最佳透明度是与各个体或群体所期望和实现的透明度相匹配的水平。[3]不同于传统透明度理论的"全有或全无"的独断论思维，基于关系的算法透明度强调算法透明更多的是一个程度问题，并倡导一种透明度设计理念。"透明度设计"源于"隐私设计"理念。[4]透明度设计理念主张根据算法透明实践所欲实现之目标、所针对之对象、所面对之情境、所处之具体阶段等因素对算法透明度机制加以合理设计，以满足不同主体、不同情境算法透明度要求，实现多重维度的算法透明度目标。

（二）基于关系的算法透明度模式之价值意蕴

基于关系的算法透明度模式倡导从关系的视角来理解透明度，让我们得

〔1〕 Markus D. Dubber, Frank Pasquale & Sunit Das（eds.）, *The Oxford Handbook of Ethics of AI*, Oxford：Oxford University Press, 2020, pp. 197~214.

〔2〕 Nicolas P. Suzor et al., "What Do We Mean When We Talk about Transparency? Toward Meaningful Transparency in Commercial Content Moderation", *International Journal of Communication*, 2019, Vol. 13, pp. 1526~1543.

〔3〕 Heike Felzmann & Eduard Fosch-Villaronga, "Towards Transparency by Design for Artificial Intelligence", *Science and Engineering Ethics*, 2020, Vol. 26, No. 6, pp. 3333~3361.

〔4〕 Aurelia Tamò-Larrieux, *Designing for Privacy and Its Legal Framework*, Cham：Springer, 2018, pp. 203~226.

以重新发现那些被传统模式所遮蔽的社会因素，能够有效弥补传统模式的
缺陷。

1. 契合算法决策的复杂性和动态性特征

"与其他技术一样，算法深嵌于现有的社会、政治和经济环境之中。"[1]
算法决策具有高度的复杂性和动态性特征，传统模式将透明度简化为信息传
递和披露，难以适应算法决策的上述特征，而基于关系的算法透明度理论则
更好地契合了算法决策场景。一方面，该模式契合了算法决策的复杂性特征，
摒弃了传统模式的化约主义思维，从关系视角来理解算法透明度，主张在尊
重透明对象之需求的基础上，充分考虑算法模型信息公开和算法解释等透明
度实践在技术上的可能性、限度及其潜在的负面影响。另一方面，该模式契
合了算法决策的动态性特征。算法决策可以被分为算法系统开发设计、采购
部署、运行、结果输出等阶段。同时，算法决策还会根据训练数据集、算法
模型参数的变化而变化，呈现高度动态性特征。这意味着，在算法透明度实
践中，那种认为可以一劳永逸地实现算法透明的做法是不可取的，而是应基
于算法决策的多阶构造，并结合算法决策场景和利益相关者的透明度需求持
续性地履行透明度义务。该模式从动态关系的角度来理解算法透明实践，充
分认识算法透明度的复杂动态性特征，并主张根据算法决策阶段有针对性地
设计算法透明度，更契合算法决策的动态性特征。[2]海克·菲尔兹曼等学者
基于机器学习算法决策的多阶性特征，总结出了算法系统设计、数据处理和
分析应遵守的透明度九大原则，颇具启发意义。[3]

2. 有效回应利益相关者多元化的算法透明度需求

诚如学者所言："人工智能系统的开发人员需要公正地对待透明交流的关
系性质。因此，责任不仅在于提供信息，还在于考虑可能接收和解释信息的
受众。"[4]在机器学习算法决策中，众多利益相关者在透明度方面具有多元化

〔1〕 Jakko Kemper & Daan Kolkman, "Transparent to whom? No Algorithmic Accountability Without a Critical Audience", *Information, Communication & Society*, 2019, Vol. 22, No. 14, pp. 2081~2096.

〔2〕 Albert Meijer, "Understanding the Complex Dynamics of Transparency", *Public Administration Review*, 2013, Vol. 73, No. 3, pp. 429~439.

〔3〕 Heike Felzmann et al., "Towards Transparency by Design for Artificial Intelligence", *Science and Engineering Ethics*, 2020, Vol. 26, No. 6, pp. 3344~3353.

〔4〕 Heike Felzmann et al., "Towards Transparency by Design for Artificial Intelligence", *Science and Engineering Ethics*, 2020, Vol. 26, No. 6, pp. 3333~3361.

需求。作为一项社会实践活动，算法透明度实践不能脱离算法决策利益相关方的多元需求。算法透明度只有通过关键的利益相关方才有可能实现。[1]基于关系的透明度模式从关系视角来理解透明度实践，强调将算法透明度实践视为一个社会实践过程，并主张算法透明度实践的"需求"驱动。该模式面向包括算法采购者、用户、监管者/第三方机构等众多利益相关者，充分尊重和考虑各利益相关者在算法透明度方面的差异化需求，精心设计灵活而有针对性的算法透明度实现机制，能够有效回应利益相关者的多元化透明度需求，从而使算法透明度更具实践合理性。

3. 充分考虑个体的算法决策认知局限性

传统透明度模式的悖论在于，其旨在借由算法信息披露或算法解释来提升公众对于算法决策的理解，并捍卫算法决策中的个人自主性。然而，无论是算法信息披露还是算法解释，都在很大程度上依赖于普通公众对算法决策的理解能力。信息披露方式总是受到各种社会因素和关系假设的制约，这些假设涉及对个体在技能方面的正当期待。同时，信息披露以技能和能力为前提，这些技能和能力在大多数情况下只能在社会实践和交往中习得和锻炼。[2]不同于传统模式从理性主体的角度看待个体，该模式正视个体的认知能力受历史、社会文化环境和知识结构等多重因素影响，及个体在算法决策的理解力方面的现实局限性，并主张在算法透明度具体机制设计中充分考虑普通公众的认知局限性及其背后的各种社会因素。

第四节　基于关系的算法透明制度建构

基于关系的算法透明度理论的价值在于，扬弃传统的透明即信息的线性观念，将算法透明作为社会实践加以理解，在广泛的文化、社会和经济背景下看待算法透明度，并揭示出算法透明度的关系属性，直面算法透明度实践中诸如"向谁透明""为何透明""如何透明"等亟待解决的问题。总体上，

---

〔1〕 Jakko Kemper & Daan Kolkman, "Transparent to whom? No Algorithmic Accountability Without a Critical Audience", *Information, Communication & Society*, 2019, Vol. 22, No. 14, pp. 2081~2096.

〔2〕 Daan Simon Tielenburg, *The "Dark Sides" of Transparency: Rethinking Information Disclosure as a Social Praxis*, Master's Thesis Submitted for the Research Master's Philosophy Utrecht University, 2018, pp. 10~40.

宜以关系透明度理论为指引，遵循"透明度设计"理念，充分考虑算法透明度实践的对象、目标、内容、方式和时机等要素，并对诸要素加以合理组合构造，从算法透明度基础制度和具体运行机制两个方面建构基于关系的算法透明制度。一方面，将算法透明度界分为个体透明与系统透明，并健全、完善以算法解释权为中心和以算法审计为中心的基础性制度，以实现双重维度的算法透明。另一方面，立足算法透明度的关系属性，从双阶视角来观察和审视算法透明度实践，并建构具有实践理性的算法透明度具体运行机制，以增强算法透明制度的回应性和有效性。

（一）健全实现双重算法透明度的核心制度

从类型学上，基于算法透明的对象、目标和内容等因素的差异，可以将算法透明度界分为个体维度的算法透明度与系统维度的算法透明度，亦即个体透明与系统透明。[1]前者旨在实现算法决策对受算法决策影响的个体的透明，其指向的是算法决策之于个体的可解释性，进而为个体挑战和质疑算法决策、捍卫个人的尊严和自主提供可能。后者旨在实现算法系统对监管机构、第三方的算法审查机构及其技术专家的透明，其指向的是算法系统对于上述机构及其技术专家的可审查性，以减少算法决策的错误和偏见。

1. 以算法解释权制度为中心，实现个体透明

面向受算法决策影响的个体所实施的个体透明是算法透明度的重要组成部分，而算法解释权制度通过向受算法影响的个体披露算法运行原理和提供算法决策的解释说明，在促进个体透明方面发挥着关键性作用。我国立法对算法解释权作出了相关规定，但具体规则和适用仍有待细化和明确。在具体实践中，围绕算法解释的权利内容、具体标准、方法和时机等具体制度规则，目前仍存在一般主张与限定主张、系统解释与个案解释、人工解释与机器解释、事前解释与事后解释等一系列争论。[2]

算法解释权制度的具体构造应以彰显和捍卫人的尊严为根本宗旨，以促进个体维度的算法透明为制度目标，并结合算法决策应用场景来加以合理设计和选择，以充分发挥算法解释权在数字社会中多元主体的沟通桥梁功能，

---

〔1〕 Woodrow Barfield, *The Cambridge Handbook of the Law of Algorithms*, New York: Cambridge University Press, 2021, pp. 128.

〔2〕 丁晓东:《基于信任的自动化决策：算法解释权的原理反思与制度重构》，载《中国法学》2022 年第 1 期。

维系和重塑算法信任。具体而言，在解释标准上，宜坚持系统解释和个案解释相结合；在解释时机上，坚持事前解释与事后解释并重。在具体的算法解释实践中，以算法模型为中心的系统解释通常是一种事前解释，即在算法决策作出之前进行；以特定算法决策为中心的个案解释则通常是一种事后解释，即在特定决策作出之后进行。事前的系统解释主要围绕系统功能展开解释，解释的具体内容包括自动决策系统的逻辑、意义、预期后果和一般功能，如系统的需求规范、决策树、预定义模型、标准和分类结构。事后的个案解释主要围绕着特定算法决策展开，具体包括特定自动化决策的基本原理、理由和个体情况。例如，特征的权重、机器定义的特定案例决策规则、参考或画像群体的信息。[1]算法解释并非一成不变，在具体算法解释实践中仍需结合算法决策应用领域、场景、风险大小和个体权益的影响程度等因素有针对性地予以展开。通常而言，在司法裁判、政府公共治理等公共领域中，算法决策对个体权益的影响度更高、风险更大，算法决策者的解释义务更重、解释标准更高。

2. 以算法审计为中心，实现系统透明

算法透明还涉及对决策过程的外部审查，例如允许第三方检查计算机代码或其执行的决策标准，其可以被归类为系统透明。[2]系统透明旨在通过算法系统模型和训练数据集向监管机构和第三方机构的公开透明减少和纠正算法系统的偏见和错误。算法审计是促进算法透明的重要工具，在弥合算法透明与算法商业秘密保护之间的张力、实现算法透明方面发挥着重要作用。[3]算法审计是指"对软件产品和过程与适用的规则、标准、准则、计划、规格和程序相符合的独立评估"。[4]在算法审计制度规定方面，我国《个人信息保护法》第 54 条、第 64 条分别规定了个人信息处理者的定期合规审查义务和个人信息保护强制合规义务。《算法规定》第 7 条、第 8 条和第 24 条则对算

〔1〕 张凌寒：《商业自动化决策的算法解释权研究》，载《法律科学（西北政法大学学报）》2018 年第 3 期。

〔2〕 Pauline T. Kim, "Auditing Algorithms for Discrimination", *University of Pennsylvania Law Review Online*, Vol. 166, 2017, p. 190.

〔3〕 张欣、宋雨鑫：《算法审计的制度逻辑和本土化构建》，载《郑州大学学报（哲学社会科学版）》2022 年第 6 期。

〔4〕 ［美］约叔华·A. 克鲁尔等：《可问责的算法》，沈伟伟、薛迪译，载《地方立法研究》第 2019 年第 4 期。

法审计制度作出了进一步规定。然而，当前算法审计在制度构造和具体实践操作方面仍处于探索阶段。

算法审计制度包括审计主体、审计对象、审计方法和审计报告公开等具体制度要素。在审计主体上，可以界分为内部审计和外部审计。其中，内部审计是一种由开发和应用算法的企业和机构自行开展的"用以检查人工智能系统创建和部署所涉及的工程过程是否符合公开的道德期望和标准的机制"。[1]而外部审计则旨在从算法系统外部识别风险，通常是在算法研发部署后展开。外部审计包括监管机构审计以及第三方审计。审计对象包括数据的审计和算法模型的审计两个方面。在审计方法上，基于算法模型的访问程度差异，可供选择的审计方法包括五种：代码审计、抓取审计、马甲审计、众包审计和非侵入式审计。[2]其中，代码审计是指对计算机代码的审计，研究人员通过对代码的设计可以仔细检查算法的逻辑基础。[3]代码审计需要以代码公开为前提，然而，在现实中，企业多以算法代码为商业秘密为由拒绝公开，因此在算法审计实践中，代码审计方法通常被运用于算法内部审计。抓取审计，是指审计人员通过访问平台反复更改输入信息，并对输入结果进行观察和分析。该审计方法的效果取决于平台所提供的访问权限。众包审计，也称协作审计，是指通过招募的"测试人员"（即用户）对算法输出开展观察、分析的审计方法，该审计方法的优点是法律风险小，缺点为成本较高。上述审计方法各具特征，审计主体可以有针对性地选择适当的审计方法开展算法审计活动，以实现算法系统的透明。

（二）探索实现算法双阶透明度的具体机制

基于关系的算法透明度理论并非单纯从技术角度来理解算法透明，而是将算法透明度看作是人类对算法技术的治理实践，其中将包括算法技术、构

---

〔1〕 Inioluwa Deborah Raji et al. , "Closing the AI accountability Gap: Defining an End-to-End Framework for Internal Algorithmic Auditing", *Proceedings of the* 2020 *Conference on Fairness, Accountability, and Transparency*, January, 27~30, 2020, ACM, 2020, pp. 33~44.

〔2〕 Christian Sandvig et al. , "Audit Algorithms: Research Methods for Detecting Discrimination on Internet Platforms", Paper Presented to "Data and Discrimination: Converting Critical Concerns into Productive Inquiry", A Preconference at the 64th Annual Meeting of the International Communication Association, May 22, 2014, pp. 8~16.

〔3〕 Paul J. Baillargeon, "Asymmetrical Governance: Auditing Algorithms to Preserve Due Process Rights", *University of Windsor Major Papers*, 2021, Vol. 178, p. 34.

造算法的人类决策以及围绕算法所建构的治理体系。据此，算法透明度将被界分为一阶透明度与二阶透明度。其中，一阶透明度指向算法技术以及关于算法构造的人类决策；二阶透明度则是在算法协同治理理念之下，伴随着私营机构承担算法治理责任，保障私营机构算法治理实践的透明性和可责性的重要机制，是对"观察者的观察"，其指向算法治理体系的透明性和可责性。[1]为增强算法透明度制度的有效性，宜基于算法的双阶透明度界分，立足于个体透明与系统透明的双重维度，并结合算法透明度的工具、对象、目标、内容、时机等诸要素，构建以算法技术透明为中心和以算法治理体系透明为中心的双阶算法透明机制，实现算法透明度机制的优化配置。

1. 构建以算法技术透明为中心的一阶透明机制

算法一阶透明度旨在实现算法技术之于相关多元主体的透明，亦即通过透明机制使特定主体能够了解算法决策系统。从类型上看，算法一阶透明包括个体与系统两个维度的透明。其中，个体维度的算法一阶透明度机制包括如下要素：在透明度工具上，包括个人数据披露、算法解释等工具；在透明度对象上，针对的是受算法决策影响的个体；在透明度目标上，旨在实现对涉及其个人数据和特定算法决策的知悉和理解，以尊重个人尊严；在透明度内容上，包括涉及其个人数据的披露和算法解释（包括以模型为中心的算法解释和以主体为中心的算法解释）；在透明度时机上，包括事前与事后以及定期披露等。上述诸因素相结合，构造个体维度的算法一阶透明度之具体机制（表5-1）。[2]

表 5-1　个体维度的算法一阶透明机制

对象	目标	工具	内容	时机	方式
受影响的个体	确保知悉其将被处理的数据	个人数据访问	有关个人的数据和推断	合理间隔	访问申请

---

〔1〕 Margot E. Kaminski，"Understanding Transparency in Algorithmic Accountability"，Woodrow Barfield，The *Cambridge Handbook of the Law of Algorithms*，New York：Cambridge University Press，2021，p. 127.

〔2〕 Margot E. Kaminski，"Understanding Transparency in Algorithmic Accountability"，Woodrow Barfield，The *Cambridge Handbook of the Law of Algorithms*，New York：Cambridge University Press，2021，pp. 130~131.

续表

对象	目标	工具	内容	时机	方式
受影响的个体	确保知悉其即将或已经受到自动决策，允许其择出	算法决策告知	有关个人即将或已经受到自动决策的声明	当知晓个人正处于算法自动决策之中	肯定性告知
受影响的个体	确保其能够对算法自动决策表达有意义的同意，评估、挑战算法决策的正当性	算法模型解释	提供有关模型系列、输入数据、性能指标、模型测试方法等信息	决策作出之前	肯定性告知；访问
受影响的个体	观察和质疑算法系统决策的正当性	特定决策解释	使用的统计数据的程度、作出的政策决定和决策启发等	决策作出之后	肯定性告知

　　系统维度一阶透明度机制的具体要素如下：在透明度对象上，包括独立审计人员、外部技术专家、公司内部职员、监管人员、利益相关者以及普通公众。在透明度目标上，旨在减少算法错误和歧视，提高算法系统正当性。在透明度工具上，包括第三方算法审计、算法影响评估、记录留存等制度工具；在透明度内容上，包括源代码、数据集等；在透明度时机上，包括算法系统设计、运行和更新等时间节点。在上述诸要素有机结合基础上，构造系统维度算法一阶透明度的具体机制（表5-2）。[1]

---

　　〔1〕　Margot E. Kaminski, "Understanding Transparency in Algorithmic Accountability", Woodrow Barfield, *The Cambridge Handbook of the Law of Algorithms*, New York: Cambridge University Press, 2021, pp. 132~133.

表 5-2　系统维度的算法一阶透明机制

对象	目标	工具	内容	时机	方式
独立的审计员	检查系统以减少错误、偏见；提供系统正当性	第三方审计	开展算法审计活动所需的源代码、数据集和性能指标等信息	算法系统设计过程中；系统更新后；周期性开展；持续开展	肯定性义务；基于审计人员的请求
外部专家委员会成员	检查整体系统以减错误、偏见；提供系统正当性	专家委员会披露	专家委员会参与所需的源代码、数据集和性能指标等实质性信息	算法系统设计阶段；系统性能检查	肯定性义务；基于委员会成员的请求
公司内部算法监管人员；政府监管机构	检查整体系统；改变决策的启发式	记录留存	有关算法设计决定的信息	算法系统设计阶段；持续开展；系统更新后	信息在公司内部流动分享；回应监管者的要求或基于肯定性义务
受影响的个体和民间组织等利益相关者、普通公众	检查系统；缓解风险；提供正当性	影响评估	相关利益主体参与影响评估活动中所需要的信息	系统运行之前；持续开展；系统更新后	信息在公司内部流动、分享；肯定性义务
利益相关者、公众代表	检查系统提供正当性；挑战企业政策决定	利益相关者披露	专家和非专家信息	系统运行之前；周期性开展	肯定性义务；利益相关者请求

2. 构建以算法治理体系透明为中心的二阶透明度机制

　　算法二阶透明度实则是社会系统论"二阶观察"在算法透明度实践中的具体呈现，即在算法协同治理模式下，针对平台企业等私营机构建立的内部算法合规治理体系和制度实践所开展的合规监督。比较具有代表性的制度实践便是我国《个人信息保护法》第64条规定的合规审计制度。二阶透明度旨在通过对私营机构开展算法治理体系和实践的持续监督，确保其不被俘获，这与一阶透明旨在实现算法系统的可解释性和可审计性是不同的，虽然两者在实践中通常共享一个算法透明"工具箱"，也包括透明度的对象、目标、工具、内容、时机及方式等具体要素，但在目标设定上却大异其趣。

算法二阶透明度机制建立在上述具体要素基础之上。具体而言，在透明度对象上，包括受影响个体、外部专家、受影响利益相关者以及公众代表等；在透明度工具上，包括算法解释、算法影响评估、算法审计等；在透明度内容上，主要包括提供监督公司政策和特定算法解释等信息；在透明度时机上，包括算法系统设计、算法运行和决定作出等时间节点。在上述诸要素有机结合的基础上，构造算法二阶透明度的具体机制（表5-3）。[1]算法二阶透明度将特定主体的治理实践也囊括其中，既呈现算法透明实践的多重维度和多阶构造，也向人们展现了算法透明治理实践的丰富性。更为重要的是，以私人机构的算法治理体系和实践为观察对象的算法二阶透明度机制，为我们深刻理解算法治理实践背后的逻辑提供了一个具有高度反思性的方法论透镜。[2]

表5-3　算法二阶透明机制

对象	目标	工具	内容	时机	方式
独立的审计员	确保公司的自我规制有效且未被俘获	第三方审计	开展算法审计活动所需的源代码、数据集和性能指标等信息	算法系统设计过程中；系统更新后；周期性开展；持续开展	肯定性义务；基于审计人员的请求
外部专家委员会成员	确保公司的自我规制有效且未被俘获	专家委员会披露	专家委员会参与所需的源代码、数据集和性能指标等实质性信息	算法系统设计阶段；系统性能检查	肯定性义务；基于委员会成员的请求
受影响的个体和民间组织等利益相关者、普通公众	确保公司的自我规制有效且未被俘获；触发非法律的执行	影响评估	相关利益主体在参与影响评估活动中所需要的信息	系统运行之前；持续开展；系统更新后	信息在公司内部流动分享；肯定性义务

〔1〕　Margot E. Kaminski, "Understanding Transparency in Algorithmic Accountability", Woodrow Barfield, *The Cambridge Handbook of the Law of Algorithms*, New York：Cambridge University Press, 2021, pp. 121~138.

〔2〕　宾凯：《政治系统与法律系统对于技术风险的决策观察》，载《交大法学》2020年第1期。

续表

对象	目标	工具	内容	时机	方式
利益相关者、公民社会代表	确保公司的自我规制有效且未被俘获	利益相关者披露	专家和非专家信息	系统运行之前;周期性开展	肯定性义务;利益相关者请求
受影响的个体	确保公司的自我规制有效且未被俘获;触发非法律的执行	特定决策解释	使用的统计数据的程度、作出的政策决定和决策启发等	系统运行之前;系统更新后	肯定性告知
受影响的个体	确保公司的自我规制有效且未被俘获	算法模型解释	提供有关模型系列、输入数据、性能指标、模型测试方法等信息	决策作出之后	肯定性告知;访问

本章小结

兰登·温纳在谈到技术社会的复杂性导致人的自主性丧失时指出:"技术社会的成员们实际上对维持他们生存的根本结构和程序了解得越来越少。世界的真实情况与人们所具有的关于这个世界的图像之间的差距变得比以往更大了"。[1]数字技术浪潮席卷之下,人类正在迈向由算法技术构筑的微粒社会。其间潜藏着这样一个悖论:"那些高度不透明的数字化机器,正在创造着无法辩驳的透明。这样的对立也让我们的制度不堪重负。国家陷入压力,一方面要保护民众,使其不为数字化耀眼的光芒所伤;另一方面又要将光芒照进机器的黑暗当中。"[2]微粒社会的透明度失衡状态促使人们对算法透明度发出呼唤和呐喊,并使得算法透明度成了算法社会中备受尊崇的"新宗教"。[3]然而,当

---

〔1〕 [美] 兰登·温纳:《自主性技术:作为政治思想主题的失控技术》,杨海燕译,北京大学出版社 2014 年版,第 252~253 页。

〔2〕 [德] 克里斯多夫·库克里克:《微粒社会:数字化时代的社会模式》,黄昆、夏柯译,中信出版社 2017 年版,第 148~149 页。

〔3〕 Albert Meijer, "Transparency", Mark Bovens, Robert E. Goodin & Thomas Schillemans (eds.), *Oxford Handbooks of Public Accountability*, New York: Oxford University Press, 2014, pp. 507~508.

我们将传统透明度理论用于指导算法透明度实践时，却面临着传统透明理论与算法透明实践之间"圆凿方枘"的张力，并导致算法透明实践陷入了"进退失据"的现实困境。鉴于此，本书倡导算法透明度理论的"关系"转向，从关系视角来理解算法透明度的多重维度，建构基于关系的算法透明度模式，并在具体制度设计上遵循"透明度设计"理念，科学合理设计算法透明度的具体机制，真正实现"有意义"的算法透明，有效发挥算法透明度在算法治理中的制度价值。

第六章

算法影响评估制度的反思与建构

在海量数据的喂食之下，机器学习算法模型的性能正不断提升，并广泛渗透到公共治理和私人交往的诸多场景，无论是在市场营销、金融信贷等商事活动中，还是在教育、福利等社会资源分配中，乃至在行政执法、刑事司法活动中，机器学习算法模型都在事实上分享着原本由人类享有的决策权，人类社会也由此逐渐转向算法社会。[1]伴随着算法自动决策介入公私治理场景，算法治理术作为人工智能时代盛行的一种重要治理技术正在逐渐兴起。[2]算法治理术在提升治理绩效的同时，对消费者和公民所产生的诸如歧视、隐私和自主性丧失等一系列风险也逐渐显现出来，并导致包括法律学者在内的诸多领域的学者围绕算法治理术的法律规制议题展开了广泛而持续的研究和论辩。

在此背景下，算法影响评估制度成了法学界驯服算法的一个重要的法律规制方案，欧盟、美国和加拿大等国家和地区在近几年出台的算法问责法案中引入了算法影响评估制度。而我国《个人信息保护法》也有类似的制度规定。在立法实践的推动下，法学界有关算法影响评估制度的研究亦逐渐增多。从目前研究成果观之，学者们或者从相对宏观的层面探讨算法影响评估制度运行机理及其在本土化建构的路线图，[3]或者在追溯算法影响评估制度的渊

---

[1]　Jack M. Balkin, "2016 Sidley Austin Distinguished Lecture on Big Data Law and Policy: The Three Laws of Robotics in the Age of Big Data", *Ohio State Law Journal*, Vol. 78, 2017, p. 1226.

[2]　关于算法治理术的研究，See Antoinette Rouvroy, "The End（s）of Critique: Data Behaviourism Versus Due Process", Mireille Hildebrandt（ed.）, *Privacy, Due Process and Computational Turning: The Philosophy of Law Meets the Philosophy of Technology*, Routledge, 2013, pp. 143~167.

[3]　张欣:《算法影响评估制度的构建机理与中国方案》，载《法商研究》2021 年第 2 期；李安:《算法影响评价：算法规制的制度创新》，载《情报杂志》2021 年第 3 期。

源基础上，指出我国算法影响评估制度设计上存在"失之于宽"和"失之于软"两大弊端。[1]客观而言，既有研究开启了我国算法影响评估制度研究之先河，进一步丰富了算法问责制度内涵，具有重要的理论和现实意义。然而，总体上，目前算法评估制度研究仍存在理论凝练度不高、具体制度建构精细度不足等问题。有鉴于此，笔者将在厘清算法影响评估制度的功能定位基础上，运用韦伯的理想类型，撷诸欧盟、美国和加拿大等国家和地区在算法影响评估制度上的实践，从理论层面抽象凝练出算法影响评估制度类型并加以比较与反思，最后结合我国个人信息保护立法制度文本的风格特征探寻我国算法影响评估制度建构的具体方案。

第一节　算法影响评估制度的功能定位

算法影响评估是指由特定主体根据业已确定的标准对算法自动化决策系统的设计、应用和数据处理等内容进行全面评估，并据此确定该自动化系统对特定区域内的个人或群体所产生的影响程度和风险等级，进而寻求减缓和消除负面影响和风险之应对方案和措施的算法治理活动。从制度渊源看，作为一种典型的风险评估制度，算法影响评估制度可以被追溯至 20 世纪 70 年代的环境影响评估制度和 20 世纪 90 年代的隐私影响评估制度。科学合理的算法影响评估制度在算法的法律规制方面发挥着重要功能。

（一）合理的算法影响评估有助于提升算法透明性

算法自动化决策的一个典型特征便是"黑箱性"。算法模型缺乏基本的透明性，这使得那些受算法决策影响的数据主体无从知晓决策作出过程和内在逻辑，也难以对该决策表达有意义的质疑和反对，只能被动地接受算法模型自动生成的结果。应该说，算法黑箱性特征在巩固算法统治、塑造算法霸权方面发挥着基础性作用，[2]并致力于精心编织一个由各种隐秘算法模型主导的"黑箱社会"。[3]

---

〔1〕　张凌寒：《算法评估制度如何在平台问责中发挥作用》，载《上海政法学院学报（法治论丛）》2021 年第 3 期。

〔2〕　John Danaher, "The Threat of CAlgocracy: Reality, Resistance and Accommodation", *Philosophy & Technology*, Vol. 29, 2016, pp. 245~268.

〔3〕　［美］弗兰克·帕斯奎尔：《黑箱社会：控制金钱和信息的数据法则》，赵亚男译，中信出版社 2015 年版；任蓉：《算法嵌入政府治理的风险及其防控》，载《电子政务》2021 年第 7 期。

算法黑箱效应源于错综复杂、相互交织的技术与利益关系。从技术层面而言，算法模型的高度复杂性无疑是导致算法黑箱的重要原因，而从利益层面而言，商业秘密和专利保护所带来的巨大利益则是驱动商业机构将算法模型黑箱化的重要推手。[1]而当算法借助该特征广泛介入公私生活场景，深刻地影响公民所享有的隐私、自由、福利和正当程序等诸项权利时，隐秘算法统治所引发的信任危机也日益显现，人们对提高算法透明性、强化算法问责、重塑算法信任的呼声日益高涨。[2]

科学合理的算法影响评估制度则是破解算法黑箱，刺穿算法神秘面纱的有力武器。[3]借助于算法影响评估制度，评估主体能够全面知悉算法系统的设计、部署和运行过程，动态性地掌握投入应用之前和运行中的风险程度，在此过程中算法开发者和应用者经由主张商业秘密或知识产权保护所构筑的屏障在很大程度上被算法影响评估制度所清除。算法的透明性包含系统透明度（systemic transparency）和个体透明度（individual transparency）两个维度。系统透明度旨在发现、处理和减缓算法系统中存在的错误、偏见和歧视，个体透明度则针对受特定算法决策影响的个体的信息流。[4]科学合理的算法影响评估不仅能够增强算法系统的透明性，而且能够强化个体维度的透明性。一方面，对于实施评估主体而言，无论是作为拟部署算法的应用者，还是独立、专业的第三方算法评估机构，算法影响评估制度都会使得原本具有高度黑箱性的算法模型变得具有相当程度的透明性，并能够有针对性地采取有效措施减缓或消除算法自动决策系统的风险，从而为优化算法的性能，减少算法偏见、错误和歧视提供了机会。另一方面，通过建立算法影响评估的披露机制，定期公开算法影响评估报告，社会公众和受算法自动决策影响的利益相关者也能够知晓算法决策的设计、部署和运行过程，了解特定算法模型潜

---

〔1〕 See Jenna Burrell, "How the Machine 'Thinks': Understanding Opacity in Machine Learning Algorithms", *Big Data & Society*, Vol. 3, 2016, pp. 1~12; Rebecca Wexler, "Life, Liberty, and Trade Secrets: Intellectual Property in the Criminal Justice System", *Stanford Law Review*, Vol. 70, 2018, p. 1343.

〔2〕 张欣：《从算法危机到算法信任：算法治理的多元方案和本土化路径》，载《华东政法大学学报》2019 年第 6 期。

〔3〕 张欣：《算法影响评估制度的构建机理与中国方案》，载《法商研究》2021 年第 2 期。

〔4〕 Margot E. Kaminski, "Understanding Transparency in Algorithmic Accountability", Woodrow Barfield (ed.), *The Cambridge Handbook of the Law and Algorithms*, New York: Cambridge University Press, 2021, p. 129.

在和已经呈现的风险类型和程度，进而有助于增强个体维度的算法透明度，进而重建算法信任。

（二）合理的算法影响评估有助于改善个体在算法社会中的弱势地位

在由海量数据和各种隐秘算法构筑的算法社会中，那些握有隐秘算法技术的商业平台和公共机构在整个社会中居于优势地位。相形之下，普通个体则处于算法的操纵和支配之下并逐渐沦为"数字弱者"，甚至被彻底边缘化。[1]算法黑箱不仅让民众在防范隐私泄露方面丧失了控制权，而且加剧了社会贫富分化。在商业领域，互联网平台广泛收集用户的各类数据信息，并利用推荐算法在对海量消费数据进行分析的基础上形成特定消费者的精准用户画像，进而对其实现完美歧视，大肆收割消费者。目前，国家相关部门正对各大互联网平台普遍存在的"大数据杀熟"和不正当竞争行为展开集中整治，这从一个侧面反映出一些互联网平台滥用算法侵犯消费者信息隐私并掠夺消费者的行为已经到了非常严重的程度。[2]在公共领域，机器学习算法的公共应用同样遭到质疑，美国学者尤班克斯在跟踪调查美国福利资格自动化算法系统的运行状况后不无失望地指出："如同传统砖泥砌筑的济贫院，数字济贫院同样让穷人无法接触到公共资源。和科学慈善一样，它调查穷人、给其分类并令其入罪。和反对福利权利期间诞生的其他工具一样，它使用集成数据库来锁定穷人、追踪穷人和惩罚穷人。"[3]各种设计糟糕的算法系统不仅未能缔造一个尊重隐私的、人人平等的美丽新世界，而且加剧了社会的不公平，甚至进一步恶化了弱势群体的地位。诚如学者所言："在某些情况下，让算法来决定我们可以看到什么以及我们可以得到什么机会，会给我们带来更公平的结果。计算机可以对种族和性别视而不见，这是人类通常无法做到的。但这只是在相关算法被小心谨慎地设计的情况下。否则，它们很可能只是简单地反映了它们正在整合的文化的社会习俗———一种对社会规范的回归。"[4]而导致上述个人信息隐私受到侵犯、社会不平等加剧问题的原

---

〔1〕　Sarah Valentine, "Impoverished Algorithms: Misguided Governments, Flawed Technologies, and Social Control", *Fordham Urban Law Journal*, Vol. 46, No. 2, 2019, pp. 364~427.

〔2〕　佘颖：《强制二选一、大数据杀熟等套路到头了》，载《经济日报》2020 年 11 月 11 日。

〔3〕　［美］弗吉尼亚·尤班克斯：《自动不平等：高科技如何锁定、管制和惩罚穷人》，李明倩译，商务印书馆 2021 年版，第 151~152 页。

〔4〕　［美］伊莱·帕里泽：《过滤泡：互联网对我们的隐秘操纵》，方师师、方媛译，中国人民大学出版社 2020 年版，第 98 页。

因：一是算法系统设计本身的缺陷；二是普通民众缺乏足够的知识、信息和技术来质疑和挑战算法决策。

总体上，目前算法治理实践反映了两种不同的方法论理路：即基于权利的个体主义算法治理方案和基于风险的整体主义算法治理方案。前者倡导对作为数据主体的个体赋权来实现对算法权力的制约；而后者则强调对算法系统风险的预防和控制来达到制约算法权力无节制扩张滥用之目的。[1]算法影响评估制度设计透过对不同场景中算法应用风险的系统评估进而确立差异化的规制思路，更多地展现了一种基于风险的整体主义算法治理风格。但是，算法影响评估制度在个体权利保护方面也发挥着重要功能。具体而言，算法影响评估制度能够从以下两个方面来改善算法社会中数字弱者的社会境遇。

一方面，算法开发者和应用者透过评估算法系统的负面影响和风险程度，能够有针对性地采取风险缓解或消除措施来达到减少和缓解算法偏差和歧视的目的，进而实现改善数字弱者境遇的目的。对于一些经算法影响评估程序确定为高风险的算法系统，在未采取有效措施减缓风险的情形下，相关机构能够禁止或暂缓采购、部署和运行，从而避免高风险算法部署、运行后给社会公众的权利造成严重的负面影响。另一方面，算法影响评估披露机制既可以使得利益相关者和普通民众得以知晓拟部署或已投入应用的算法决策系统的风险程度、监督公私机构的算法系统应用，又可以为那些缺乏相应知识和技术手段了解算法程序和风险程度却受算法决策影响的人们提供了行权可能。《欧盟一般数据保护条例》规定了算法解释权、反对算法自动决策权等数据权利，在人工智能时代，这些权利在保障数据主体合法权益、改善数据主体地位方面发挥着重要作用。[2]但是，在现实情境中，对于分散的数据主体而言，其面临着行权成本过高、行权时机难以把握等困境。算法影响评估制度要求算法应用者定期开展算法风险评估并对算法评估报告予以披露，恰恰为数据主体知晓特定算法的潜在风险程度并据此行使相关权利奠定了基础。从这个意义上来看，算法影响评估是激活数据主体权利、连接并协同算法多元治理的重要制度纽带，最终有利于改善算法社会中弱者的生存境遇。

---

〔1〕 Margot E. Kaminski, "Binary Governance: Lessons from the GDPR´s Approach to Algorithmic Accountability", *Southern California Law Review*, Vol. 92, No. 6, 2019, pp. 1529~1616.

〔2〕 Margot E. Kaminski & Gianclaudio Malgieri, "Algorithmic Impact Assessments under the GDPR: Producing Multi-layered Explanations", *International Data Privacy Law*, 2020.

（三）合理的算法影响评估制度有助于实现公私利益的协调

作为一种基于风险的算法治理方案，算法影响评估制度既不同于呈现高度命令－控制色彩的传统政府规制，也不同于完全基于算法开发者和应用者自愿而展开的自我规制，合理构造的算法影响评估制度呈现出一种元规制风格，这有助于在算法治理场景中实现多元主体利益的协调。[1]

（1）对于算法监管主体而言，算法影响评估制度在缓和政府算法监管压力的同时，还为公共利益植入算法提供了制度通道。算法影响评估制度实则是透过法律制度对特定的算法开发者和应用者苛以了一定的自我规制义务，即要求对其开发应用的算法系统运行风险进行全面评估，并根据算法影响的大小和风险程度采取相应措施。诚然，机器学习算法深度介入公私治理场景，给公民财产、隐私和自由等权利带来深刻影响，亟待政府加强算法监管，但其所具有的高度复杂性、模糊性和动态性特征也使得监管机构在现实的算法监管实践中面临着监管能力的制约。此时，算法影响评估制度则成了一个"向权力说真相"的机制。算法开发者和算法应用者在算法投入运行前，乃至在算法运行过程中，对算法系统进行风险评估，并定期向算法监管机构乃至社会披露特定算法的风险，这能在较大程度上克服算法监管中的信息不对称问题，使得作为外部监管者的算法监管机构得以刺穿算法黑箱，进而全面了解算法的运行状况和风险，既补强了算法监管机构的监管能力，也缓解了监管压力。

诚如学者所言："为了保护个人权利和自由，特别重要的是控制者被明确要求事先审查权利和自由的风险，并必须载明他们如何计划防止这些风险变成损害。"[2] 透过算法影响评估制度，算法监管机构得以将个人权利、公共利益等伦理价值要素植入算法设计和运行过程，要求算法开发者和应用者在算法开发应用过程中考虑个人权利保护和社会公共利益，而并非单纯追求效率，这会使得算法开发者和应用者承担更多的社会责任。这会一制度对于那些广泛应用各种推荐算法来收割消费者、片面追求商业利益最大化的互联网平台而言无疑构成了一种较为有力的遏制，使平台算法开发者和应用者在追逐商

---

〔1〕　Reuben Binns, "Data Protection Impact Assessments: A Meta-Regulatory Approach", *International Data Privacy Law*, Vol. 7, No. 1, 2017, p. 22.

〔2〕　〔荷〕玛农·奥斯特芬：《数据的边界：隐私与个人数据保护》，曹博译，上海人民出版社2020年版，第171页。

业利润的同时承担起社会责任。

（2）对于算法开发者和应用者而言，合理的算法影响评估制度能够有力回应算法场景多样化和算法治理精细化的现实要求，在算法的多元应用和精细化治理中寻求平衡，努力促成私人利益和公共利益的有机统一和协调发展。具体而言：一方面，在应用领域上，目前美国、欧盟和加拿大等国家和地区在算法影响评估制度设计上，多未采取一刀切方式，赋予算法开发者和应用者普遍的算法评估义务，而是根据算法应用的主体规模、应用场景等来设置评估义务，对达到一定规模的算法应用主体或者特定领域的算法苛加算法评估义务，旨在于促进算法多元化应用的同时对其风险进行有效控制。另一方面，作为一种以风险为基础的算法治理方案，算法影响评估制度本身旨在透过算法风险评估引导算法开发者、应用者、监管者以及其他利益相关者聚焦于那些具有更大负面影响、更高风险程度的算法系统，并将其作为算法治理的重中之重。这既尊重了算法开发者和应用者的利益诉求，为其遵从算法监管的法律和政策提供了制度激励，也在很大程度上保障了受算法系统影响的社会公众的合法权益。

综上，作为一种以风险为基础的算法治理工具，算法影响评估制度在总体上契合了机器学习算法的特征，在算法权力高度弥散的现代社会中，合理设计的算法影响评估工具作为一种算法问责制度在提升算法透明性进而重塑算法信任、改善算法社会中的弱者地位、促成公私利益的协调发展方面发挥着重要作用。

第二节　算法影响评估制度实践的比较考察

近年来，伴随算法治理术在世界范围的广泛兴起，算法影响评估制度作为一种核心的算法治理和问责工具正逐渐为美国、欧盟、加拿大和我国所重视。考察目前主流国家的算法影响评估制度实践可以发现，目前各国在算法影响评估制度设计上各具特色，呈现出显著差异，具体而言，包括算法影响评估启动的时间节点、运行周期、评估程序的开放参与强度以及功能定位等方面。我们认为，基于算法影响评估制度设计在开放性程度和功能定位上存在的显著差异，我们可以将目前具有代表性的算法影响评估制度实践界分为两种算法影响评估制度类型：一种是封闭合规型算法影响制度；另一种是开放反思型算法影响评估制度。下面，本书将在梳理以上两种形态的算法影响制度实践的特征基础之上，对其加以比较分析。

（一）封闭合规型算法影响评估制度特征描述

所谓封闭合规型算法评估制度，意指算法评估制度构造上呈现封闭性，算法开发者和应用者基于之目的，在相对封闭的状态下开展算法影响评估活动。该类型的算法影响评估制度以美国和中国为代表。封闭合规型算法影响评估制度设计的典型特征在于其呈现高度的封闭性。以下，笔者将结合两国算法影响评估具体制度规则对封闭合规型算法评估制度的特征加以分析。

（1）评估启动上呈现事前性和静态性特征。封闭合规型算法影响评估的一个典型特征在于，评估活动的启动时间主要是在算法系统投入运行之前。《美国联邦算法问责法案》规定，算法系统被投入使用前需要进行影响评估，属于事前静态评估。需要特别指出的是，针对该法案实施前已经投入应用的算法系统，该法案要求对其运行开展影响评估。之所以作出这一规定，旨在弥补立法之前投入运行的算法系统未能进行影响评估这一程序上的缺失，并不表明该法案确立了全周期的、动态的算法影响评估机制。

我国《个人信息保护法》第 55 条规定了个人信息保护影响评估制度。个人信息保护影响评估的范围中包括"利用个人信息进行自动化决策"。利用个人信息进行自动化决策的实质就是利用各种机器学习算法模型对个人信息进行处理，并生成自动化决策。这表明，我国《个人信息保护法》第 55 条包含了算法影响评估制度。该法明确规定，信息处理者在从事处理个人敏感信息、利用个人信息进行自动化决策等五种个人信息处理活动之前须进行个人信息保护影响评估，既不要求事后进行评估，也不要求涵盖算法系统运行的全周期。由此可见，我国新近出台的《个人信息保护法》所采行的是一种典型的事前静态算法影响评估机制。

（2）评估程序具有高度的封闭性。《美国联邦算法问责法案》规定了算法影响评估制度，对算法影响评估工具的适用对象、评估范围等作出了规定。然而，仔细考察该法案可以发现，该法案在算法影响评估程序设计上具有高度的封闭性，基本没有为外部利益相关者和普通公众参与算法影响评估程序预留制度空间，只是在第 3（b）（1）（C）条款中规定联邦贸易会委员会可以在"要求各相关实体在合理可能的情况下，咨询外部第三方（包括独立审计师和独立技术专家）"，以开展影响评估。[1] 从算法影响评估活动的咨询对象上看，主要是外部的审计师和技术专家，其旨在解决算法评估活动中的技术疑难问题，只是在"合理可能"的情形下，为相关实体在评估过程中寻求外部技术专家的技术支持预留了一定空间，其中并不包括受算法影响的利益相关者和普通公众。

我国《个人信息保护法》第 55 条规定了个人信息保护影响评估制度，其中明确规定信息处理者在从事处理个人敏感信息、利用个人信息进行自动化决策等五种个人信息处理活动之前须进行风险评估。仔细考察该条文可以发现，我国个人信息保护影响评估制度中包括"利用个人信息进行自动化决策"。然而，《个人信息保护法（二审稿）》对算法影响评估制度只是规定了个人数据处理者对个人信息保护的影响评估义务，却未对评估程序作出具体规定，更未对技术专家、利益相关者和普通公众参与风险评估程序作出具体规定。

（3）算法影响评估报告披露呈现高度封闭性。《美国联邦算法问责法案》第 3（b）（2）条款规定了算法影响评估报告自愿披露机制，相关实体可以自行决定是否向利益相关者或者社会公众披露算法影响评估报告。《美国联邦算法问责法案》确立算法影响评估报告自愿披露机制主要是基于对商业秘密和知识产权保护的考虑，但是对于利益相关者和公众而言，美国算法影响评估报告自愿披露机制将进一步加剧算法影响评估活动的封闭性。

我国《个人信息保护法》规定的个人信息保护影响评估制度并未涉及评估报告披露，只是规定了个人信息保护影响评估报告保存制度，规定"个人信息保护影响评估报告和处理情况记录应当至少保存三年"。据此，算法应用者在完成算法影响评估之后，是无需向社会披露算法影响评估报告的。因此，利益相关者、社会公众无从知晓算法影响评估的具体内容，更无从参与算法影响评估。

透过对上述制度的梳理我们可以发现，中国和美国的算法影响评估制度呈现出较为突出的封闭性特征，并未为受算法自动决策影响的利益相关者和普通公众提供充分的参与评估程序的制度通道，使得利益相关者和普通公众被排除在了算法评估程序之外。透过对封闭合规型算法评估制度特征的系统

---

[1] Algorithmic Accountability Act of 2019.

梳理，我们可以隐约窥见其制度背后的技术统治论逻辑。根据这一逻辑，算法影响评估实践理应由掌握专业知识的算法工程师或架构师等技术精英来主导，那些对机器学习算法一无所知的门外汉自然没有资格参与其中。"不管关于技术精英成员资格的观念发生什么变化，始终有一个群体——社会中的大量民众——被排除在名单之外。大多数人被认定根本没有参与技术社会管理的知识或资格。由技术专家进行统治时因为没有别人有能力进行统治。"〔1〕这种高度封闭的算法评估制度设计由于缺乏合理必要的外部参与，在实践运行中，算法影响评估活动很容易沦为被规制实体单纯的合规行为，从而大大削弱算法影响评估制度的潜在价值。

（二）开放反思型算法影响评估制度特征描述

所谓开放反思型算法影响评估制度，意指算法影响评估制度设计呈现开放性，算法开发者或应用者能够在相对开放的状态下开展算法影响评估。开放反思型算法影响评估制度的典型特征便在于其呈现出的开放反思性。目前，加拿大和欧盟的算法影响评估制度的设计在一定程度上体现了上述特征。下面，笔者将结合加拿大和欧盟的算法影响评估制度的具体规则对该类型算法影响评估制度的特征加以描述。

（1）开放反思型算法影响评估的启动具有周期性和动态性。2019 年加拿大政府出台了《自动化决策指令》，旨在对各政府机构运用的算法自动决策系统加以管理和规范，以防止算法系统产生严重的错误、偏差、歧视和隐私风险。该指令规定了具体的算法影响评估制度，并以附录的形式系统规定了算法影响评估指标体系。该指令第六章"要求"对算法影响评估的启动时间作出了具体规定：①在生产任何自动化决策系统之前完成算法影响评估；②当系统功能或自动化系统的范围发生变化时要更新算法影响评估。上述规定表明加拿大通过《自动化决策指令》确立了周期性、动态性的算法影响评估机制。

欧盟的算法影响评估制度被规定于《欧盟一般数据保护条例》和 W29 特别工作小组颁布的指南。其中，《欧盟一般数据保护条例》第 35（1）（10）条和鉴于条款第 90、93 条规定了在数据控制者在数据处理之前进行影响评估。在此基础上，W29 特别工作小组颁布的《关于数据保护影响评估（DPIA）

---

〔1〕 ［美］兰登·温纳：《自主性技术：作为政治思想主题的失控技术》，杨海燕译，北京大学出版社 2014 年版，第 124 页。

和确定处理是否"可能导致高风险"的指南》（以下简称《数据保护影响评估指南》）强调"数据影响评估是一个持续的过程，而非一次性实践"，"至少在处理操作所造成的风险发生变化时，要定期审查数据影响评估及其评估的处理"。[1]可见，该指南进一步将《欧盟一般数据保护条例》中的事前评估扩展至了周期性评估，从而建立了动态性、周期性的算法影响评估制度。

（2）开放反思型算法影响评估程序具有较强的开放性。算法影响评估程序开放性的一个重要判断标准是在程序构造上能在多大程度上为个人或利益相关者提供参与算法影响评估活动并发表意见建议的渠道和机会。诚如学者所言："算法影响评估并不能解决自动化决策系统可能引发的所有问题，但它们确实提供了一种重要的机制，让公众了解情况，让决策者和研究人员参与富有成效的对话。"[2]《欧盟一般数据保护条例》针对算法影响评估程序并未直接规定利益相关者和普通公众就算法影响评估报告发表评论乃至参与算法影响评估活动的权利。但是，如果对《欧盟一般数据保护条例》进行体系性解释，可以从中间接地推导出受算法决策影响的利益相关者和普通公众享有参与算法影响评估的个人权利。具体而言，从《欧盟一般数据保护条例》关于数据和算法的规制思路和方法上观之，其采行的是一种个体主义的"个人权利"规制路径与整体主义"系统治理"相结合的规制路径。[3]正如前述，从规制路径上而言，算法影响评估属于系统治理的具体方案之一。同时，其也承担着关联和激活作为数据主体的个人权利与保障《欧盟一般数据保护条例》所规定的算法解释权、数据遗忘权等一系列个人权利得以实现的重要作用。换言之，透过对《欧盟一般数据保护条例》的体系性解释，我们能够在一定程度上激活作为利益相关者的数据主体享有的算法解释权等一系列个人数据权利，从而为个人参与算法影响评估程序提供一定的制度空间。[4]

---

〔1〕 Article 29 Data Protection Working Party, Guidelines on Data Protection Impact Assessment（DPIA）and Determining Whether Processing is "Likely to Result in a High Risk" for the Purposes of Regulation 2016/679, p. 14~20.

〔2〕 Dillon Reisman et al., "Algorithmic Impact Assessment: A Practical Framework Public Agency Accountability", Available at https://ainowinstitute.org/aiareport2018.pdf, Last Visited 2023-5-2.

〔3〕 Margot E. Kaminski, "Binary Governance: Lessons from the GDPR's Approach to Algorithmic Accountability", *Southern California Law Review*, Vol. 92, No. 6, 2019, pp. 1529~1616.

〔4〕 Reuben Binns, "Data Protection Impact Assessments: A Meta-Regulatory Approach", *International Data Privacy Law*, Vol. 7, No. 1, 2017, pp. 17~20.

（3）开放反思型算法影响评估报告呈现较高的开放性。加拿大颁布的《自动化决策指令》规定，通过加拿大政府网站和加拿大财政委员会秘书处根据《开放政府指令》指定的任何其他服务，以可访问的格式发布算法影响评估的最终结果。这意味着，算法影响评估报告需要向社会披露。

诚如学者所言："算法影响评估报告是否强制披露影响甚大，因为算法影响评估报告的披露与否以及是否强制披露将直接影响到公众对算法影响评估活动乃至整个算法自动决策活动行使公众监督。"[1]《欧盟一般数据保护条例》第 35 条虽然并未规定算法影响评估报告的强制披露机制，但是欧盟第 29 工作组颁布的《数据保护影响评估指南》在重申算法影响评估报告的自愿披露原则的同时，也强调算法影响评估报告披露机制的价值，并建议算法开发者和应用者主动就全部或部分内容披露算法影响评估报告，以赢得利益相关者和公众的信任。鉴于欧盟第 29 工作组出台的该份指南具有重要的规范和引导作用，并基于建立公众对算法系统的信任之目的，算法开发者和应用者在算法影响评估具体实践中将会主动向利益相关者和普通公众全部或部分披露算法评估影响报告，进而在较大程度上促进利益相关者和普通公众了解算法影响评估报告的内容，克服算法自动决策中的信息不对称，进而对算法自动化决策开展监督。

（三）两大算法影响评估制度类型之比较分析

透过对封闭合规型与开放反思型算法影响评估制度实践的考察梳理我们可以发现，两者在程序的强制性、开放性和动态性方面存在较大差异。两种迥异的算法影响评估制度实践实则折射出了两者在规制理念和制度定位上的显著差异。

（1）规制理念上的差异。在规制理念上，封闭合规型算法影响评估制度更多地体现自我规制理念。虽然封闭合规型算法影响制度也具有一定的强制性，例如《美国算法问责法案》规定当特定主体达到一定规模，应用算法系统必须事先进行算法影响评估，但在算法影响评估报告的披露、评估活动的参与方面仍然呈现高度的自愿性和封闭性，算法影响评估活动基本由算法开发者和应用者自我主导，并在相对封闭的环境下开展，总体呈现出自我规制

---

[1] Margot E. Kaminski & Gianculaudio Malgieri, "Algorithmic Impact Assessment under the GDPR: Producing Multi-layered Explanations", *International Data Privacy Law*, 2021, p. 9.

之特征。以自我规制理念为基础的封闭合规型算法影响评估制度在现实实践中很容易沦为算法开发者和应用者的一种纯粹的合规行为，这也是我国目前算法影响评估制度设计遭遇"失之于软"批判的重要原因。[1]相较而言，开放反思型算法影响评估制度则更多地体现了一种元规制理念。元规制是一种介于纯粹的自我规制与命令控制型政府规制之间的规制理念，是在纯粹自我规制和严格政府规制双重失灵的基础上提出的一种新的规制思路。元规制"强制企业对它们自己的自我规制策略进行评估并报告，以便规制机构能够确定，是否正在实现规制的最终目标"。[2]相比于纯粹的自我规制而言，元规制呈现出更多强制性色彩。相较于以自我规制为基础的封闭合规型，以元规制为基础的开放反思型算法影响评估制度相对更具强制性和刚性，从而有利于克服算法影响评估制度在实践中的软化和虚化。

（2）制度定位上的差异。在制度定位上，封闭合规型算法影响评估制度在设计上更多地以算法系统应用的合规为导向，旨在满足法律对算法自动决策的合规性要求。相形之下，开放反思型算法影响评估制度在设计上则更具开放性，为受算法自动化决策影响的主体和相关领域的技术专家参与算法影响评估活动提供了可能，从而也为包括算法开发者和应用者、受算法影响的社会公众以及算法领域技术专家等在内的多元主体评估、反思特定算法系统的合理性提供了程序建制。这一开放反思型算法影响评估制度以促成算法自动决策的可问责性和正当性为导向，有助于让算法影响评估制度设计避免陷入技术统治论的泥淖。这种制度定位的差异意味着封闭合规型算法影响评估制度在增强算法透明性、实现个人正当程序权利和促进公众审查方面的功能作用将远逊于开放反思型算法影响评估制度。

就封闭合规型算法影响评估制度而言，在算法透明性层面：一方面，机器学习算法具有动态性特征，这意味具有自我学习特征的算法系统在运行过程中将发生变化，而其对特定个人和群体所产生的影响也将随之发生。具有高度自我学习特征的机器学习算法亟须周期性的算法影响评估制度来对特定算法系统的影响评估加以动态评估。然而，封闭合规型算法影响评估制度属

---

〔1〕 张凌寒：《算法评估制度如何在平台问责中发挥作用》，载《上海政法学院学报（法治论丛）》2021 年第 3 期。

〔2〕 ［英］罗伯特·鲍德温、马丁·凯夫、马丁·洛奇：《牛津规制手册》，宋华琳等译，宋华琳校，上海三联书店 2017 年版，第 150 页。

于典型的静态、事前评估，难以有效回应机器学习算法的动态性特征。另一方面，在封闭合规型算法影响评估制度中，算法开发者和应用者无需向社会披露算法影响评估报告，社会公众无从知晓算法影响评估报告的具体内容，也无法向算法开发者和应用者提供反馈并就算法系统可能产生的后果发表评论，这使得算法开发者和应用者难以有针对性地改进算法系统的性能。在正当程序权利层面，封闭合规型算法影响评估制度具有高度的封闭性，难以为算法自动决策的利益相关者参与算法影响评估过程提供知情、申辩、听证等正当程序保障。在公众审查层面，受制于目前封闭合规型算法影响评估在算法透明性和个人正当程序权利保障方面的严重不足，它们不能提供足够的公众监督和纠正错误决定的适当机会。[1]

相形之下，开放反思型算法影响评估制度则更具优势。第一，在算法透明性方面，开放反思算法影响评估制度确立了动态性、周期性的算法影响评估机制，能够对算法系统进行事前、事中、事后的全周期动态评估，契合了机器学习算法的动态性特征，从而能够真正提高算法透明性。第二，在正当程序保障方面，目前欧盟算法影响评估制度通过从整体上勾连《欧盟一般数据保护条例》中的个人数据权利和算法系统治理两种治理方法，从而为个人提供了一定程度的正当程序保障。第三，在公众审查方面，开放反思型算法影响评估制度既要求算法开发者和算法应用者主动向社会公众披露算法影响评估报告，让社会公众得以知晓算法影响评估内容，又在一定程度上提供了诸如算法解释权等技术性正当程序权利，为公众审查算法影响评估过程和结果提供了制度空间。

表6-1　封闭合规型与开放反思型算法影响评估制度比较

	评估启动	评估程序	评估披露	规制理念	功能定位
封闭合规型	封闭性（公众参与程度较弱）	自愿	自我规制	合规	满足法律要求

[1]　Yifat Nahmias & Maayan Perel, "The Oversight Of Content Moderation By AI: Impact Assessments And Their Limitations", *Harvard Journal on Legislation*, Forthcoming, Available at https://ssrn.com/abstract=3565025, Last Visited 2020-2-13.

	评估启动	评估程序	评估披露	规制理念	功能定位
开放反思型	投入运行之前及运行中（动态）	开放性（公众参与程度较强）	强制	元规制	促成多元主体对话、反思

综上，目前世界范围的算法影响评估实践图景总体上表现为"开放合规型"和"开放反思型"两种制度类型（见表6-1）。相较而言，以元规制理念为遵循的开放反思型算法影响评估制度因契合机器学习算法特征，在增强算法透明性、保障个人正当程序权利以及提供有意义的算法决策公众审查方面更具制度优势，为我国正在进行的算法影响评估制度实践探索提供了更具参考价值的制度样本。

第三节　我国算法影响评估制度的建构方案

鉴于算法自动决策在我国公共与商业领域的广泛运用所带来的个人隐私风险、歧视风险乃至个人自主性丧失等一系列问题，以《个人信息保护法》的起草制定为契机，我国正在进行算法影响评估制度实践探索，以期对算法自动决策影响进行全面评估，达到缓解和降低算法自动决策不利影响和风险程度之目的。正如前述，目前《个人信息保护法》有关算法影响评估制度的设计遵循自我规制理念，并呈现出较为显著的"封闭合规型"制度之特征，其在实现算法透明性、正当程序和公众审查方面存在着明显不足。正因如此，我国"封闭合规型"算法影响评估制度在打破算法黑箱、改善数字弱势群体地位、协调公共与私人利益等方面的作用相对有限。相较而言，开放反思型算法影响评估制度在促成算法透明性、保障受算法自动决策影响的个体的正当程序权利以及接受公众审查方面更具优势。为了充分发挥算法影响评估制度功能、增强算法影响评估制度的刚性和实效性，殊有必要适当调整我国算法影响评估制度建构的总体思路。

在制度理念上，我国算法影响评估制度建构宜将自我规制理念转换为元规制理念，元规制理念相对于自我规制理念的优势在于其倡导的是对自我规制的规制，元规制旨在为受规制主体提供一种"自我规制标准并且按照这种标准，法律可以判定责任，企业可以进行（向规制者）报告，利益相关方可以展开辩论"。[1]由此可见，元规制理论一方面强调企业内部自我规制措施的作用，另一方面又强调外部规制主体对企业实施一种保持距离的规制和监督，这显然是一种对受规制主体基于自身偏好实施的纯粹自我规制的反思和超越。将其作为建构我国算法影响评估制度的理念，有助于增强算法影响评估制度的刚性，克服算法影响评估制度在实践运行中存在的"失之于软"的弊端。在具体制度建构上，宜以元规制理念为基础，基于机器学习算法模型的特征，从算法影响评估的启动节点、运行周期、公众参与以及报告披露等具体机制入手，建构兼具动态性、全周期性、开放性和参与性的算法影响评估制度，以促成算法影响评估制度从"封闭合规型"向"开放反思型"转型。具体而言，宜从以下三个方面来建立健全我国"开放反思型"的算法影响评估制度。

（一）建立全周期的动态算法影响评估启动机制

新一代人工智能技术是建立在机器学习算法和大数据的基础之上，机器学习算法的一个典型特征就在于其具有动态性。这意味着，算法自动决策过程将不可避免地随着时间的变迁而呈现出动态变化，并受所喂食的数据集质量的动态影响。相应地，算法系统给个人或群体带来的风险大小或影响程度也将随之变化。为了回应人工智能算法系统的动态性特征，亟须改变之前静态的事前评估机制，建立强制的，覆盖算法开发、部署和运行全周期的动态性算法影响评估启动机制。一方面，在算法系统投入部署应用之前，对其在可能对群体或个人的潜在不利影响的评估和风险方面进行评估，以确定是否将该算法系统应用于特定场景。另一方面，在算法系统被投入应用之后，组织相关领域的专业评估人员定期对运行中算法系统存在的不利影响和风险进行系统全面评估。在事前和事中对算法开发、部署、应用等诸环节中自动化算法系统给个人或群体带来的风险大小和影响程度的全面评估，既有利于后续的算法系统的开发者和应用者改进优化算法系统性能，也有利于利益相关者和公众更为全面地知悉和掌握特定算法系统对其产生的风险或影响。

（二）建立算法影响评估的告知—评论程序机制

一方面，算法自动化决策将对个人和群体产生深刻影响，这种影响将以

制度化形式呈现于算法影响评估报告之中；另一方面，究其本质，算法影响评估是一种风险治理的工具，而从风险角度而言，算法自动化决策风险本身就包含客观实在性与主观建构性的复合属性。[1]算法自动化决策风险复合属性意味着对算法系统的影响和风险的评估，既需要技术专家从技术维度来评估算法的影响和风险，也离不开外行公众基于特定知识、信息等优势的积极参与。在环境影响评价制度建构中，一方面为了吸纳利益相关者对环境风险决策的利益表达，提高环境风险决策的可接受性；另一方面为了获得那些由个人或社会组织所掌握的并为环境风险决策所需要的地方性知识，提高环境风险决策的质量，建立环境影响评估的告知－评论程序，以吸纳外行公众和利益相关者参与环境风险评估过程。在算法行政场景中，鉴于其对个体权利可能产生重要影响，基于正当程序之内在要求，"行政主体在选择、购买或者共同开发算法系统，并将其应用到行政规制领域时，应当充分创造机会和条件，保障行政相对人、利益相关方参与到系统的选择、开发中，为公众提供一个渠道尽早了解算法系统、发现问题、表达主张和诉求乃至反对引入算法"。[2]而告知－评论程序则是满足正当程序要求的基本程序装置。告知－评论程序的本质是一种公众参与程序，将告知－评论程序作为一个技术性程序要素植入算法自动化决策的影响评估，实则是为利益相关者和普通公众参与算法自动化决策的评估活动提供了一个正当程序建制。借助于这一正当程序建制，利益相关者和普通公众的利益诉求、知识、价值等得以最终反馈乃至体现到算法设计和算法应用之中，进而增强算法自动决策过程的合法性和正当性。

"算法系统坚持社会价值观的证据必须来自对不合规模型的独立询问。"[3]算法影响评估的告知－评论程序则为利益相关者和普通公众对形形色色糟糕的机器学习算法模型开展独立询问提供了制度通道。在算法影响评估告知－评论程序设计上，宜借鉴环境影响评估制度告知－评论程序机制的经验，在"算法影响评估范围界定"和"算法影响评估最终报告形成之前"这两个关键节点上设置强制性的告知－评论程序。具体而言，"算法影响评估范围界定"阶段

---

〔1〕 关于风险的客观实在性与主观建构性的复合属性的分析，参见张恩典：《风险规制合法化模式之理论反思》，载姜明安主编：《行政法论丛》（第23卷），法律出版社2019年版。

〔2〕 王贵：《算法行政的兴起、挑战及法治化调适》，载《电子政务》2021年第7期。

〔3〕 Ari Ezra Waldman, "Power, Process, and Automated Decision-Making", *Fordham Law Review*, Vol. 88, No. 2, 2019, p.616.

的告知–评论旨在要求算法应用者在启动特定算法系统的影响评估范围之前，就影响评估的具体范围征求公众意见，以避免技术专家在影响评估范围界定活动中的偏狭之见，使得算法影响评估范围更具合理性。"算法影响评估最终报告形成之前"阶段的告知–评论则旨在透过该程序建制来听取利益相关者和公众特定算法影响评估报告的意见建议，促进影响评估报告内容进一步完善，并接受公众对算法影响评估活动的监督审查。

（三）建立算法影响评估报告强制披露机制

信息公开是公众参与得以顺利进行的前提。在缺乏充分有效信息的情况下，公众参与将流于形式。在算法决策场景中，借助算法影响评估报告披露机制，利益相关者和普通公众得以获得关于算法自动决策的影响和风险程度等有意义的信息，进而为其行使算法解释权、删除权以及反算法自动决策权提供有利基础。目前的算法影响评估报告基于所谓商业秘密保护的理由而奉行自愿披露、内部报告的原则，这一自愿披露机制因缺乏强制性而难以发挥算法影响评估披露机制激发公众参与、监督算法自动决策的潜能。

一方面，鉴于公、私场景中的算法自动决策均会对公民的基本权利产生重要影响，社会公众作为受算法决策影响的利益相关者有权获取、知晓算法影响评估报告的内容；另一方面，基于社会公众在算法影响评估活动中享有的知识和能力，能够为发现和评估特定算法系统的影响或风险提供有价值的视角，宜建立算法影响评估报告的强制披露机制。苛以算法开发者和算法应用者披露算法影响评估报告的义务，并且在定期完成算法影响评估后及时更新算法影响评估报告的内容。在评估报告的内容上，为了让公众充分知晓算法影响评估的结果，应当以评估报告全部披露为主，在一些特殊情形下可以允许算法开发者和应用者部分披露评估报告。在评估报告的表达方式上，为了达到披露目的，评估报告的内容应当以易被公众理解的方式进行表述，在评估报告的公布方式上，应当以易于公众获取的方式对外进行披露。

本章小结

置身于算法统治的时代，在享受算法带来的效率和便利的同时，人们也处于算法之眼无处不在的持续"凝视"之下而逐渐失去所珍视的隐私、自主和平等，算法甚至在隐秘处悄然建构我们的身法身份。诚如学者所言："虽然我们知道自己是谁，而且知道自己在高度政治化的世界里存在，却不知道自己在高度政治化的算法世界里存在。在大多数情况下，经由算法之眼，我们被观察、评估，然后贴上身份标签。"[1]一方面，机器学习算法模型在公共与商业应用场景中趋向于以效率价值为导向，而忽视了公平和诚信等价值，在平台巨头和数字利维坦借助算法技术对效率价值的狂热追求中，个人的自由、隐私等权利也容易被搁置；另一方面，其复杂性和模糊性为这一新技术的应用者推卸责任提供了绝佳的托词，这势必导致作为算法应用者的公共机构、商业巨头与作为受算法决策影响的个体之间力量的严重失衡。因此，在算法社会中，如何通过制度设计来建立合理有效的算法问责制，打破强势算法技术应用者与受算法决策影响的弱势个体之间的失衡关系，最大程度地缓解和消除算法权力统治带来的巨大风险，避免落入各种机器学习算法所精心构筑的"算法牢笼"之中，已然成为算法时代的重大理论和实践命题。在这一背景下，反思开放型算法影响评估制度遵循风险治理的理念，监控和反思算法系统对个人或群体可能或已经产生的影响和风险，并在此基础上寻找缓解算法歧视、信息茧房、隐私侵犯等各种风险的因应方案和措施，在捍卫算法社会中公民的基本权利、维护和实现人的尊严方面发挥着重要功能，成了连接并融合"个体赋权"和"系统治理"算法治理路径、建构二元算法治理结构的重要制度纽带，具有重要的理论和实践价值。

---

〔1〕〔美〕约翰·切尼-利波尔德：《数据失控：算法时代的个体危机》，张昌宏译，电子工业出版社 2019 年版，第 27 页。

第七章

数字时代版权的算法实施：类型、困境及法律规制

在现代数字社会中，互联网用户越来越多地通过在线平台创造、分享视频、文字等内容，其中充斥着大量版权侵权内容和行为。面对版权侵权行为的泛滥，版权人在呼吁版权执法监管部门加大执法保护力度的同时，不断对网络服务提供商施加压力，要求两者采取技术措施加强对版权侵权作品的打击力度。2021 年 12 月，国家版权局发布的《"四十五"版权工作规划》提出要"支持数字版权保护技术研发运用，充分利用新技术创新版权监管手段，提高执法有效性和精准度，提升版权保护水平"。在这一政策背景下，囿于自身执法力量，版权执法机构更加倾向于压实平台主体责任，选择将监管压力传导乃至转嫁给网络服务提供者。此时，网络服务提供者选择利用算法模型对版权侵权作品进行自动化检测，以回应数字社会陡增的版权治理压力。

目前，国内法学界对版权算法实施主题的研究主要聚焦于版权算法实施的正当性及其对传统版权制度的冲击挑战等维度。在版权算法实施的正当性方面，有学者以著作权领域在线内容分享平台的自动侵权检测为例，系统论述了版权算法实施的正当性。[1]在版权算法实施引发的制度挑战和变革方面，有学者剖析了版权算法实施对传统通知－删除制度的冲击，认为版权算法实施加剧了利益失衡，并主张通过对网络服务提供者苛以算法设计义务和披露义务等来恢复著作权人、网络服务提供商和在线用户之间的平衡。[2]还有学者

---

〔1〕 张吉豫：《智能社会法律的算法实施及其规制的法理基础——以著作权领域在线内容分享平台的自动侵权检测为例》，载《法制与社会发展》2019 年第 6 期。

〔2〕 万勇：《人工智能时代的版权法通知—移除制度》，载《中外法学》2019 年第 5 期。

认为，面对版权执法算法化的系统性冲击，要避免陷入"算法虚无主义"和"算法万能主义"两个极端，对避风港规则的变革作出理性回应。[1]有学者则从微观层面对网络版权侵权中的"通知自动化"这一版权算法治理转型展开了分析，建议从制度层面规范通知的构成要件，以提高自动化通知的质量。[2]上述研究对于思索数字时代版权算法治理转型背景下传统版权法的制度变革具有重要意义，但目前的研究仍存在偏颇之处，亦即侧重单一的私法，尤其是版权法视角，强调版权人权利保护，而对版权算法治理转型背后潜藏的社会风险，特别是对网络用户的权利保护缺乏足够的理论关切。版权治理的算法转型是数字社会中网络服务提供商承担版权侵权治理责任，开展自我规制的实践表达，其将不可避免地影响作为公民的网络用户的基本权利，并深刻重塑网络服务提供者、版权监管机构和网络用户的关系，具有浓厚的公法意涵。因此，域外不乏从公法视角聚焦版权算法治理转型的研究成果。[3]鉴于此，本书将从公法视角出发，在对网络服务提供者版权算法实施实践进行类型学考察的基础上，分析版权算法实施面临的公正性、透明性和责任性等三重困境，进而探索面向版权算法实施的复合治理之道。

第一节　版权算法实施的类型学考察

基于不同的制度背景和技术条件，目前美国、欧盟等主流国家和地区的网络服务提供商采取了不同的算法实施策略和方案。根据算法技术在版权治理实践中发挥作用的强度，以及对网络用户权利影响程度，我们可以将版权算法治理实践界分为以下两种类型：自动通知-删除型与自动审查-过滤型算法实施。

---

〔1〕　李安：《智能时代版权"避风港"规则的危机与变革》，载《华中科技大学学报（社会科学版）》2021年第3期。

〔2〕　何炼红：《论算法时代网络著作权侵权中的通知规则》，载《法商研究》2021年第4期。

〔3〕　See Maayan Perel & Niva Elkin-Koren, "Accountability in Algorithmic Copyright Enforcement: Lessons from copy-right Enforcement by Online Intermediaries", *Stanford Technology Law Review*, Vol. 19, 2016, p. 473; Jonathon W. Penney, "Privacy and Legal Automation: The DMCA as a Case Study", *Stanford Technology Law Review*, Vol. 22, No. 2, 2019, p. 412. 近年来，国内学者也对版权内容过滤措施与言论自由审查的关系展开了研究。参见崔国斌：《网络版权内容过滤措施的言论保护审查》，载《中外法学》2021年第2期。

（一）版权算法实施的实践类型梳理

1. 自动通知–删除型算法实施模式

所谓自动通知–删除型算法实施是指通过算法技术将传统版权法所确立的"通知–删除"的避风港规则的实施予以自动化，借助算法技术来检测、识别和发现版权侵权作品，并自动发送删除通知和自动删除，以缓解版权侵权治理压力。算法自动通知–删除型版权算法实施实践可以被进一步区分为自动通知和自动删除，两者相互作用共同构成了自动通知–删除型算法实施实践模式。

算法自动通知是指版权人运用算法技术来对用户上传的作品进行侵权检测、识别，并在此基础上由系统自动向网络服务提供者发送删除通知。实践中，算法自动通知通常并非由版权人直接发出，而是由其委托的第三方服务机构来完成，这在客观上加剧了通知数量的急剧增长。算法自动删除是指网络服务提供商选择运用算法技术来处理侵权移除通知。版权人委托专业机构利用算法技术自动发送移除通知导致移除通知呈现指数级增长，给网络服务提供商带来了繁重的移除申请处理压力。在以"通知–删除"为核心的避风港规则下，一些网络服务提供商为避免承担侵权责任，转而利用算法技术来处理不断膨胀的版权侵权删除通知。

在数字社会背景下，版权人和网络服务提供者分别通过算法技术实现了通知和移除的自动化，共同推动传统的通知–删除程序向算法通知–算法删除程序演进，[1]进而实现了自动通知–删除型算法实施模式的生成。总体上，这一实践样态并未实质性改变或脱离传统版权法所确立的通知–删除制度框架，而只是将运作流程加以自动化，以回应不断增加的删除请求。[2]

2. 自动过滤型算法实施模式

所谓自动过滤型算法实施，是指运用算法技术对版权侵权作品进行技术屏蔽过滤，进而达到保护版权人权利之目的。自动过滤型算法实施模式的兴起既是数字社会发展的产物，也受到版权立法的强力助推。欧盟委员会的《数字单一市场版权指令》在内容识别技术的立法上虽一波三折，但最终却通

---

〔1〕　Martin Husovec, "The Promises of Algorithmic Copyright Enforcement: Takedown or Staydown? Which Is Superior? And Why?", *Columbia Journal of Law &The Arts*, Vol. 42, No. 1, 2018, pp. 53~84.

〔2〕　Jennifer M. Urban, Joe Karaganis & Brianna L. Schofield, "Notice and Takedown in Everyday Practice", Version 2, 2017, Available at https://ssrn. com/abstract=2755628.

过增加责任豁免条件的方式，实质上迫使在线内容服务提供商采取版权侵权过滤技术。[1]目前，一些大型网络服务提供商开始主动采取自动过滤型算法实施模式。YouTube 早在 2007 年便开发应用了一款名为"Content ID"的自动化版权保护系统。该系统采用算法技术对用户上传的作品进行版权自动监测，并在此基础上对版权侵权作品采取屏蔽过滤等技术措施。[2]有学者形象地将自动通知-删除型算法实施实践称为"数字千年版权法自动化"（DMCA Auto），而将自动过滤型算法实施实践称为"数字千年版权法增强版"（DMCA Plus）。[3]在自动过滤型算法实施模式之下，网络服务提供商将主动应用算法技术对用户上传的作品进行事前的版权审查，对于用户上传的版权侵权作品则要采取技术屏蔽和过滤等措施，旨在结束自动通知-删除型算法实施的"打鼹鼠"游戏。[4]在自动过滤型算法实施实践中，网络服务提供商对用户所上传的作品承担了更高的审查义务，其也在很大程度上偏离了 DMCA 所确立的通知-删除制度。

（二）版权算法实施的特征描述

在数字社会背景下，以大数据和算法技术为驱动的版权算法实施实践模式在不同程度上呈现出自动性、模糊性、预防性特征。

（1）版权算法实施具有自动性特征。在数字时代，无论是版权人直接发出还是委托第三方发出的版权删除通知，或者平台对移除通知的处理实践，抑或是网络服务提供者基于防止侵权内容之目的主动实施的版权监测、屏蔽和过滤技术措施，均高度依赖于各种算法技术，版权侵权处理呈现自动性特征。其最大优势在于，大幅节约网络服务提供商用于处理海量删除通知的成本，极大地提升了网络服务提供商版权侵权处理的能力，在很大程度上缓解

〔1〕 Proposal for a Directive of The European Parliament and of The Council on Copyright in the Digital Single Market-Outcome of the European Parliament's First Reading, Strasbourg, 25 to 28 March 2019, Available at https://eur-lex. europa. eu/legal-content/EN/TXT/PDF/? uri = CONSIL: ST_ 7717_ 2019_ INIT, Last Visited 2023-5-16.

〔2〕 See YouTube, "How Content ID Works", Available at support. google. com/youtube/answer/279 7370? hl=en, Last Visited 2021-12-30.

〔3〕 Jennifer M. Urban, Joe Karaganis & Brianna L. Schofield, "Notice and Takedown in Everyday Practice", Version 2, 2017, Available at https://ssrn. com/abstract=2755628.

〔4〕 Martin Husovec, "The Promises of Algorithmic Copyright Enforcement: Takedown or Staydown? Which Is Superior? And Why?", *Columbia Journal of Law & The Arts*, Vol. 42, No. 1, 2018, p. 68.

了由版权侵权内容剧增带来的诉讼风险。版权算法实施的自动性特征，既加大了网络服务提供商对算法技术的依赖性，也逐渐消解和解构了人类在版权侵权判断和处理中的主导地位，并在公法层面引发了诸如版权过度执法等问题。

（2）版权算法实施具有模糊性特征。算法模型的模糊性主要源于以下三个方面：第一，由商业秘密或者国家秘密所导致的不透明性；第二，由技术了解程度低所导致的不透明性；第三，由算法本身的复杂性所导致的不透明性。[1]目前，版权人和网络服务提供商所应用的版权侵权识别算法技术通常都受到商业秘密乃至专利技术的保护，加之机器学习算法自学习特征带来的复杂性，使得版权算法实施具有了高度模型性。版权算法实施的模糊性造成了版权执法活动的解释难题，也为网络服务提供商推脱责任提供了契机。现实中，网络服务提供者常常以商业秘密或知识产权保护为由，拒绝公开算法或对依据算法模型做出的版权侵权移除处理进行合理解释。

（3）版权算法实施具有预防性特征。在传统版权法律规则中，网络服务提供商处于消极中立的地位，其只需对版权人提交的版权删除通知进行审查，并依据符合条件的删除通知采取删除、屏蔽、断开链接等处理。版权算法实施实践在很大程度上偏离了传统版权法为网络提供商所预设的"消极中立"的"纯粹管道"角色，转而赋予其更为"积极主动"的"守门人"角色。[2]"守门人"角色在自动过滤型版权算法实施模式中表现得尤为显著。在这一模式之下，网络服务提供商一改过去基于版权人移除通知而采取的事后删除或断开链接等传统版权治理策略，选择采取事前预防的版权治理方案，即在版权侵权行为尚未发生时，借助内容识别技术对用户上传的作品进行事先的审查过滤，进而禁止潜在版权侵权作品的上传和传播。这一版权治理策略的转型意味着作为中介的网络服务提供者法律责任的扩张延展，亦即从事后侵权责任（Liability）到事前的治理责任（Responsibility），[3]而这种责任扩展反

---

〔1〕 Jenna Burrel, "How the Machine 'Thinks': Understanding Opacity in Machine Learning Algorithms", *Big Data & Society*, Vol. 3, No. 1, 2015, pp. 1~12.

〔2〕 Giancarlo F. Frosio & Sunimal Mendis, "Monitoring and Filtering: European Reform or Global Trend?", Giancarlo Frosio (ed.), *Oxford Handbook of Online Intermediary Liability*, New York: Oxford University Press, 2020, p. 547.

〔3〕 Giancarlo F. Frosio, "Why Keep a Dog and Bark Yourself? From Intermediary Liability to Responsibility", *International Journal of Law and Information Technology*, Vol. 26, No. 1, 2018, pp. 1~33.

映了数字社会中版权治理哲学从功利主义到义务论的范式转换。[1]版权算法实施的治理实践表明，版权人和版权监管者试图通过压实网络服务提供者的治理责任来达致网络版权治理之目标。然而，这一转型带来的版权治理实践的预防性转向所致的对网络用户的事前言论审查和寒蝉效应亦成了不容忽视的现实问题。

在数字时代，版权算法实施实践方兴未艾，其因节约版权人、版权监管者和网络服务提供商的版权治理成本而备受青睐。然而，在肯定版权算法实施以其准确性和高效性回应数字时代版权治理需求的同时，其所呈现的自动性、模糊性和预防性特征导致的制度挑战和潜藏的社会风险也殊值高度关注。

第二节　网络版权算法实施面临的现实困境

版权算法实施实践在全球范围内的兴起使得版权治理绩效得以大幅提升，并使版权监管者和网络服务提供商产生了借由版权算法治理达致"完美执法"的美好愿景。然而，这种意欲透过机器学习算法实现所谓"完美执法"之目标只不过是一厢情愿的"幻象"而已。[2]从公法视角而言，网络版权算法实施的本质在于作为私人主体的网络服务提供商借助于算法技术主动或被动地协助版权监管机构承担版权侵权的治理职责和任务。当前，由网络服务提供商主导的、旨在实现版权人利益的版权算法实施实践正面临着公正性、透明性和责任性缺失等诸多困境，对数字社会正在兴起的版权治理的算法转型亟须从公法层面加以审视。

（一）版权算法实施的公正性困境：在版权保护与合理使用之间

网络服务提供商版权算法实施的初衷在于回应版权人的版权保护主张，避免承担版权侵权责任。然而，从目前版权算法实施的情况来看，网络服务

---

〔1〕　Mariarosaria Taddeo & Luciano Floridi，"New Civic Responsibilities for Online Service Providers"，Mariarosaria Taddeo & Luciano Floridi（eds.），*The Responsibilities of Online Services of Providers*，Switzerland：Springer，2017，pp. 1~12.

〔2〕　Céline Castets-Renard，"Algorithmic Content Moderation on Social Media in EU Law：Illusion of Perfect Enforcement"，*University of Illinois Journal of Law*，Technology & Policy，Forthcoming，Avaiable at https：//ssrn. com/abstract＝3535107，p. 26.

提供商基于规避潜在诉讼风险和巨额索赔之目的，更侧重于对版权人权利的保护。然而，以版权人权利保护为目标的版权算法实施实践却导致了版权人、网络提供商和用户三方利益格局的失衡。

（1）版权算法实施悬置了合理使用制度。版权法的合理使用制度是平衡版权保护和社会公共利益的一个重要制度建制。透过这一制度安排，立法者得以在保护版权人权利的同时鼓励其他社会主体利用现有知识产品，接续创造新的作品，并最终促进人类文化的繁荣发展。合理使用原则允许在某些情况下未经许可进行复制，其是否适用该原则取决于复制的目的、比例和效果。合理使用在促进创造力和言论自由方面发挥着至关重要的作用，因为它"允许并要求法院避免严格适用版权法，有时它会扼杀该法律旨在培养的创造力"。借由思想/表达二分法、合理使用的原则，版权法得以在权利和自由之间保持平衡。[1]然而，目前的版权算法治理实践中存在的一个突出问题在于，网络服务提供商所使用的版权自动化保护系统未能充分考虑版权作品的合理使用。例如，漫画爱好者马克·菲茨帕特里克（Mark Fitzpatrick）制作了高质量评论，并将其发布在 YouTube 上。到目前为止，他的频道已经收到了近4000 万的浏览量。就在最近，日本 Toei 动画公司使用"Content ID"删除了他发布的大约 150 段视频，声称其使用 Toei 剪辑侵犯了他们的版权。而实际上，他发布的作品属于版权法上合理使用的范畴。[2]在版权的算法实施中，合理使用制度逐渐沦为了一种装饰而难以被付诸实现。美国学者泰勒·巴塞洛缪甚至认为：YouTube 的"Content ID"版权保护系统给合理使用制度乃至版权法精神造成了灾难性后果，预示着合理使用制度的"死亡"。[3]

导致合理使用制度被悬置的原因主要包括两个方面：一是源于合理使用制度本身不确定性。虽然各国版权法基于保护社会公共利益、繁荣文化创作之目的均规定了合理使用制度，但是该制度在具体适用中却存在高度不确定性。在具体实践中，判断某一作品是否构成合理使用制度仍然是高度情境化

---

〔1〕　Matthew Sag, "Internet Safe Harbors And the Transformation of Copyright Law", *Notre Dame Law Review*, Vol. 93, No. 2, 2018, p. 501.

〔2〕　Andy Maxwell, "YouTube's Innovative Content ID is No Substitute For Humankind's Greatest Gift", Avaiable at https://torrentfreak.com/youtubes-innovative-content-id-is-no-substitute-for-humankinds-greatest-gift-220102, Last Visited 2022-1-3.

〔3〕　Taylor B. Bartholomew, "The Death of Fair Use in Cyberspace: YouTube and the Problem With Content ID", *Duke Law & Technology Review*, Vol. 13, No. 1, 2015, pp. 66~88.

的，需要结合具体个案来予以综合判断。合理使用制度本身的高度不确定性和情境化的特征使其在具体运用中面临诸多困境。二是源于版权法的合理使用制度难以被代码化，从而导致其难以被植入版权自动保护系统。正如前述，合理使用制度本身具有高度的情境化特征，该规则的个案适用呈现出高度的情境主义。美国学者丹·伯克便指出，诸如合理使用等法律标准具有事前不确定性，在法律的制度运行中构成一种利益，这对机器编码提出了挑战。[1]在"Lenz v. Universal Music Corp. 案"中，第九巡回上诉法院认定："合理使用……是完全由法律授权的。"[2]这使得权利持有人在发布删除通知之前必须考虑可能的侵权内容是否属于合理使用。然而，对于自动化系统来说，评估合理使用可能都存在问题。因为区分批评性评论、戏仿和转化混音与侵权的版权材料的重复使用通常涉及一种情境决策，这对于人类而言本已经很困难了，对算法而言就更加复杂了，如果不是不可能的话。[3]我国 2010 年修正的《著作权法》第 22 条规定了合理使用制度。其中该条规定的"为个人学习、研究或者欣赏""为报道时事新闻"之目的而使用他人作品的表述，本就具有高度抽象性，难以简化为可计算的代码。这就给合理使用制度植入版权算法实施造成了重要障碍，进而使得在算法实施实践中透过合理使用制度达致各方利益平衡之立法目的被悬置。

（2）版权算法实施过度化引发寒蝉效应。诚如学者所言："版权执法中充斥误报。"[4]机器学习算法是驱动数字社会版权自动化执法的重要引擎。然而，算法自动决策面临的一个重要问题在于其判断的准确性。实践中，由于数据质量、算法模型和算法设计者主观价值等诸因素，算法决策不可避免地存在误判问题。算法决策的误判主要表现为假阴性和假阳性。具体到版权算法实施场景，假阴性意指算法模型将版权侵权内容错误地判定为非侵权使用，

---

〔1〕 Dan L. Burk, "Algorithmic Fair Use", *The University of Chicago Law Review*, Vol. 86, No. 2, 2019, p. 292.

〔2〕 Lenz v. Universal Music Corp. , 815 F. 3d 1145, 1151 (N. D. Cal. Apr. 8, 2008).

〔3〕 Maria Lillà Montagnani, "Virtues And Perils of Algorithmic Enforcement And Content Regulation In The EU-A Toolkit for A Balanced Algorithmic Copyright Enforcement", Avaiable at https://ssrn. com/abstract = 3767008, p. 21; Matthew Sag, "Internet Safe Harbors and the Transformation of Copyright Law", *Notre Dame Law Review*, 2017, Vol. 93, No. 2, p. 531.

〔4〕 Ben Depoorter & Robert Kirk Walker, "Copyright False Positive", *Notre Dame Law Review*, Vol. 89, No. 1, 2014, p. 319.

假阳性是指算法模型将非侵权使用判定为版权侵权。正如前述，在现实实践中，网络服务提供商为避免承担版权侵权责任，更倾向于保护版权人的利益。此时，在版权算法自动化系统的设计上，势必会出现更多假阳性的算法误判，亦即由网络服务提供商所开发的版权算法自动化系统会将大量的非侵权使用判定为版权侵权，进而引发执法过度问题，并直接导致民众对版权治理算法的厌恶情绪滋生蔓延。[1]

另外，相较于以人工审查为基础的版权执法的高额成本，版权算法实施的成本要低得多。诚如学者所言："尽管过去执法需要耗费大量人力、并由官员的自由裁量权加以调节，但自动化系统正在有效扩展，使得许多法律执行既一丝不苟又不令人疲倦，保证快速加以惩罚，且向执法机关、政府及这些系统的承办商提供财政激励。"[2]版权算法实施势必引发过度执法现象。YouTube 于2021 年12 月发布的透明度报告数据显示：过去6 个月中通过"Content ID"系统报告的声称侵权行为数量超过了7. 22 亿，占 YouTube 收到的全部版权声明的99%。这些错误删除申请有 99% 是来自 YouTube 的自动执行工具"Content ID"。[3]通过 YouTube 透明度报告披露的数据，我们可以发现版权执法呈现指数级增长，并且假阳性的数量也随之大幅增长。

版权算法实施中存在的"过度执法"打破了传统版权法借由避风港原则所试图建立的利益平衡格局，导致利益失衡，特别是忽视了对用户权利的保护，并在一定程度上对用户的网络表达和行为产生自我规训乃至寒蝉效应。之所以在人群之中会产生寒蝉效应，与其说是因为人们害怕实际的法律惩罚，毋宁是为了避免其他类型的风险和伤害。例如，害怕被国家贴上标签并追踪为不合规者、具有威胁性或罪犯的社会耻辱，或者收集到的关于他们的信息可能被泄露、共享、披露或盗用，从而导致名誉受损，以及经济或其他

---

〔1〕　Ethan Lowens, "Accuracy Is Not Enough: The Task Mismatch Explanation of Aagorithm Aversion and Its Policy Implications", *Harvard Journal of Law & Technology*, Vol. 34, No. 1, 2020, pp. 259~274.

〔2〕　［美］丽莎·A. 谢伊等：《迎接自动化执法》，载彭诚信主编，［美］瑞恩·卡洛、迈克尔·弗鲁姆金、［加］伊恩·克尔编：《人工智能与法律的对话》，陈吉栋、董惠敏、杭颖颖译，上海人民出版社 2018 年版，第 240 页。

〔3〕　Paul Keller, "YouTube Copyright Transparency Report: Overblocking Is Real", Avaiable at https://www. communia-association. org/2021/12/10/ youtube-copyright-transparency-report-overblocking-is-real, Last Visited 2021-12-31.

类型的伤害。[1]美国学者沙龙·巴尔齐夫和妮娃·埃尔金-科伦的一项针对谷歌搜索的通知-删除数据实证研究表明：只有34%的删除请求涉及侵犯版权的指控，而其余66%涉及其他指控，如不准确、虚假或侵犯其他权利。这些与版权无关的请求显然是为了保护发送者的声誉，使其免受诽谤、误导或偏颇信息的侵害。[2]这表明，在算法技术加持之下，通知-删除程序的应用范围业已超越对版权侵权内容的删除，并被广泛用于删除非版权侵权内容，且已呈现滥用之势。这势必会对公众在网络世界的表达自由权利造成严重影响。

无论是自动通知-删除型，还是自动过滤型版权算法实施，由于未能给合理使用预留足够的空间，因此均会导致大量非侵权内容被删除或屏蔽，从而对网络用户的表达自由产生不同程度的负面影响。"当非侵权言论被删除时，其海报不仅失去了接触观众的机会，公众也失去了在思想市场上听到合法言论的好处。"[3]其中，自动过滤型版权算法实施基于保护版权之目的，对用户上传的作品进行事先审查，相较而言，其对网络用户产生的寒蝉效应更甚。可以预见，用户面对版权算法实施所营造的"完美执法"状态，将不得不转向对言论和行为的自我审查。长此以往，人类的创造性将难以被激发出来，而这也背离了版权法旨在借由保护版权来鼓励创新的制度设计初衷。

（二）版权算法实施的透明性困境：在商业秘密与可解释性之间

目前，各大网络服务提供商和第三方版权保护机构所使用的版权保护自动化系统均具有高度复杂性和保密性，这在很大程度上造成了版权算法实施的模糊性和黑箱效应，进而导致了版权算法实施的透明性困境。总体上，算法透明性包含两个维度，即个体透明度和系统透明度。前者更多是面向外部个体的，旨在为受自动化决策影响的个体提供参与、获得解释乃至质疑算法自动决策的机会；而后者面向的主体则更为宽泛，包括内外部的技术专家、利益相关者和普通公众，并通过算法影响评估、算法审计和算法验证等对算

---

[1] Jonathon W. Penney, "Privacy and Legal Automation: The DMCA as a Case Study", *Stanford Technology Law Review*, Vol. 22, No. 2, p. 432.

[2] Sharon Bar-Ziv & Niva Elkin-Koren, "Behind the Scenes of Online Copyright Enforcement: Empirical Evidence on Notice & Takedown", *Connecticut Law Review*, Vol. 50, No. 2, 2017, pp. 20~21.

[3] Wendy Seltzer, "Free Speech Unmoored in Copyright's Safe Harbor: Chilling Effects of the DMCA on the First Amendment", *Harvard Journal of Law & Technology*, Vol. 24, No. 1, 2010, p. 176.

法自动化系统本身可能潜在的偏差、错误以及负面影响进行处理。[1]

　　然而，目前的版权算法实施实践却缺乏基本的透明性，无论是在个体的透明性维度还是在系统的透明性维度。在个体透明性方面，版权自动化保护系统为用户提供的参与、质疑算法自动化删除决定的机会非常有限。虽然在版权算法实施实践中，网络服务提供商为用户提供了反通知程序，然而面对海量的版权侵权删除决定，用户个人通过反通知程序挑战和质疑版权自动化算法系统的效果却极为有限。根据 YouTube 发布的透明度报告：在超过 7. 22 亿个删除申请中，仅有 220 多万个不正确的删除申请被推翻，占比不到 1%。然而，学者的实证研究表明：在由版权自动化保护系统发出的自动化删除申请中，存在着大量的形式或者实质性错误，其比例要远远高于自动化删除申请被推翻的比例。美国学者詹妮弗等学者的一项研究数据表明：在 2013 年的6 个月内发送给谷歌网页搜索的约 1.08 亿个删除申请中，发现有 450 万个删除申请存在根本性缺陷，28.4% 的删除请求在有效性方面存在明显问题，高达 31% 的删除请求存在潜在问题。[2]这意味着，在版权算法实施中，版权人、网络服务提供商和用户之间的力量对比是悬殊的，在面对功能强大的版权自动化保护系统所发出的海量删除或屏蔽处理决定时，缺乏技术加持的用户根本无法应对，仅仅依靠通知-删除制度所提供的反通知程序根本无力抗衡。

　　在系统透明度方面，网络服务提供商或以版权自动化保护系统为公司商业秘密、算法公开将引发策略行为并且损及版权自动化保护系统的功能的有效发挥为由而拒绝公开算法，或以机器学习具有高度复杂性为由拒绝对基于版权自动化保护系统所作出的删除或屏蔽决定作出解释。同时，网络服务提供商也并未针对版权自动化保护系统建立算法影响评估、算法审计和算法验证机制。诚如学者所言："算法要么故意保密，无论是作为专有商业秘密还是为了防止策略行为，要么由于理解其源代码所需的'专业知识'而在功能上不透明。无论何种方式，决策算法的不透明性都会阻止那些受到自动化系统伤害的人确定决策是如何产生的，或者洞悉决策背后的逻辑和推理。这使得

---

〔1〕　Margot E. Kaminski，"Understanding Transparency in Algorithmic Accountability"，Woodrow Barfield（ed.），*The Cambridge Handbook of the Law of Algorithms*，Cambridge：Cambridge University Press，2021，pp. 129~130.

〔2〕　Jennifer M. Urban，Joe Karaganis & Brianna L. Schofield，"Notice and Takedown in Everyday Practice"，Version 2，2017，Avaiable at https：//ssrn. com/abstract＝2755628.

问责变得困难。"〔1〕算法透明性是确保算法决策合法性和正当性的关键因素。然而，由于网络服务提供者所应用的版权自动化系统缺乏基本的透明性，使得版权算法治理的合法性和正当性面临诸多质疑，也使得版权算法实施这一数字时代颇具样本意义的算法治理转型实践面临信任危机。〔2〕

（三）版权算法实施的责任性困境：在私人利益与公共利益之间

目前，各大网络服务提供商所应用的版权自动化保护系统均是由互联网企业自行开发，在缺乏明确法定义务的情形下，诸如 YouTube 等网络服务提供商开发设计的"Content ID"内容自动识别技术被看作是一种典型的基于自愿而进行的私人规制，其旨在以机器学习算法为技术支撑建构一种契合数字社会时代特征的版权治理私人秩序（private ordering）。〔3〕

（1）由版权人和网络服务提供商主导的版权算法实施实践以实现其商业利益为直接动因。诚如学者所言："现代版权法的发展趋势表明，公共领域不断遭受蚕食和掠夺，广大公众的合理使用空间、信息获取自由面临巨大威胁，部分公共利益的维护岌岌可危，私人利益与公共利益之间呈现出失衡状态。"〔4〕不可否认，在算法驱动的版权治理私人秩序中，承载着一定的公共利益愿景，然而其更多承载的是版权人和网络服务提供商等商业机构的私人利益。版权人和网络服务提供商的私人利益无疑将浸透版权算法治理实践的整个过程。具体而言，作为提供版权侵权监测服务的第三方机构为了追求自身利益的最大化，在版权自动化保护系统的设计上，更加倾向于维护版权人利益。而网络服务提供者基于最大程度地避免承担侵权责任，在权衡因版权侵权带来的巨额索赔和因错误删除用户生成作品而引发的诉讼风险之间，无一例外地选择与版权人站到一边。英国法律学者亨宁·格罗斯·鲁斯−汉认为，网络平台之所以耗费巨资开发、维护和改进自动化版权保护系统，一个重要原因就在

〔1〕 Ari Ezra Waldman, "Power, Process, and Automated Decision−making", *Fordham Law Review*, Vol. 88, No. 2, 2019, p. 7.

〔2〕 张欣：《从算法危机到算法信任：算法治理的多元方案和本土化路径》，载《华东政法大学学报》2019 年第 6 期。

〔3〕 Giancarlo F. Frosio & Sunimal Mendis, "Monitoring and Filtering: European Reform or Global Trend?", Giancarlo Frosio（ed.）, *Oxford Handbook of Online Intermediary Liability*, New York: Oxford University Press, 2020, p. 556.

〔4〕 董慧娟：《公共领域理论：版权法回归生态和谐之工具》，载《暨南学报（哲学社会科学版）》2013 年第 7 期。

于平台愿意通过这种方式寻求与版权人的合作，借助该系统主动对网络用户上传的内容进行监控过滤，从而规避潜在的诉讼风险。[1]而这也使得在版权算法实施过程为版权人利益和平台利益所共同主导和支配，形式各样的自动化版权保护系统已然成为算法社会中版权人保护版权、平台规避诉讼风险、维护自身利益的强有力"数字杀伤性武器"。[2]以 YouTube 使用的"Content ID"自动化版权保护系统为例：近年来，"Content ID"系统已经逐渐从单纯依靠删除、屏蔽等传统方式进一步扩展为采取将用户内容货币化的方式，以最大限度地实现版权人和平台利益。[3]因为透过用户内容货币化的方式，版权人和平台均能够从用户内容上"分得一杯羹"。同时，这种货币化方式也进一步促成平台和版权人结成利益联盟，直接导致 YouTube 的"Content ID"版权保护系统报告和处理的版权侵权内容急剧增长，从而加剧版权算法执法的过度化。而版权算法执法过度化势必将大幅挤压版权法赋予用户的"合理使用"空间，其合法权益随之被忽视，版权法试图借由合理使用制度来平衡私人利益和公共利益的愿景亦逐渐沦为泡影。

（2）网络服务提供商以技术中立和保密为借口推诿责任。正如前述，目前的版权算法实施更多是由网络服务提供商采取并由机器学习算法模型驱动的私人规制策略。在这一由网络服务提供者直接主导并实际控制的版权算法治理实践中，基于自身的技术优势地位，网络服务提供商实际上享有版权侵权的准执法权乃至于准司法权，掌握着用户"合理使用"的判断权。这实际上在很大程度上褫夺了行政机关在网络版权侵权行为方面的执法权，以及法院对"合理使用"的裁判权。然而，更为紧迫的是，目前网络服务提供商在分享乃至替代相关版权治理的公共机构行使公共权力的同时，却并未遵循国家用于制约现代公共权力所构建的诸如公开、透明、正当程序等基本原则。网络服务提供商对用户上传内容采取的事前版权过滤既在很大程度上剥夺了

---

〔1〕　Henning Grosse Ruse-Khan, "Transition Through Automation", Niklas Bruun et al., *Transition and Coherence in Intellectual Property Law*, *Essays in Honour of Annette Kur*, Cambridge：Cambridge University Press，2020，p. 160.

〔2〕　［美］凯西·奥尼尔：《算法霸权：数学杀伤性武器的威胁》，马青玲译，中信出版社 2018 年版，第 5~7 页。

〔3〕　Henning Grosse Ruse-Khan, "Transition Through Automation", Niklas Bruun et al., *Transition and Coherence in Intellectual Property Law*, *Essays in Honour of Annette Kur*, Cambridge：Cambridge University Press，2020，pp. 160~162.

用户的正当程序权利，也严重限制了公众及时作出合理使用判断的能力。[1]相反，网络服务提供者：一方面，以机器学习算法模型具有的自动性、模糊性特征为由，主张自动化版权系统构成商业秘密，不仅拒绝公开版权自动化算法模型，而且拒绝对版权系统所做出的屏蔽或删除处理进行合理解释；另一方面，以算法模型的客观性和中立性为由，借助算法模型的"数字化"表征来营造客观公正的假象，进而达到推诿本该由其承担的法律责任之目的。[2]

综上所述，当前数字社会逐渐兴起的版权算法实施的治理转型在提升版权执法效率的同时，也面临着公正性、透明性和责任性等方面的现实困境，使得版权算法治理面临正当性赤字。[3]此时，如何设计一套合理的制度规则，既充分发挥自动化版权保护系统提升网络版权治理效率的功能，又抑制其负面影响，以增强版权算法治理的公正性、透明性和责任性成了当前亟待解决的一个重要理论和实践命题。

第三节　版权算法实施的法律规制构造

究其本质，版权算法实施实践所面临的现实困境，为我们深入审视数字时代算法治理转型中存在的问题提供了一扇观察窗口。机器学习算法是版权算法实施的内驱力。因此，意欲化解版权算法实施困境，需要建立一套合理的面向版权算法的法律规制方案。

（一）构建多元主体协同的版权算法复合治理模式

总体而言，在算法规制上，目前形成了两种规制路径：分别是基于个体主义方法论的个体赋权规制路径和基于整体主义方法论的系统规制路径。个体赋权规制路径主张赋予个人诸如算法解释权、删除权、质疑算法决策权，反对算法决策权等一系列权利，并对包括版权算法实施在内的算法自动化决

---

[1]　Maayan Perel & Niva Elkin-Koren, "Accountability in Algorithmic Copyright Enforcement", *Stanford Technology Law Review*, Vol. 19, 2016, pp. 514~516.

[2]　Dan L. Burk, "Algorithmic Fair Use", *The University of Chicago Law Review*, Vol. 86, No. 2, 2019, pp. 301~302.

[3]　Ari Ezra Waldman, "Algorithmic Legitimacy", Woodrow Barfield（ed.）, *The Cambridge Handbook of the Law of Algorithms*, Cambridge：Cambridge University Press, 2021, pp. 107~120.

策进行挑战，以促使算法技术的开发者和应用者提升算法的透明性，增强算法决策的正当性，捍卫算法社会中人的尊严，彰显人的主体性地位。而系统规制路径则倡导苛以算法开发者和应用者一定的算法规制义务，并充分发挥技术专家在算法规制中的重要作用，强调通过算法审核、评估和测试来改进算法系统的性能，进而达到增强算法系统透明性、减少算法决策偏差和歧视之目的。

客观而言，以上两种规制方案在促进算法决策透明度，提升算法决策正当性方面均发挥着各自的功能，但也都存在着一些缺陷。要言之，就个体赋权路径而言：一方面，个体赋权路径旨在彰显个人在算法社会的主体性地位，在强化个体对算法的控制权的同时，也将算法规制责任更多地寄托于个人之上，忽视了个体在面对具体高度复杂性和模糊性的机器学习算法时存在的能力和认知上的局限性。另一方面，在算法治理上，个体赋权路径更多地秉承后端治理策略，更多地端赖于个人对业已作出或者即将作出的算法决策获取解释、提出质疑，以及事后寻求救济等方式来达到算法规制之目的，这种后端治理策略本身具有一定的滞后性。就系统规制路径而言，其缺陷在于：一方面，系统规制路径将算法规制权力整体地赋予算法开发者和应用者以及技术专家，而将那些受到算法决策影响的个体排斥在算法规制活动之外。另一方面，系统规制路径过分高估了算法开发者和应用者开展算法自我规制的动力，以及技术专家开展算法系统评估的专业性和独立性。在缺乏外部持续监督的情形下，由算法开发者和应用者开展的算法自我规制，很容易沦为一种摆设，难以发挥预期的制度功能。

我们认为，在包括版权算法实施在内的算法自动决策规制中，既要防止算法规制的民粹主义，也要防止算法规制的"技术决定论"，应当摒弃一家独占的"单边主义"规制理念和策略，在秉承"维护和实现人的尊严"这一现代科技应用的伦理总纲的基础上，以彰显人的主体性、捍卫人的尊严为根本价值遵循，倡导双向互动、多元主体协同的算法复合治理思路。[1]具体到版权算法实施领域，应当充分发挥多元主体在算法规制中的积极作用，建立融

---

〔1〕 Margot E. Kaminski, "Binary Governance：Lessons from the GDPR's Approach to Algorithmic Accountability", *Southern California Law Review*, Vol. 92, No. 6, 2019, pp. 1529~1616；苏宇：《算法规制的谱系》，载《中国法学》2020 年第 3 期。

贯版权算法系统设计、部署、运行等全过程的法律规制框架体系，形成多元主体协同共治的算法复合治理格局。[1]相较于算法的个体赋权路径和系统规制而言，算法复合治理模式本质上遵循一种融合了公法与私法、硬法与软法的混合治理思路。[2]其优势在于充分认识到了算法自身的复杂性和模糊性，以及算法治理转型对个体和公众利益和认知影响的复杂性和深刻性，尊重并鼓励技术专家、利益相关者、普通公众基于知识、能力、利益和公共关切积极参与版权算法规制，最大限度地发挥不同社会主体在算法规制中的积极性和潜能，以克服上述两种算法规制路径存在的缺陷。

（二）算法版权实施复合治理模式具体制度构造

在明确以"人的尊严"为伦理总纲，建构形成面向版权算法实施的多元协同复合治理模式的基础上，针对当前版权算法实施实践中面临的公正性、透明性和责任性等困境，宜立足版权算法治理过程，构建版权算法开发者、应用者、公共监管机构和用户个人等多元主体共同参与，融贯于版权算法研发、部署运行和决定等诸环节的法律规制框架，以确保版权算法实施在法治框架下展开。

1. 研发阶段：将"合理使用设计"理念融入版权算法设计

合理使用制度是版权法中平衡个人利益与公共利益的重要制度装置。面对数字社会日渐兴起的版权算法实施实践导致的版权人权利扩张、用户地位和基本权利被侵蚀乃至被边缘化的利益失衡状态，作为版权自动化保护系统的设计者，在研发设计过程中宜将"合理使用设计"融入版权算法模型，借由合理使用制度规则植入版权算法保护系统，重塑版权算法实施中多元主体利益的反思均衡状态。所谓"合理使用设计"，是指在版权算法自动化系统中，充分考虑版权法的合理使用规则，并在版权算法保护系统设计时将合理使用规则加以代码化，进而将这一制度规则植入版权算法系统。[3]"合理使用

---

〔1〕 有学者以《算法规定》的制定为背景，从主体维度探讨了构建多元共治的算法治理体系的具体方案。参见张吉豫：《构建多元共治的算法治理体系》，载《法律科学（西北政法大学学报）》2022年第1期。

〔2〕 沈岿：《软硬法混合治理的规范化进路》，载《法学》2021年第3期。

〔3〕 Deirdre K. Mulligan, "Digital Rights Management and Fair Use by Design", *Communications of the ACM*, Vol. 46, No. 4, 2003, pp. 31~33；Niva Elkin-Koren, "Fair Use by Design", *UCLA Law Review*, Vol. 64, 2017, pp. 1082~1100.

设计"理念实则延续了个人隐私保护设计理念。[1]将其植入版权算法模型有助于为在版权算法治理实践中处于弱者地位的网络用户提供网络表达和创作的制度空间。诚然，合理使用制度规则的高度抽象性在客观上使得其在植入过程中面临着抽象价值难以代码化和程序化的现实困难，但是在算法社会兴起的背景下，版权算法治理转型已然成为一种趋势，合理使用设计已成为一种必然。开发此类工具的必要性源于在版权侵权通知自动化场景下实现版权利益的平衡。[2]鉴于此，殊有必要将版权法的合理使用规则加以代码化，以因应版权算法治理转型，否则版权法的"合理使用"制度规则将有可能陷入彻底被悬置的境地。

在"合理使用设计"融入策略和方式上，宜遵循循序渐进，先易后难的原则。具体而言，在明确版权算法保护系统研发者负有"考虑合理使用"义务基础上，先针对诸如版权作品复制行为等相对容易自动化的合理使用行为设定一个较为合理的阈值。而针对视频作品创作中的合理使用行为，版权算法研发者可采取"以技术制约技术"策略，合理利用目前的深度学习算法模型对有关版权法"合理判断"的司法判决案例数据集进行学习，从中发现作品创作中"合理使用"认定的模式和规律，进而形成一套面向数字时代的合理、灵活且具有操作性的版权算法合理使用规则。

2. 部署运行阶段：建立以权利为基础的开放反思型版权算法影响评估制度

版权算法治理存在的过度执法问题对网络用户的表达自由等基本权利构成潜在威胁。为尽可能地减少版权算法实施的潜在风险，增强算法系统的透明性和责任性，宜建立以权利为基础的开放反思型算法影响评估制度。合理的算法影响评估制度旨在向算法系统的应用者苛以算法影响评估义务，引导其自行或委托第三方专业机构对算法系统部署前和运行过程中对公民的隐私、言论和自由等基本权利的潜在风险大小和负面影响程度开展评估，以使得算法系统研究者、使用者乃至社会公众洞悉算法决策对个体和特定群体的潜在负面影响大小和风险程度，并据此决定是否采购、优化及暂缓使用特定的算

---

〔1〕 Info. & Privacy Commissioner Ont. , "Privacy by Design", Avaiable at https://www.ipc.on.ca/privacy/protecting-personal-information/privacy-by-design [https://perma.cc/9YZE-A7PS].

〔2〕 Niva Elkin-Koren, "Fair Use by Design", *UCLA Law Review*, Vol. 64, 2017, p. 1100.

法系统。

考察目前主流的算法影响评估制度实践，总体上可以将其界分为开放反思型和封闭合规型算法影响评估制度类型。[1] 算法影响评估通常被视为是一种典型的反映系统性治理风格的算法治理机制，其制度实践运行过程主要由计算机、信息工程领域的技术专家所掌控。然而，上述关于算法影响评估在整个算法规制工具谱系中的定位失之偏颇，鉴于算法影响评估结果与社会公众存在高度利益相关性，以及其在激活算法解释权和免受算法自动决策权等公民数字权利等方面所发挥的重要制度功能，宜将算法影响评估制度定位为勾连算法治理的赋权规制和系统规制两大方案的重要制度纽带。[2] 据此，笔者认为，在版权算法影响评估制度的建构上，宜致力于建构以权利为基础的开放反思型版权算法影响评估制度。[3]

（1）建立全周期、动态性版权算法影响评估机制。为了契合当前以机器学习为主流的版权算法决策的自学习特征，作为版权算法的研发者和应用者，网络服务提供者要建立覆盖算法部署和运行全过程的全周期性、动态性的版权算法影响评估机制。一方面，网络服务提供者在部署版权算法系统前，需要对拟部署的版权算法系统进行影响评估，进而决定是否采购、部署特定版权算法系统。另一方面，鉴于机器学习算法具有自学习特征，仅仅在部署前对版权算法系统进行静态的、一次性的算法影响评估显然不足以对版权算法的潜在风险和负面影响进行全面、动态的了解和掌握。此时，建立周期性的动态版权算法影响评估机制就显得尤为必要了。

（2）建立版权算法影响评估的告知-评论程序机制。为确保算法影响评估制度实践能够真正回应社会公众和利益相关者的意见，并强化算法影响评估过程的参与性，算法影响评估制度在制度构造上宜效法环境影响评估制度，在算法影响评估程序的"范围界定"和"最终报告形成之前"这两个关键节点分别设置强制性的"告知-评论"程序。评估范围界定是一项兼具科学性和

————————

〔1〕 张恩典：《算法影响评估制度的反思与建构》，载《电子政务》2021 年第 11 期。

〔2〕 E. M. Kaminski & G. Malgieri, "Algorithmic Impact Assessments under the GDPR: Producing Multi-layered Explanations", *International Data Privacy Law*, Vol. 11, No. 2, 2021, pp. 125~144.

〔3〕 Maria Lillà Montagnani, "Virtues and Perils of Algorithmic Enforcement and Content Regulation in the EU- A Toolkit for A Balanced Algorithmic Copyright Enforcement", *Journal of Law, Technology & The Internet*, Vol. 11, No. 1, 2019, pp. 43~46.

民主性的活动，将对社会公众和利益相关者产生直接而重要的影响，透过这一告知-评议程序装置，能够将公众意见引入算法影响评估实践，既能避免技术专家垄断版权算法影响评估范围界定活动，防止其陷入技术统治带来的偏狭之见，又能增强公众对版权算法规制的议程设置的控制权，使得后续的版权算法影响评估活动更具民主性和合理性。

（3）建立版权算法影响评估报告强制披露机制。诚如学者所言，在算法个体赋权算法规制方案中，个体常面临行权困境，这也使得该方案的有效性面临质疑。[1]而版权算法影响评估制度能够在一定程度上纾解这一困局，特别是建立版权算法影响评估报告的强制披露机制，有助于让社会公众和利益相关者知晓、洞察版权算法实施潜在的寒蝉效应的风险程度，并为其行使诸如算法解释权、免受算法自动决策权等数字权利提供行权基础。在算法影响评估报告强制披露上，宜以评估报告全部披露为主，当然在涉及商业秘密等一些特殊情形下允许算法开发者和应用者部分披露评估报告。在评估报告的表达和公布方式上，宜分别以易于被公众理解表述和获取的方式进行。[2]

3. 决定阶段：建构面向版权算法决策的技术性正当程序装置

版权算法实施的黑箱性和自动性特征导致版权算法的过度化，使得传统通知-删除制度中旨在实现版权人、平台和用户三者利益平衡的反通知程序规则被架空，也使得缺乏技术加持的用户在版权算法实施中处于失权状态。虽然目前的版权算法实施是一种私人规制实践，但是这种私人规制在很大程度上分享着公共规制机构的版权治理权力、承载着版权治理的任务和目标，且对公民享有的表达自由等基本权利产生深刻影响。因此，为了控制借助算法技术不断膨胀的网络服务提供者的权力、防止版权治理目标的异化、保障公民基本权利，从正当程序角度，版权算法实施实践应当符合最低限度正当程序要求。基于现代正当程序理念之要求，宜将参与性要求、说明理由要求和中立性要求融入版权算法自动化决策，建构面向版权算法实施的技术性正当程序规则装置，以破解版权算法治理转型中的用户行权困境，使其有机会和能力挑战网络服务提供者基于算法系统所作出的删除、屏蔽决定，改变网络

---

〔1〕 丁晓东：《论算法的法律规制》，载《中国社会科学》2020 年第 12 期。
〔2〕 张恩典：《算法影响评估制度的反思与建构》，载《电子政务》2021 年第 11 期。

用户在版权算法治理实践中的"失语"状态。[1]

（1）建立以算法解释权为中心的技术性正当程序，为用户提供真正有意义的通知和听证机会。具体而言，在版权算法实施场景中，基于参与性和说明理由之正当程序要求，网络服务提供商在应用自动化系统作出不利于用户的屏蔽或删除决定前应当履行告知和说明理由的义务。为落实正当程序要求，保障用户的正当程序权利，宜建立以算法解释权为核心的技术性正当程序规则。一方面，网络服务提供商负有版权算法自动决策的告知义务。网络服务提供商在应用版权算法系统对特定用户上传的作品进行删除和屏蔽之前要通过系统向用户发送通知。另一方面，网络服务提供商负有算法解释义务。基于正当程序要求，在版权算法实施场景中，用户享有要求网络服务提供商提供版权算法自动决策解释的权利，与之对应，作为算法系统应用者的网络服务提供商负有算法解释之义务。算法解释权在实现算法透明性、保障用户权利方面发挥着重要功能。算法透明性包含系统透明和个体透明双重维度，两者在解释重点、时机和实现方式存在差异。围绕系统透明性目标的算法解释聚焦于算法系统本身，主要围绕算法模型的工作原理的解释说明而展开，通常在版权算法自动决策作出之前加以说明，且会采取技术手段来实现算法的解释性。而围绕个体透明性目标的算法解释聚焦于具体的算法决策，重点围绕针对特定个体的具体版权算法自动决策而展开，通常在具体的自动化删除和屏蔽决定作出之后。但是，鉴于两者均会对用户权利产生重要影响，因此不可偏废。具体到版权算法实施场景，为了保证用户能够获得"有意义"的信息，应当建立面向系统和个人的双重解释权构造：亦即事前的系统解释和事后的个体决策解释。相应地，网络服务提供商亦负有双重解释义务。就具体的算法解释义务合规而言，在面向算法系统的解释义务合规层面，网络服务提供商可以选择采取发布年度透明度报告主动向社会披露其所应用的版权算法保护系统的工作原理、优化算法可解释性性能等方式来履行算法解释义务，以增强版权算法系统本身的透明性。在面对个体的算法解释义务合规层面，网络服务提供商应当以简单易懂的方式向特定用户提供具体算法自动删除或屏蔽决定背后的算法技术运行原理的解释说明，特别是要通过解释说明

---

[1] Danielle Keats Citron, "Technological Due Process", *Washington University Law Review*, Vol. 85, No. 6, 2008, p. 1249.

使其"了解影响算法推荐结果的因素及其重要性程度（影响力程度）"，[1]为用户挑战版权算法自动删除或屏蔽决定提供"有意义"的信息。

（2）建立具有相对中立性的版权算法实施争议裁决机制。作为一种版权私人规制实践，目前版权算法实施主体主要包括网络服务提供者和相关的版权服务机构，用户与版权人之间就版权算法实施过程中所产生的版权侵权纠纷亦主要由网络服务提供者和版权服务机构进行处理。诚如学者所言："中立的裁决者被认为是正当程序的核心。中立的仲裁者能够为参与者提供尊严，束缚各方的自由裁量权，有助于识别和避免偏见和错误，最终为决策的准确性和公平性提供信心。缺乏中立仲裁者的方案可能以牺牲合法性为代价获得效率。"[2]当前，由网络服务提供商和版权服务机构主导并充当争议裁决者的做法是一种典型的基于效率价值的制度安排，并在纠纷裁决中偏向版权人。因此，在纠纷裁决的公正性和中立性方面存在严重缺失，不利于用户权利的保护。鉴于此，基于正当程序中立性要求，宜适当改变目前失之偏颇的争议裁决机制，建立健全更具中立性和公正性的争议裁决机制。具体而言：一方面，为化解版权算法实施中的海量纠纷，宜建"立人工智能+人工审查"的纠纷裁决机制，既充分发挥智能机器人在在线版权纠纷解决中的功能，以缓解海量版权纠纷带来的压力，又通过引入人工审查机制，确保在线版权侵权纠纷能够有机会获得人工审查，从而提升版权纠纷解决的公正性。我国的"字节跳动"在内容审查流程中建立的"机器审查+多人合议+异议复审"的多阶复合纠纷解决程序机制便是有机融合人工智能审查和人工审查、努力平衡效率和公平价值的重要制度实践。[3]另一方面，可以考虑在公司内部建立一个相对独立的机构专门负责处理在线版权纠纷。为了确保这个机构具有相对独立性，该机构在设置上应体现专业性、多元性和开放性，具体成员包括版权领域的法律专家、技术专家、产业界以及相当比例的网络用户和社会组织代表等，制定和公布在线版权纠纷裁决工作规则，定期向社会发布版权纠纷解

---

〔1〕　苏宇：《优化算法可解释性及透明度义务之诠释与展开》，载《法律科学（西北政法大学学报）》2022年第1期。

〔2〕　Margot E. Kaminski & Jennifer M. Urban, "The Right to Contest AI", *Columbia Law Review*, Vol, 121, No. 7, 2021, p. 2038.

〔3〕　张吉豫：《智能社会法律的算法实施及其规制的法理基础——以著作权领域在线内容分享平台的自动侵权检测为例》，载《法制与社会发展》2019年第6期。

决透明性报告，并接受版权监管机构和社会公众监督。

本章小结

诚如学者所言："技术是所有'实现目的的手段'的总体，既包括给予物理现象的技术，也包括基于非物理现象的技术。"[1]在智能社会背景下，机器学习算法技术业已然成为网络服务提供者用以保护版权人权利、提升版权治理绩效的重要"目的性系统"（purposed systems）。版权领域算法实施的具体实践为我们考察现代社会正在经历的算法治理转型实践提供了颇具代表性的实践样本，透过对当前版权算法实践样态的类型化考察，及对其面临困境的分析，我们得以更深入地洞悉渗透进公私领域的算法治理转型背后所潜藏和隐约呈现出的合法性危机。缓解算法治理转型的合法性危机无疑是身处智能社会中的当代法律人不得不面对的艰巨而繁重的历史使命！我们认为，重申人的主体性地位、将人的尊严作为法律和技术应用的伦理总纲应当成为我们思索包括版权算法实施在内的算法治理转型实践、探索建构算法治理法律规制方案的逻辑起点。希冀本书所倡导的多元社会主体协同的版权算法复合治理模式及其制度构造能够对重建算法治理转型合法性有所助益。

---

[1] [美]布莱恩·阿瑟：《技术的本质：技术是什么，它是如何进化的》，曹东溟、王健译，浙江人民出版社2014年版，第59页。

第八章

人脸识别技术公共应用的法律规制研究

近年来，伴随着神经网络深度学习算法的发展，人脸识别技术的准确性得到大幅提升，由此带来了人脸识别技术在商业和公共领域日益广泛的应用。刚刚经历的肆虐全球的新冠疫情更是加速了人脸识别技术落地应用的进程。然而，随着人脸识别技术应用场景的不断增多，这一"黑科技"所引发的社会争议也逐渐增多。在一些国家和地区甚至引发了对公私部门的人脸识别技术应用的争讼和抗议。在英国，公民对警务部门在执法过程中应用人脸识别技术的做法提起诉讼。[1]在美国，一些州政府部门应用人脸识别技术引发了民众的强烈抵制。[2]在我国，法律学者郭兵对动物园"强制"刷脸的行为提起诉讼。[3]社会各界要求对人脸识别技术进行严格规制甚至全面禁止的呼声日渐增多，而这都源于民众对人脸识别技术潜藏风险的忧虑。

面对人脸识别技术的不断发展及其广泛应用引发的各种风险，殊有必要探索人脸识别技术的法律规制方案。目前，关于人脸识别的研究更多地集中在技术领域，法学视角的人脸识别研究较少。法学领域的人脸识别法律规制研究主要集中于以下两个方面：一是以译介国外人脸识别规制法律和政策文

---

〔1〕 See R（Bridges）v The Chief Constable of South Wales Police-Court of Appeal-〔2020〕EWCA Civ 1058.

〔2〕 See Antoaneta Roussi, *Resisting The Rise of Facial Recognition*, 587 Nature, Vol. 587, 350~351（2020）.

〔3〕 相关判决，参见浙江省杭州市富阳区人民法院〔2020〕浙 0111 民初 6971 号民事判决。

本内容为主；[1]二是以人脸识别第一案为契机，集中探讨商业领域个人生物特征识别信息的法律保护问题。[2]客观而言，上述研究对于丰富我国人脸识别技术法律规制的研究、完善法律制度文本无疑具有重要的理论和现实意义。上述研究进路的缺陷在于：一是研究的针对性有待强化。人脸虽然也属于生物特征识别信息，但是与指纹等其他生物特征识别信息存在明显差异，殊有必要针对人脸识别技术应用的法律规制展开专题研究。二是研究视野亟待拓展。诚如学者所言："人脸识别技术并非旨在应用于私人领域的设备，而是明确地用作公共领域的设备。"[3]然而，目前学者的相关研究更多地聚焦于商业领域人脸识别应用的法律规制议题，而对公共治理领域人脸识别技术应用的风险及其法律规制方案缺乏足够的关注，相关理论研究和制度建构已然滞后于目前人脸识别技术在我国公共治理领域的普及和蔓延速度。[4]相较于商业领域而言，公共治理领域的人脸识别技术应用所引发的公民自由和权利方面的问题同样不容忽视，甚至更为紧迫。鉴于此，本书聚焦于公共治理领域人脸识别技术应用，在分析其对公民基本权利产生的潜在风险基础上，梳理美国相关州市、欧盟和英国等地区近年来在人脸识别技术公共应用法律规制方面的立法和实践，抽象凝练出法律规制模式并加以比较，进而建构我国人脸识别技术公共应用协同治理型法律规制方案。

---

〔1〕 邢会强：《人脸识别的法律规制》，载《比较法研究》2020 年第 5 期；洪延青：《人脸识别技术的法律规制研究初探》，载《中国信息安全》2019 年第 8 期；闫晓丽：《美国对人脸识别技术的法律规制及启示》，载《信息安全与通信保密》2020 年第 11 期。

〔2〕 付微明：《个人生物识别信息的法律保护模式与中国选择》，载《华东政法大学学报》2019 年第 6 期；冉克平：《论个人生物识别信息及其法律保护》，载《社会科学辑刊》2020 年第 6 期；商希雪：《生物特征识别信息商业应用的中国立场与制度进路——鉴于欧美法律模式的比较评价》，载《江西社会科学》2020 年第 2 期；陆海娜、赵赓：《个人生物识别信息商业利用的法律规制：美国州立法经验的比较与反思》，载《人权研究》2021 年第 2 期；刘佳明：《人脸识别技术正当性和必要性的质疑》，载《大连理工大学学报（社会科学版）》2021 年第 6 期。

〔3〕 ［英］伊恩·伯尔勒：《人脸识别：看得见的隐私》，赵精武、唐林垚译，周瑞钰、孙光亮校，上海人民出版社 2022 年版，第 83 页。

〔4〕 值得一提的是，目前亦有一些学者开始关注公共治理场景中人脸识别技术应用的法律规制议题。参见张涛：《人脸识别技术在政府治理中的应用风险及其法律控制》，载《河南社会科学》2021 年第 10 期；袁泉：《公共空间应用人脸识别的法理逻辑与制度建构》，载《北方法学》2022 年第 1 期。

第一节　人脸识别技术公共应用对基市权利的侵蚀

人脸识别技术是基于人的面部特征信息而对人的身份进行识别的一种生物特征识别技术。以深度学习算法为引擎，以人脸特征数据为动力的人脸识别技术正推动着一场深刻的"认证革命"。[1]当前，以警务部门为代表的政府机构基于维护公共利益和提高公共治理效率的双重考量，在日常公共治理中广泛应用人脸识别技术。

（一）人脸识别技术三大应用模式

基于应用场景和功能差异，人脸识别技术包含三大应用模式，分别是以验证为目的、以识别为目的和以分类为目的的应用模式。[2]以验证为目的的应用模式是将特定个体的人脸与数据库中的人脸信息进行比对，以验证特定个体的身份是否匹配，进而验证个人身份的真实性。以识别为目的的应用模式是在已经收集到的海量人脸数据库中搜索到与特定列表中的特定个体相匹配的人脸图像。以分类为目的的应用模式是根据个人的脸部特征对人的年龄、性别、种族、性格、情绪乃至政治观点等进行预测。

目前，人脸识别技术的验证模式和识别模式在公共治理场景中被日渐广泛地应用。人脸识别技术的验证模式在公共治理领域中的运用包括社保资格验证、国家出入境身份验证等。在社保资格认证方面，近年来，深圳市社保部门采用人脸识别技术为退休人员提供养老金领域资格"刷脸"在线认证服务。[3]人脸识别技术的识别模式在公共治理领域中的应用包括反恐和公共安全、失踪人口寻找等领域。为了预防恐怖袭击和打击刑事犯罪活动，世界各地警方在反恐活动中都广泛运用人脸识别技术，以发现恐怖分子和犯罪分子。相形之下，人脸识别技术的分类应用模式在当前的公共治理领域虽相对较少，但伴随着情感计算技术的发展，其应用领域和场景呈现上升趋势。据报道：

---

〔1〕　胡凌：《刷脸：身份制度、个人信息与法律规制》，载《法学家》2021年第2期。

〔2〕　关于人脸识别技术应用模式的上述三元分类，See EU Agency for Fundamental Rights, "Facial Recognition Technology: Fundamental Rights Considerations in the Context of Law Enforcement", 2019, Avaiable at https://fra.europa.eu/sites/default/files/fra_uploads/fra-2019-facial-recognition-technology-focus-paper.pdf.

〔3〕　徐恬：《深圳养老金领取资格认证"刷脸"就行啦!》，载 http://www.sznews.com/banking/content/2017-05/12/content_16207668.htm，最后访问日期：2022年4月25日。

阿尔法鹰眼人工智能科技公司正在开发"人脸+情绪识别技术"的公共安全预警系统，该人脸识别系统通过人脸分析情绪和心理状态，进而筛选出抱有恶意等负面情绪的可疑人员。目前该系统已在国内一些机场和地铁站部署测试。[1]总体上，人脸识别技术的三种模式在公共治理实践中的应用潜藏着多种社会风险，并引发了社会公众不同程度的忧虑。

（二）人脸识别技术公共应用给公民基本权利带来的风险

伴随着人脸识别技术在公共治理场景中被日渐广泛地应用，其对个人基本权利造成的侵害风险也逐渐显现出来。美国学者凯特·克劳福德在国际权威期刊《自然》上发文，呼吁政府暂停使用人脸识别技术。[2]下面，笔者将从基本权利角度来分析人脸识别技术公共应用对公民所享有的隐私权、言论自由权利、集会结社权利和平等权等一系列宪法所规定的公民基本权利的侵蚀。

1. 对公民隐私权的侵蚀

个人隐私是彰显人的尊严、维护和实现个人的独特性和人格完整性的基本要素，是现代文明社会人之所以为人的重要表征。伦理学家摩尔在谈及隐私权在现代文明中的地位时便指出："人拥有受到保护的基本权利，从计算机文化的视角来看，其中包括隐私保护。"[3]隐私权作为人格权的重要组成部分，是现代社会中公民所享有的一项基本权利，得到世界各国宪法的确认和保障。我们享有隐私权就意味着，我们有权免于无端的监控行为或是不加选择的无差别监视行为，包括探听行为、窥探行为、秘密监控行为。[4]然而，在人工智能时代，个人隐私正面临前所未有的挑战和危机，在众多的隐私侵犯要素中，首当其冲的便是来自各种传感设备和生物信息识别技术的直接监视。[5]其中，最为典型的便是人脸识别技术。人脸是高度敏感的生物特征信息，借助于人脸识别技术对个人脸部特征的提取、分析、比对和识别，既能够精准识别个人的身份，还可能进一步对个人的行踪进行持续追踪和预测，

---

〔1〕 荔枝：《生物识别3.0时代，阿尔法鹰眼想用"情感计算"布局智慧安全》，载 https://36kr.com/p/1721484935169，最后访问日期：2022年4月25日。

〔2〕 Kate Crawford, "How to Regulate Facial-Recognition Technology", *Nature*, Vol. 572, 2019, p. 565.

〔3〕 James Moor, "Towards A Theory of Privacy in the Information Age", *Computers and Society*, Vol. 27, No. 3, 1997, p. 29.

〔4〕 ［美］W. A. 帕伦特：《隐私的一种新界定》，杨雅卉译，载张民安主编：《隐私权的界定》，中山大学出版社2017年版，第250页。

〔5〕 郑志峰：《人工智能时代的隐私保护》，载《法律科学（西北政法大学学报）》2019年第2期。

这将不可避免地引发个人强烈的隐私担忧。

在以身份验证为目的的人脸识别技术应用中，人脸信息发挥着验证核实身份的作用，能够便捷、高效和准确地验证个人的身份，但同时亦潜藏着巨大的隐私泄露风险。例如，当将人脸信息作为密码或资格验证时，个人人脸信息一旦泄露便有可能会带来关联的身份信息、账户信息、行踪信息等隐私信息的暴露。

以识别为目的的人脸识别技术在公共治理领域特别是在维护公共安全、打击犯罪和反恐活动中的应用更为广泛。诚然，人脸识别在上述领域的广泛应用确实在一定程度上提高了公共治理的效率和精准性，但我们也应当看到，这种效率的提升却是以普通公民的大规模、持续性受监控为代价的。伴随着以深度学习算法为核心的人脸识别技术的公共应用场景的不断拓展延伸，一种令人生畏的大规模、自动化监控体系正在逐渐建立。正如美国公民自由联盟所强调的那样，最令人担忧的是，原本这项技术仅仅是"收集和存储信息以备不时之需，现在却逐渐转变为主动对人们进行监视，且通常为实时监视"。此时，个人隐私将面临前所未有之危机。

按照美国法律学者普罗瑟教授主张的传统公共场所无隐私规则，隐私权是个人在私人空间方才享有的一种权利，当其将自身自愿暴露于公共场所之中时，法律便没有给予其隐私保护的必要了。"根据当前流行的法律观点，如果你处于公共场所的话，你就将自己暴露于所有其他人，那么你在公共场所所说的话或者所做的事都不属于隐私信息了。"[1]根据该理论，人脸作为一种生物特征信息，频繁公开暴露于公共场所，因此已经失去了隐私权保护之必要。这一理论无疑为人脸识别技术在公共场所和公共治理领域的扩张提供了理论支撑。诚如美国法律学者海伦所言："一般情况下，公民不享有公共场所隐私权——传统的隐私权理论并没有随着信息科技的发展而产生相应的变化，因此，它无法解决在信息时代新出现的隐私权问题。"[2]相反，如果这一理论

---

〔1〕〔美〕海迪·雷默·安德森：《公共场所无隐私规则的正当性》，载张民安主编：《公共场所隐私权研究——公共场所隐私权理论的产生、发展、确立、争议和具体适用》，中山大学出版社2016年版，第246页。

〔2〕〔美〕海伦·尼森鲍姆：《信息时代的公共场所隐私权》，凌玲译，载张民安主编：《公共场所隐私权研究——公共场所隐私权理论的产生、发展、确立、争议和具体适用》，中山大学出版社2016年版，第61~62页。

在实践中仍被广泛适用的话，无疑将进一步加剧和助长对公民隐私的侵犯。从这个意义上而言，传统的公共场所无隐私规则在人工智能时代已经显得有些不合时宜了。随着现代科技的发展，政府可资利用的监控手段不断增多，并对公民隐私构成严重威胁。美国联邦最高法院在"Katz v. United States 案"中确立的合理隐私期待理论改变了公共场所无隐私这一陈旧观念和规则，判决认定"公共场所有隐私"。[1]虽然人们是公开自愿地暴露于公共场所，即便如此，"我们也希望隐私权能够起到保护公民自主性的作用"。然而，"当技术赋予政府永远保持警惕和怀疑的眼睛时，公民的自主性的界限已经被政府部分破坏了，取而代之的是利维坦式的景象"。[2]现代社会大规模的监控技术在公共场所的广泛应用让人们的身份、行为和行踪处于政府的密切监视之中，并对公民日常公共和私人生活产生严重侵扰，催生出了公民在公众场所匿名的强烈要求，这种匿名的要求演化为公共场所的匿名权。著名隐私法学者彼得·威斯汀将匿名权描述为一种"隐私权的状态"。

公众场所匿名权的功能在于，"确保了公民在公共场所不留名，与普罗大众混为一体，只有当公民的行为或者言语引起政府执法人员特别注意的时候，公民才会丧失匿名权的保护"。[3]然而，以深度学习算法为基础的人脸识别技术通过对暴露于公共场所的公民的脸部特征信息进行采集、分析、比对和识别，能够很容易地识别出个人的身份，并对公民在公众场所的行为进行大规模的、持续性的监控，从而打破了个人的匿名状态。这无疑将打破公民对其在公共场所隐私的合理期待。

2. 人脸识别技术会侵蚀公民言论和集会自由

言论和集会自由是现代民主政治的基石，是保障公民参与公共事务和政治过程的重要制度保证。我国《宪法》第 35 条规定公民享有言论、集会自由等基本权利。公民言论自由和集会自由权利的行使在很大程度上依赖于其在

---

〔1〕 ［美］克里斯托弗·斯洛博金：《公共场所隐私权：公共场所的监控与公民所享有的匿名权》，载张民安主编：《公共场所隐私权研究——公共场所隐私权理论的产生、发展、确立、争议和具体适用》，中山大学出版社 2016 年版，第 290 页。

〔2〕 Lee Tien, "Who's Afraid of Anonymous Speech: McIntyre and the Internet", *Oregon Law Review*, Vol. 75, 1996, p. 120.

〔3〕 ［美］克里斯托弗·斯洛博金：《公共场所隐私权：公共场所的监控与公民所享有的匿名权》，载张民安主编：《公共场所隐私权研究——公共场所隐私权理论的产生、发展、确立、争议和具体适用》，中山大学出版社 2016 年版，第 276 页。

公共场所的匿名。人脸识别技术在公共场所的部署能够识别特定主体的身份，打破公民在公共场所的匿名状态，这将会引发寒蝉效应。

"众所周知，正常的行走或者散步或者徘徊都是生活中令人愉快的事情。这些令人愉快的事情能够让人拥有独立、自信和富有创造力的感觉。这些令人愉快的事情能够让提出异议的权利变得高贵，让打破传统和藐视权威的权利受到赞扬。它们鼓励公民过上高质量的生活而不是墨守成规的寂静生活。"[1]试想一下，当个人置身于人脸识别技术的大规模监视和持续追踪之下时，人们将难以像无监视状态下那般泰然自若，在设置有人脸识别装置的地方发表言论和集会。人们甚至有可能为了避免被人脸识别装置识别而选择不去安装有人脸识别装置的场所参加大型集会或者选择佩戴面部遮挡物参加大型集会。人脸识别技术对公民身份的识别和对行为的监控，将不可避免地对受监控主体的行为产生规训作用。那些"知道自己受到政府监控的公民会表现得更加小心翼翼和传统，缺乏自主性和个性；公民不再在大街上做出'主流以外的行为'，不再质疑可疑的官方解释，不再表现得与众不同——尽管是无害的与众不同，这些行为都会消失，也有可能是被官方打压而消失"。[2]人脸识别技术强大的识别和监控能力对公民产生的规训作用和抑制性影响显而易见，这在以识别为目的的人脸识别技术应用中表现得更为显著。以识别为目的的人脸识别技术不仅能够对人的身份进行识别，而且能够在此基础上对人进行持续的大规模监控。在人脸识别的大规模、持续性识别和监控之下，人们将变得越来越顺从，从而不敢作出个性化的行为。

许多研究表明："当人民察觉受到监视时，他们的行为将变得更加墨守成规。"[3]近年来，在我国文明城市建设过程中，一些城市管理部门利用人脸识别技术来监控和曝光市民在公共场所的衣着不文明行为，并引发了社会广泛争议。对于这种公民在公共场所的衣着表达行为是否受到宪法言论自由权利

〔1〕〔美〕克里斯托弗·斯洛博金：《公共场所隐私权：公共场所的监控与公民所享有的匿名权》，载张民安主编：《公共场所隐私权研究——公共场所隐私权理论的产生、发展、确立、争议和具体适用》，中山大学出版社2016年版，第278页。

〔2〕〔美〕克里斯托弗·斯洛博金：《公共场所隐私权：公共场所的监控与公民所享有的匿名权》，载张民安主编：《公共场所隐私权研究——公共场所隐私权理论的产生、发展、确立、争议和具体适用》，中山大学出版社2016年版，第282页。

〔3〕〔德〕克劳斯·施瓦布：《第四次工业革命：转型的力量》，李菁译，中信出版社2016年版，第105页。

的保护仍有争论。美国联邦最高法院在"City of Dallas v. Stanglin 案"中认为："我们可以从公民的每一个行为找到该公民想要表达的核心思想——比如在街上闲逛、在超市里遇到朋友，但是这种表达核心不足以让该行为受到《美国联邦宪法第一修正案》的保护。"在该案中，美国联邦最高法院认为，在公共场所的闲逛聊天行为并不受言论自由权利之保护。我们应该看到："在缺乏自我呈现的可能性的情况下，我们为了遵从单一身份的虚假理想而装腔作势，以避免冲突和社会排斥，沦为多元社会中被接受但归于消沉的一员。"〔1〕可以预见，长此以往，在人脸识别的持续监控和识别下，个人的言论、行为和集会都将变得谨小慎微，一些特立独行者也将变得更加从众，而社会也将逐渐失去活力和创造力。

更为重要的是，公共机构利用人脸识别技术对民众的持续性监视将严重侵蚀公众对其的信任。诚如学者所言："隐私权与尊重、爱、友谊和信任的概念紧密相连"，"一个人不可能知道自己受到信任，除非他享有在不受到持续性监视的情况下行为的权利，从而使他自己可以背叛这种信任。而隐私权正是赋予了我们这种必要的权利"。〔2〕人与人之间信任关系的建立和维系需要"存在一种让受信任的人可以犯错的可能性"。然而，在智慧社会中，人脸识别技术在公共治理场景中被广泛应用，尤其是被用于对民众进行大规模持续性的监视，无疑是对信任的一种否定，在侵犯民众隐私权的同时，也将消解人们对公共机构的信任。

值得特别指出的是，斯坦福大学研究者发表在《自然》上的一项最新研究报告显示：目前人脸识别技术已经能够通过对人脸特征的分析识别来预测和判断其政治倾向，其准确性高达72%。〔3〕该项研究发现：除了年龄、性别和种族外，区分政治立场最主要的面部特征是人们的头部朝向和面部表情。"自由主义者更倾向于直视镜头，常做出惊讶而非厌恶的表情，他们的微笑更热情、更真诚；保守主义者的皮肤状态更好，因为他们的生活方式更健

---

〔1〕 ［荷］玛农·奥斯特芬：《数据的边界：隐私与个人数据保护》，曹博译，上海人民出版社2020年版，第46页。

〔2〕 ［美］查尔斯·弗莱德：《论隐私权》，廖嘉娴译，载张民安主编：《隐私权的界定》，中山大学出版社2017年版，第100~101页。

〔3〕 Michal Kosinski, "Facial Recognition Technology Can Expose Political Orientation from Naturalistic Facial Images", *Nature*, Vol. 11, 2021, p. 101.

康。"[1]我们可以预测，如果对人脸识别技术不加节制，相关机构或人员很有可能会利用人脸识别技术判断公民的政治立场，进而为影响乃至操纵政治过程提供可能。这意味着，未来的人脸识别技术将深度影响公民的言论和集会自由，并深刻影响乃至操纵民主政治过程。

3. 人脸识别技术潜藏歧视会侵蚀公民平等权

平等权是公民享有的一项基本权利，平等意味着不同性别、种族、肤色、年龄、信仰的个体在法律上被平等对待，任何组织和个人均不能基于上述因素而对特定个体给予不合理的区别对待。

"平等推动力所凭借的，正是人们对于公民行为的不甚了解"，在很大程度上，"社会的某种不透明是所有公民团结起来相互理解而追寻个体责任的前提条件"。[2]然而，在人工智能时代，人脸识别技术能够在拍摄、提取、分析、比对基础上对个人身份进行识别，并对个人的行为进行持续性的跟踪监控。人脸识别技术正在形塑一个监控社会。在这个监控社会中，个人将变成"透明人"，而此时作为平等和团结之前提条件的社会不透明性将不复存在，旨在确保社会平等公正的"无知之幕"将被刺破。特别是当公私机构透过人脸识别技术对个人的性格、情绪、健康评估、行为偏好等进行识别、判断和分析，并在此基础上对个人进行分类，亦即由身份识别拓展到识别分析时，由此所导致的平等危机和歧视风险更甚。[3]

当前，人脸识别技术在公共治理领域中的广泛应用，引发了社会民众对于种族歧视、性别歧视等问题的关注和担忧。[4]诚然，人脸识别技术的广泛应用得益于深度学习算法模型的优化，但是当前基于机器学习算法模型的人脸识别技术在欧美地区的国家警务中的应用情况存在以下突出问题：首先是误识率过高。英国科尔切斯特埃塞克斯大学的研究人员测试了伦敦市警察局使用的一种人脸识别技术的准确性，结果发现在 42 个序列中，只有 8 个匹配

---

[1]　Michal Kosinski, "Facial Recognition Technology Can Expose Political Orientation from Naturalistic Facial Images", *Nature*, Vol. 11, p. 103, 2021.

[2]　[德] 克里斯多夫·库克里克：《微粒社会：数字化时代的社会模式》，黄昆、夏柯译，中信出版社 2017 年版，第 27 页。

[3]　韩旭至：《刷脸的法律治理：由身份识别到识别分析》，载《东方法学》2021 年第 5 期。

[4]　张恩典：《反算法歧视：理论反思与制度建构》，载《华中科技大学学报（社会科学版）》2020 年第 5 期。

正确，错误率接近 81%。其次是不同种族、性别之间误识率存在显著差别。2018 年，美国公民自由联盟使用亚马逊的人脸识别系统，扫描了 535 位美国国会议员的面部照片，结果竟有 28 人被识别成了罪犯，其中有色人种的误识率接近 40%。[1] 相较而言，更为令人担忧的是人脸识别技术在黑人和女性群体中畸高的误识率。乔伊·布拉姆维尼开展的一项对算法歧视的调查研究表明：包括 IBM、微软和中国厂商旷视科技开发的人脸识别系统根据性别给人分类。其中，深肤色女性是最容易出错的群体，错误率高达 34.7%，而浅肤色男性的出错率却不及 1%。[2] 人脸识别技术在警务活动中过高的错误率和误识率在不同种族性别间显著的差异性分布，是当今世界范围内人脸识别应用算法歧视的突出表现。而人脸识别应用中的识别错误和歧视主要源于以下几个方面：

（1）用于人脸识别算法模型的训练数据质量低下。人脸识别算法开发者所采集的用于算法模型的训练数据集中不乏来自网络的质量较低的照片、图像或视频，这些含有人脸图像的数据质量参差不齐，对算法模型的精准性造成了负面影响。同时，人脸识别技术拍摄提取的含有人脸特征的图像和视频容易受到遮挡物、背景、方位、光线、年龄、肤色和皮肤状况等诸多因素的影响，进而影响到识别错误率。

（2）算法工程师在人脸识别算法模型的开发中用于训练的数据代表性不足或过多。在人脸识别领域，算法工程师在人脸识别算法模型的训练中所应用的人脸数据更多地来自成年白人，这导致以此为原料喂食的算法在识别有色人种和女性时错误率畸高。新西兰护照机构使用了一个自动系统来检查护照照片。该系统经常拒绝亚裔申请人，声称由于照片显示他们闭着眼睛，所以其照片无效。这再次说明，偏见的自动决策是最初数据收集缺陷的直接结果：由于该系统主要建立在非亚裔测试对象的训练数据之上。[3]

---

[1]　Diamond Naga Siu, "Amazon's Face-ID Tool Can't Even Identify Members of Congress Correctly", ACLU Finds, Avaiable at https://mashable.com/2018/07/26/amazon-rekognition-aclu-misidentify-congress-members, Jul 26, 2018, Last Visited 2021-3-25.

[2]　Gender Shades, "Intersectional Accuracy Disparities in Commercial Gender Classification", *Proceedings of Machine Learning Research*, Vol. 81, 2018, pp. 1~15.

[3]　[德] 亚历山大·蒂斯比克：《人工智能与歧视：对歧视性系统的歧视》，韩至旭译，载 [德] 托马斯·威斯迈耶、[德] 蒂莫·拉德马赫编：《人工智能与法律的对话》，韩旭至等译，韩旭至、陈吉栋校，上海人民出版社 2020 年版，第 116 页。

（3）人脸识别算法模型参数阈值设置不合理。"人脸识别技术的算法永远不能提供一个确定的结果，而只能提供两张脸属于同一个人的概率。"[1]人脸识别技术误识率的高低在一定程度上取决于算法工程师在人脸识别算法模型的训练中所设定的阈值，设定的阈值越高，意味着误识率越低，但是同时也会带来验证通过率的降低。人脸识别算法基于人的脸部特征而将来自特定群体的个人频繁地、持续地暴露在监视和盘查之中，显然是对有色人种和女性的歧视。

客观而言，人脸识别技术的高错误率和歧视问题使那些无辜的有色人种和女性因为其肤色和性别而受到了来自警察的不合理盘查，其个人尊严因此受到贬损，这对于他们而言显然是不公平的。由此可见，人脸识别技术对公民的平等权构成严重威胁，在客观上进一步加剧了有色人种、女性社会地位和境遇的恶化。

当前，人脸识别技术在公共治理场景中被日渐广泛地应用所导致的公民隐私权、言论与集会自由以及平等权等一系列基本权利的威胁与侵蚀，引发了欧美国家公民的担忧和抗议。在人们对人脸识别技术的抗议声浪之下，人脸识别技术的开发者和应用者也对人脸识别技术研发、部署和利用行为作出了调整。在人脸识别技术开发者方面。2019年，全球最大的警用摄像头供应商企业Axon宣布将不在其任何产品中部署人脸识别技术。其给出的理由是：因为人脸识别技术对于执法工作而言过于不可靠，并且"可能加剧治安方面的不平等，例如，该技术可能使黑人或LGBTQ社区处于不利地位"。[2]在人脸识别技术应用者方面，美国旧金山、萨默维尔、奥克兰等城市先后通过法案，对人脸识别技术的公共应用加以禁止或限制。

第二节　人脸识别技术公共应用法律规制模式之比较考察

面对由政府机构对人脸识别技术的公共应用导致的基本权利侵蚀，域外一些国家和地区的立法机构已经相继草拟或出台了人脸识别技术规制法案和

---

〔1〕　Michael O'Flaherty, "Facial Recognition Technology and Fundamental Rights", *European Data Protection Law Review*, Vol. 6, 2020, p. 172.

〔2〕　Kate Crawford, "Regulate Facial-Recognition Technology", *Nature*, Vol. 572, 2019, p. 565.

指南，以规制人脸识别技术的公共应用行为，防范技术滥用。这些法案和指南反映出了不同国家和地区人脸识别技术公共应用法律规制理念和制度的差异，颇具代表性，对探索和建构我国人脸识别技术公共应用法律规制方案颇具参考价值。鉴于此，本书将基于近年来域外国家和地区出台的人脸识别技术公共应用的规制文本之考察分析，总结凝练出人脸识别技术公共应用法律规制的两大模式，即单一禁止模式和混合规制模式，并从规制立场、理念和工具三方面加以比较分析。

（一）人脸识别公共应用法律规制模式之梳理：在全面禁止与灵活规制之间

1. 单一禁止模式

所谓全面禁止模式，是指对政府机构应用人脸识别技术予以全面禁止。目前，全面禁止模式以美国的旧金山市和萨默维尔市为代表。2019 年 5 月，美国旧金山市出台《反监控条例》，规定政府机构禁止使用人脸识别监控技术。[1]该法案规定，任何部门获取、保留、访问或使用任何人脸识别技术或从人脸识别技术获得的任何信息都是非法的。[2]无独有偶，2019 年 6 月，美国萨默维尔市颁布的《禁止人脸识别技术条例》对政府机构运用人脸识别监控技术采取全面禁止的立场。[3]2018 年 4 月，奥克兰市议会通过了《监视与社区安全条例》，并于 2019 年 6 月通过了条例补充规定，全面禁止政府及其工作人员获取、保留、请求、访问或使用实时人脸识别技术。

全面禁止模式对人脸识别技术的公共应用采取一刀切的全面禁止立场，主要是基于对人脸识别技术给公民基本权利造成不利影响的严重担忧。

2. 混合规制模式

与全面禁止这一单一规制模式不同，一些地区针对人脸识别技术的应用模式和场景的差异，采取了更为灵活的备案、批准、禁止等多种规制方式相结合的混合规制模式。目前，采取这种混合规制模式的典型代表是美国的华盛顿州、欧盟和英国。

（1）美国州市经验。以美国华盛顿州为例。2020 年 3 月，华盛顿州参众两院表决通过《关于规范使用人脸识别服务的法案》（第 6280SB 号法案），

---

〔1〕 Acquisition of Surveillance Technology.

〔2〕 Ban On Facial Recognition Technology.

〔3〕 Banning the Usage of Facial Technology Surveillance in Somerville.

该法案集中体现了人脸识别公共应用的混合规制模式。

首先，该法案通过正反两方面界定了政府机构应用人脸识别技术的类型和场景：一方面，该法案从正面界定了政府机构可以应用人脸识别技术的类型和场景。该法案新增条款第 1 条（2）款规定："州级及地方政府可出于保护公共安全的目的，使用人脸识别服务定位或鉴别失踪人员，鉴别死亡人员，包括失踪或被谋杀的印第安人女性、安珀警报和银色警报的主体，以及其他可能的犯罪受害者。"另一方面，该法案从反面界定了禁止政府机构应用人脸识别技术的领域和类型，明确禁止利用人脸识别技术进行持续监视、实时或近似实时鉴别或持续追踪。

其次，针对不同场景和类型的人脸识别公共应用采取差异化规制策略。一方面，对于将人脸识别应用于找寻死亡和失踪人员场景采取备案制，即要求拟应用人脸识别的政府机构主动提交意向告知、履行备案义务，并按要求准备并提交责任报告。另一方面，对基于个人的宗教信仰、政治或社会观点、种族、年龄、肤色、国籍等受保护特征进行人脸识别服务予以明确禁止；针对将人脸识别技术应用于持续监视、跟踪、实时或近似实时监视进行原则性禁止，规定在获得委任状或法院批准的情况下可以采取人脸识别技术进行持续监视、跟踪、实时或近似实时监视。这是一种典型的批准制。

（2）欧盟经验。基于人脸识别技术公共应用将导致公民基本权利受到潜在侵害之忧虑，欧盟对其总体上持谨慎态度。2021 年 4 月，欧盟委员会发布的《人工智能法案》对以人脸识别技术为典型代表的远程生物识别技术进行了规制。《人工智能法案》第 5 条第 1 款第（d）项"一般性"禁止"实时"远程生物特征识别系统在执法中被使用，并列举了执法场景中能够使用"实时"远程生物特征识别系统的三种特殊情形：①有针对性地寻找犯罪的特定潜在受害者，包括失踪儿童；②防止对自然人的生命或人身安全或恐怖袭击的具体、实质性和紧迫威胁；③对根据成员国法律可处以至少 3 年的监禁或拘留令的犯罪行为人或犯罪嫌疑人进行侦查、定位、识别或起诉。[1]同时，《人工智能法案》第 5 条第 2 款规定，执法机关在应用人脸识别技术时应充分考虑应用人脸识别技术对所有相关人员的基本权利的潜在影响，并要求执法

---

〔1〕 Proposal for a Regulation of The European Parliament and of The Council Laying Down Harmonised Rules on Artificial Intelligence（Artificial Intelligence Act）and Amending Certain Union Legislative Acts.

机关遵循比例原则。该条第 3 款要求，执法机关使用"实时"远程生物特征识别系统前要取得所在成员国司法或有关行政机构的"批准授权"。据此，欧盟在人脸识别技术公共应用问题上并非"铁板一块"。一方面，《人工智能法案》对"一对一"以验证为目的的人脸识别技术并未加以禁止；另一方面，对执法场景的人脸识别技术应用并非一禁了之，而是留有一定空间。在此基础上，欧盟数据保护委员会于 2022 年 5 月通过了《执法领域人脸识别技术应用指南》。[1]该指南延续了《人工智能法案》的规制思路，并强化了对执法领域应用人脸识别技术的必要性测试。由此可见，欧盟在人脸识别技术公共应用的法律规制上总体遵循的是"禁止+授权"的混合规制模式。

（3）英国。英国是较早在公共场所使用人脸识别技术的欧洲国家。2018年出台的《英国数据保护法》第 35 条第（5）款第（a）项规定，执法机构只有在基于执法目的且满足"严格必要性"的情形下方能处理敏感信息，而该法 35 条第（8）款第（b）项则规定人脸信息属于敏感信息。这意味着，执法机构只有在出于执法目的且具备"严格必要性"之情形下，方能使用人脸识别技术。在此基础上，英国信息专员办公室于 2019 年和 2021 年分别发布《关于执法机构在公共场所使用实时人脸识别技术的意见》[2]和《关于在公共场所使用实时人脸识别技术的意见》[3]，旨在为公共场所实时人脸识别技术的应用提供指导。具体而言：一方面，要求执法机构在公共场所使用实时人脸识别技术须具有特定、明确和合法之目的；另一方面，要求执法机构要对实时人脸识别应用进行必要性和合比例性审查，以确保该技术应用符合必要性和合比例性。英国在人脸识别技术公共应用的法律规制上并未采取一刀切式的禁止方式，而是采取相对灵活的规制方式，以避免该技术对公民基本权利构成严重威胁，由此形成了多元化规制策略。

（二）两大规制模式之评析

上述两大人脸识别技术的规制模式，折射出了立法者在人脸识别技术的

---

〔1〕 Guidelines 05/2022 on the Use of Facial Recognition Technology in the Area of Law Enforcement, Version 1.0, 2022-5-12.

〔2〕 Information Commissioner's Opinion, *The Use of Live Facial Recognition Technology by Law Enforcement in Public Places*, 2019-10-31.

〔3〕 Information Commissioner's Opinion, *The Use of Live Facial Recognition Technology in Public Places*, 2021-6-18.

规制立场、规制理念和规制工具上的显著差异。

（1）规制立场的差异。在规制立场上，单一规制模式的主张者更多地聚焦于现实中人脸识别技术对公民隐私、言论和平等权等基本权利的潜在负面不利影响，更多看到的是人脸识别技术的风险和危害，并据此对人脸识别技术采取一刀切式的全面禁止立场。而混合规制模式是在综合考量人脸识别技术的收益和风险基础之上，结合人脸识别技术应用场景的差异，主张对其加以更为灵活的规制。客观而言，单一规制模式难以有效回应人脸识别技术应用场景的多元化和应用模式的多样化，呈现出了明显的僵化特征，而混合规制模式则相对更加灵活。

（2）规制理念的差异。在规制理念上，单一规制模式更多地遵循风险预防原则，并基于对人脸识别技术风险的高度恐惧而主张采取一种更为激进的全面禁止态度。而混合规制模式则更多地遵循元规制的理念。"元规制并非以规定性的方式进行规制，而是努力通过法律来刺激企业的内部自组织模式，以鼓励企业对其自身规制绩效进行自我批判式的反思。通过此种方式，元规制'强制企业对它们自己的自我规制策略进行评估并报告，以便规制机构能够确定，是否正在实现规制的最终目标'。"[1]较之于单一规制模式而言，以元规制理念为基础的混合规制模式在人脸识别技术公共应用方面显得更为冷静和宽容，主张对人脸识别技术采取更加灵活多元、更具柔性的规制。比如，在利用人脸识别技术鉴别失踪人口、死亡人口等风险小的应用场景中，美国华盛顿州采取了相对更具柔性的规制策略，即只要求拟利用人脸识别技术的公共机构履行告知义务，并在使用前向议会提交人脸识别责任报告。同时，按要求向议会提交年度报告。

（3）规制工具的差异。单一规制模式在规制工具的选择上显得更为单一，更多地倾向于禁止或暂停使用等典型的命令控制型规制工具。而混合规制模式针对人脸识别技术应用模式和场景的多元性，在工具选择上则更为开放。美国华盛顿州、加利福尼亚州所采行的"备案+批准+禁止"以及欧盟、英国所采行的"禁止+批准"规制方案均属于混合规制模式。该模式类似于经典的多层"金字塔"规制结构。经典的执法金字塔模型包含两个核心要素："其

---

〔1〕［英］罗伯特·鲍德温、马丁·凯夫、马丁·洛奇：《牛津规制手册》，宋华琳等译，宋华琳校，上海三联书店 2017 年版，第 150 页。

一，要依据金字塔体系，自下而上地逐步选用干预度更强的规制措施；其二，要存在一种可靠的'顶端措施'，一旦'激活'这一措施，就能够有足够强大的震慑力，来威慑那些哪怕是最为恶名昭著的违法者。"〔1〕由此可见，经典的执法金字塔具有动态性特征，需要根据规制对象的配合程度加以动态调整。与之不同的是，华盛顿州和加利福尼亚州的人脸识别技术的规制金字塔是静态的。然而，相较于一刀切式的全面禁止的单一规制模式，美国华盛顿州、加利福尼亚州、欧盟和英国等国家和地区所构筑的人脸识别技术呈现出多层结构的规制金字塔显得更加精巧、更具灵活性，其优势在于能够综合人脸识别技术的应用模式、场景和基本权利受侵害程度等因素来选择更加灵活多样的规制工具。需要指出的是，人脸识别技术问责报告和年度报告这种更为柔性的信息披露规制方法也被一些人指责为是一种过于软弱和形式化的规制措施，其对防范人脸识别技术滥用的作用仍然有限，一些人呼吁暂停人脸识别技术的应用。〔2〕

客观而言，在人工智能时代背景下，对于正处于公共治理智能转型期的当今中国而言，在人脸识别技术公共应用方面，相较于全面禁止的单一规制模式，"备案+批准+禁止"相结合的混合规制模式因更加契合人脸识别公共应用的多元模式和丰富场景而更具参考借鉴意义。

第三节　基于人脸识别公共应用场景的协同治理模式建构

当前，人脸识别技术在我国公共治理实践中被广泛应用，在疫情防控的特殊背景之下，更是呈现出一定程度的滥用趋势。笔者认为，面对人脸识别技术在公共治理领域中的巨大潜能及其给公民基本权利造成的威胁，在人脸识别公共应用的法律规制上，应当遵循功能主义和场景主义的规制理念。〔3〕一方面，在明确人脸识别技术公共应用宜遵循合法性、正当性和必要性原则

---

〔1〕　［英］罗伯特·鲍德温、马丁·凯夫、马丁·洛奇：《牛津规制手册》，宋华琳等译，宋华琳校，上海三联书店 2017 年版，第 141 页。

〔2〕　Jennifer Lee, "We Need a Face Surveillance Moratorium, Not Weak Regulations: Concerns about SB 6280", Avaaible at https://www.aclu-wa.org/story/we-need-face-surveillance-moratorium-not-weak-regulations-concerns-about-sb-6280, Last Visited 2020-3-20.

〔3〕　参见丁晓东：《个人信息私法保护的困境与出路》，载《法学研究》2018 年第 6 期。

的基础之上，基于人脸识别技术公共应用模式的功能特征和应用场景来有针对性地制定人脸识别技术公共应用规则；另一方面，基于人脸识别技术特征及其公共应用场景的复杂性，需要构建人脸识别技术开发者、应用者和受影响者等多元主体共同参与的协同治理模式。

（一）告知同意原则不宜作为人脸识别技术公共应用的合法性基础

首先，在人脸识别技术公共应用领域中，不宜将告知同意作为人脸识别技术公共应用的合法性基础。告知同意原则作为个人信息处理的一项基本原则，在私人领域更是具有基础性地位。我国《个人信息保护法》第 13 条将告知同意原则作为个人信息处理合法性的基础之一。在此基础上，第 28 条、第 29 条进一步规定，人脸信息等个人生物识别信息属于个人敏感信息，只有在具有特定的目的和充分的必要性，并采取严格保护措施的情形下，个人信息处理者方可处理敏感个人信息。而且应取得"个人单独同意"，"法律、行政法规规定处理敏感个人信息应当取得书面同意的，从其规定"。但是，告知同意原则只是个人信息处理的合法性基础之一。《个人信息保护法》就政府机关处理个人信息处理作出了专门规定。《个人信息保护法》第 34 条规定："国家机关为履行法定职责处理个人信息，应当依照法律、行政法规规定的权限、程序进行，不得超出履行法定职责所必需的范围和限度。"该法第 35 条进一步规定："国家机关为履行法定职责处理个人信息，应当依照本法规定履行告知义务；有本法第十八条第一款规定的情形，或者告知将妨碍国家机关履行法定职责的除外。"《个人信息保护法》上述关于政府机关处理个人信息的规定改变了《个人信息保护法（二审稿）》规定的需要"取得个人同意"的要求。这意味着，我国《个人信息保护法》在政府机关处理个人信息合法性规则建构上遵循的是"履行职权要素"而非"告知同意"要素。

我国《个人信息保护法》之所以作出上述立法选择，主要是基于政府机关在人脸识别技术公共应用中所处的强势地位以及人脸识别技术本身的无接触性特征，告知同意原则在实践中很容易被悬置。域外人脸识别技术法律规制也注意到了人脸识别技术公共应用场景的特殊性。例如，欧洲议会《关于个人数据自动处理过程中的个人保护公约》咨询委员会对于将告知同意原则作为政府机构应用人脸识别技术的法律依据抱持反对态度。其在发布的人脸识别技术指南中指出："考虑到数据主体和公共部门之间权力的不平衡，同意通常不应成为公共部门应用人脸识别技术的法律依据。"[1]这意味着，将告知同意原则作为人脸识别技术公共应用的基础性原则既难以达到保护人脸这一敏感个人信息的目的，又未能充分考虑公共治理实践中政府机关基于履行职责之需要应用人脸识别技术的现实需求。

（二）人脸识别技术公共应用的基础性原则：形式合法性、目的正当性与手段必要性

不同于商业领域将告知同意原则奉为基础性原则，笔者认为，在人脸识别技术公共应用场景中，人脸识别技术公共应用需要遵循形式合法性、目的正当性和必要性原则。[2]

在形式合法性方面，人脸识别技术公共应用的形式合法性原则要求公共机构在特定场景中使用人脸识别技术应当满足特定程序性要求，如取得有权机关批准授权或履行告知义务等。为了防止公共机构在履行职责过程中滥用职权，基于人脸识别公共应用模式、场景的多元性及其对公民基本权利的侵害性程度差异，宜设置差异化的批准程序要求。具体而言：第一，针对以分类和持续性监视为目的人脸识别技术，宜在一般性地排除其公共应用的前提下有条件地允许在故意杀人、绑架、爆炸等重大刑事案件侦查中，在经过检察机关批准的情形下应用人脸识别技术对特定人员进行持续性追踪监视。第二，以识别验证为目的的人脸识别技术应用模式因对公民的基本权利侵害较小，政府机构基于公共安全目的在机场、车站等人流密集的公共场所利用人脸识别技术对公民进行身份验证和识别时，无须取得个人同意，但要通过在部署场所粘贴显著、明确的告知标志等方式向公民履行告知义务。第三，当基于向公众提供医疗、社保、教育等公共服务之目的应用人脸识别技术，政府机构需要获得用户的同意，并提供择入−择出机制。[3]

在正当性原则方面，旨在判断人脸识别技术公共应用是否具有目的正当性。目前，我国一些政府部门以公共利益为名滥用人脸识别技术的做法显然与目的正当性原则的要求相背离。一方面，在人脸识别公共应用目的正当性

---

〔1〕 Consultative Committee of the Convention For the Protection of Individuals with Regard to Automatic Processing of Personal Data, Guidelines on Facial Recognition.

〔2〕 刘权：《论个人信息处理的合法、正当、必要原则》，载《法学家》2021年第5期。

〔3〕 张涛：《人脸识别技术在政府治理中的应用风险及其法律控制》，载《河南社会科学》2021年第10期。

判断上要以对人的尊严的维护为终极判断标准，"凡是人脸识别技术的使用会致使人的尊严受侵害的，皆属不正当使用的范围"。[1]另一方面，鉴于公共利益的高度抽象性和不确定性以及人脸识别技术风险程度的差异性，宜结合人脸识别公共应用的模式和场景，对人脸识别技术公共应用进行"目的限缩"。例如，将以持续性监视追踪为目的的人脸识别技术公共应用限制于重大刑事犯罪侦查领域；将以身份验证为目的的人脸识别技术公共应用限制于促进"迫切的或实质的国家利益"或实质性增进社会公共利益，例如紧急状态或重大公共安全领域。[2]

在必要性原则方面，应判断特定政府部门应用人脸识别技术是否为履行法定职责所必需。在行政法上，必要性原则是比例原则的重要组成部分。根据这一原则，政府机构在执法过程中要选择最不激烈的手段或最温柔的手段。诚如学者所言："必要原则首先要求个人信息处理手段与目的间应具有合理关联性，不得超出特定、明确、合理的正当目的。"[3]人脸识别技术具有非接触性，从表面上看对公民侵害性小，但实则不然。人脸信息具有可识别性、唯一性和不可逆性，关涉个人的人格自由和发展，属于敏感个人信息，一旦被泄露或被不当利用，极有可能会对公民产生严重的、不可逆的损害。因此，政府部门在人脸识别技术应用上应当遵循必要性原则。具体而言：第一，在必要性原则判断上，政府部门要充分考量人脸识别技术对公民基本权利的潜在负面影响，政府机构在部署人脸识别设备前应开展相应的基本权利影响评估工作，在此基础上对在特定场景下部署应用人脸识别系统作出必要性判断。第二，政府部门在人脸识别技术的选择上要选择对公民基本权利侵害最小的手段和模式。当人脸识别技术与其他侵害性更小的手段均能够实现特定目的时，政府机构应选择其他手段；当应用人脸识别技术实现特定目的，人脸识别技术验证、识别和分类应用模式等均能够实现特定目的时，政府机构应选择对公民权利侵害相对较轻的验证模式。

（三）人脸识别技术公共应用协同治理模式的制度建构

鉴于人脸识别技术的复杂性、应用场景多元性以及高度侵害性，在明确

---

〔1〕　孙道锐：《人脸识别技术的社会风险及其法律规制》，载《科学学研究》2021年第1期。

〔2〕　任彦：《人脸识别技术应用的合法性、正当性、必要性判断》，载《民主与法制时报》2020年10月29日。

〔3〕　刘权：《论个人信息处理的合法、正当、必要原则》，载《法学家》2021年第5期。

其公共应用应遵循的基本原则基础上，单纯依赖某一主体的力量难以回应人脸识别技术公共应用给公民基本权利带来的侵蚀效应。笔者认为，在人脸识别技术法律规制上，需要探索人脸识别技术公共应用者、开发者、受影响者等多元主体共同参与的法律制度框架，建构人脸识别技术公共应用的协同治理模式。

1. 建立人脸识别技术公共应用的多元准入制度

在人脸识别技术公共应用的准入方面，可以借鉴美国华盛顿州和加利福尼亚州的混合规制经验做法，采取差异化规制思路和策略，即根据人脸识别技术应用模式和场景的多元性和风险程度，建立多元化公共应用准入制度，以增强规制回应性。具体而言，针对以一对一的身份验证为目的人脸识别公共应用，因其给公民基本权利带来的侵害风险相对较小，可以考虑采取干预强度较弱的备案准入制，即要求拟部署人脸识别技术的公共部门在部署前向有权部门进行备案。针对以一对多身份识别为目的的人脸识别公共应用，因其将对公民基本权利产生较为严重的负面影响，可以考虑采取批准制，即要求拟应用人脸识别技术的公共机构在部署前获得批准。针对以持续性监视追踪和分类为目的的人脸识别公共应用，鉴于应用人脸识别技术进行持续性监视和追踪将给公民基本权利造成严重威胁，可以考虑在一般性禁止的前提之下，在出现紧急状态、反恐和打击重大刑事犯罪等特殊情况下，方才允许公安机关在获得检察机关批准后部署应用。

2. 建立人脸识别技术公共应用问责制

为使人脸识别技术的开发者和公共应用者更负责地应用人脸识别技术，防止技术滥用，应当建立面向技术开发者和公共应用者的多元化问责制。

针对人脸识别部署者：第一，建立人脸识别技术公共应用的责任报告机制。拟部署人脸识别技术的政府部门在部署前应当向批准/备案机构提交责任报告。申请者提交的责任报告需要载明政府机关人脸识别技术应用的目的、模式、时间、范围区域、政府机关如何储存人脸数据以及人脸识别技术对公民基本权利的潜在影响等内容。同时，人脸识别技术的责任报告应当在批准机构的官方网站上发布，供公众查阅评论，并定期更新责任报告内容。第二，建立人脸识别技术公共应用年度报告机制。人脸识别技术公共应用者在部署应用人脸识别技术后，应当就其使用情况向批准/备案机构提交年度报告，批准/备案机构应当在其官方网站上发布年度报告，供公众查阅。第三，建立人脸识别技术公共应用测试机制。政府部门在部署人脸识别设备之前和使用过程中应当对人脸识别技术服务进行合法、独立、合理的测试,以测试人脸识别技术的性能和准确度。四是建立人脸识别技术应用人员培训机制。为提高人脸识别技术应用的合法性和规范化,有关部门要定期对从事人脸识别设备运营和数据处理的人员进行培训,培训的主要内容包括人脸识别技术的功能及局限、操作流程规范和为特定识别对象具有类似重大影响的决定提供有意义的人工审查要求等方面。

对于人脸识别技术开发者而言,关键是要确保其研发的人脸识别技术的准确性,而人脸识别技术准确性主要受算法模型和人脸数据质量等因素影响。因此,人脸识别技术开发者应当致力于从提高数据质量和算法模型有效性两个方面来增强人脸识别技术的稳健性。第一,在人脸数据治理上,应遵循数据全生命周期治理理念:一方面,在目的限制和最小化原则基础之上,规范人脸数据的收集流程,提高数据的代表性;另一方面,建立数据更新机制。人脸特征会随着时间、光照等多种外部条件因素的变化而变化,因此基于保证人脸数据的质量之需要,人脸识别技术研发者要定期对人脸数据进行更新。第二,在人脸识别算法治理上,因人脸识别算法公共应用会对公民基本权利产生重要影响,因此在事前研发阶段应当遵循算法透明性原则,建立算法内部审查机制,借助这一内部审查机制旨在了解该设备在投入使用前对公民基本权利的潜在影响。[1]

3. 建构多元化的人脸识别技术治理参与机制

在人脸识别技术公共应用法律规制中,作为数据主体和人脸识别技术公共应用受影响者的个人占据重要地位。从个人层面而言,重点在于透过赋权机制以及相关制度建制来保障个人参与人脸识别技术公共应用的事前、事中、事后全过程。具体而言,在事前阶段,赋予公民知情权和评议权,确保公民有知晓和评议政府部门所提交的人脸识别责任报告的机会。为确保公民更好地行使权利,需要辅之以人脸识别技术公民咨询会等相应程序建制。在事中阶段,赋予公民请求人工审查权和获得解释权。当政府部门运用人脸识别技术对个人的社保资格、受教育资格乃至限制人身自由等关涉他人重要利益的事项作出决定时,个人享有获得人工审查的权利和获取解释和理由的权利。

---

〔1〕　汪庆华:《算法透明的多重维度和算法问责》,载《比较法研究》2020 年第 6 期。

在事后阶段，赋予公民获得救济权。当个人遭受来自政府机构的人脸识别公共应用的侵害时，例如因人脸识别技术错误识别导致了机会丧失或错误羁押，有权通过诉讼方式请求人脸识别技术的部署者承担国家赔偿责任。另外，鉴于人脸识别公共应用中个人在维权救济方面面临的困难，宜尽快完善我国行政公益诉讼制度，将人脸识别公共应用纳入行政公益诉讼受案范围，充分发挥检察机关在人脸识别技术公共应用中的积极作用。

本章小结

在人工智能时代，现代政府正在经历着一场数字革命。2022 年 6 月 6 日，《国务院关于加强数字政府建设的指导意见》，提出要把满足人民对美好生活的向往作为数字政府建设的出发点和落脚点，打造泛在可及、智慧便捷、公平普惠的数字化服务体系。而当前人脸识别技术在公共治理领域广泛的、多场景的应用无疑成了这场"数字政府"革命的重头戏，向世人展现了权力与数字技术相互交织、相互渗透、相互作用交融共生的复杂景象。"公共权力的刷脸识别行为，会改变传统技术装置下的公私权力关系。"[1]透过人脸识别技术，我们似乎看到了令人心生恐惧的数字利维坦的兴起，面对诸如人脸识别技术这种黑科技的巨大风险，根植于内心的对监视的恐惧往往驱使我们抱持一种更为极端的禁止立场。然而，人脸识别技术本身的复杂性和现代社会高度流动性又让我们不得不作出艰难妥协。因此，一种更加务实的态度应该是"与狼共舞"，在遵循"人的尊严"这一法律和技术应用的共同伦理总纲前提下，在清醒认识其潜在风险的基础上，基于人脸识别技术应用模式和场景，建构一种人脸识别技术公共应用的协同治理模式。

---

〔1〕 胡凌：《刷脸：身份制度、个人信息与法律规制》，载《法学家》2021 年第 2 期。

第九章

数字接触追踪技术的实践类型、社会风险及法律规制

  2020 年新型冠状病毒肆虐全球，对人类生命健康造成严重威胁，对全球经济、政治、社会、环境和科技等诸领域产生深刻而复杂的影响。[1] 为提高疫情防控的效果，自 2020 年 2 月以来，各国都在探索应用大数据、人工智能等现代数字技术来缓解和控制不断蔓延的疫情形势。党和政府高度重视大数据、人工智能技术在疫情防控中的积极作用。2020 年 2 月 14 日，习近平总书记在主持召开中央全面深化改革委员会第十二次会议时强调："要鼓励应用大数据、人工智能、云计算等数字技术在疫情监测分析、病毒溯源、防控救治、资源调配等方面更好发挥支撑作用。" 2020 年 2 月，《中央网络安全和信息化委员会办公室关于做好个人信息保护利用大数据支撑联防联控工作的通知》，"鼓励有能力的企业在有关部门的指导下，积极利用大数据，分析预测确诊者、疑似者、密切接触者等重点人群的流动情况，为联防联控工作提供大数据支持"。与 21 世纪之初的 "非典" 疫情防控实践形成鲜明对比的是，此次新冠疫情防控的一个典型特征在于数字接触追踪技术在疫情防控工作中的广泛运用。当前，数字接触追踪技术已然成为各国寻求从 "人员隔离" 走向 "社会流动"、重启经济社会活动的一项重要技术手段。

  接触追踪技术是公共卫生机构缓和、控制传染病传播扩散惯常使用的一种传统方法。区别于传统耗时费力的人工化接触追踪，数字接触追踪技术是一种数据驱动的工具。具体而言，数字接触追踪技术是基于现代大数据、移

---

  [1]　关于新冠疫情对全球政治、经济、社会、科技、环境乃至人性等多方面影响的论述，参见［德］克劳斯·施瓦布、［法］蒂埃里·马勒雷：《后疫情时代——大重构》，中信出版社 2020 年版。

动互联网、生物识别和传感器技术对个人进行接触史追踪，并基于算法模型自动判定特定人员是否为病毒接触者或者其风险等级的一种现代疫情防控工具。以健康码为代表的数字接触追踪技术契合了大数据时代我国政府所倡导的"让数据多跑腿，让群众少跑路"的数据治理理念。[1]伴随着数字接触追踪技术在各国的广泛应用，其在世界范围内也引发了包括法律学者在内的社会科学者和自然科学者广泛争论。[2]在我国，围绕着"健康码"这一颇具中国特色的数字接触追踪技术，法律学者立足于法学视角展开了一些颇具理论和实践意义的研究。总体上，目前的研究主要围绕着作为数字接触追踪技术的健康码应用的法律属性、实践问题与未来走向展开。在法律属性的研究上，有学者认为，在规范属性上，健康码是一种基于个人信息的自动化评级。[3]在健康码实践问题面向，有学者从组织法、行为法和数据法三个层面揭示了健康码的法律维度，并侧重从数据法维度探索健康码应用中存在的实践问题。[4]在健康码未来走向上，学者们莫衷一是。有学者从数字紧急状态恢复机制的角度出发，深入思索健康码这一数字接触追踪技术的未来，主张于数字紧急状态结束后引入被遗忘权，集中删除个人信息。[5]而有学者则从现代流动性社会的视角出发，认为健康码将逐渐延伸为身份认证的数字基础设施而应该在疫情结束之后予以保留。[6]上述研究对于我们了解我国数字接触追踪技术的实践及其问题，思索数字接触追踪技术的未来无疑具有重要的启发意义。但是，上述研究也存在着一些疏漏：一方面，现有研究更多地将视野聚焦于国内的健康码应用，而未从更加广阔的全球数字抗疫实践来对其加以检视；另一方面，现有研究对数字接触追踪技术应用所引发的风险缺乏系统性的深入研究，尤其是对数字接触追踪技术所引发的不平等和社会排斥问题缺乏足

〔1〕 许可：《重大公共卫生事件的数据治理》，载《暨南学报（哲学社会科学版）》2021 年第 1 期。

〔2〕 See Ignacio Cofone, "Immunity Passports and Contact Tracing Surveillance", *Stanford Technology Law Review*, 176 Vol. 24, 2021; Jessica Morley et al., "Ethical Guidelines for COVID-19 Tracing Apps", *Nature*, Vol. 582, 2020, pp. 29~31.

〔3〕 查云飞：《健康码：个人疫情风险的自动化评级与利用》，载《浙江学刊》2020 年第 3 期。

〔4〕 许可：《健康码的法律之维》，载《探索与争鸣》2020 年第 9 期；宁园：《健康码运用中的个人信息保护规制》，载《法学评论》2020 年第 6 期。

〔5〕 沈伟伟：《论数字紧急状态的恢复机制——以新冠疫情防控为例》，载《清华法学》2021 年第 2 期。

〔6〕 胡凌：《健康码、数字身份与认证基础设施的兴起》，载《中国法律评论》2021 年第 2 期。

够的关注和回应。有鉴于此，本书将以我国健康码为典型的数字接触追踪技术，置于全球数字防疫的实践图景中加以比较考察，基于不同国家和地区数字接触追踪技术应用的技术特征和应用模式、凝练颇具理想类型的实践类型，并从有效性和风险性维度对其加以比较甄别，进而系统检视我国以健康码为中心的数字接触追踪技术应用实践所面临的突出问题，在此基础上探索疫情防控常态化背景下我国数字接触追踪技术应用的法律规制方案，以明确其应用的法治边界。

第一节　新冠疫情数字接触追踪技术实践类型之比较考察

为了抗击新冠疫情、减缓和控制疫情传播蔓延速度、保护本国国民生命健康、重启社会经济活动，中国、韩国、新加坡、美国、澳大利亚、以色列等国家纷纷联合互联网科技公司开发针对新冠疫情的数字接触追踪技术。数字接触追踪技术是一种通过数字化手段收集公民个人的旅居史、接触史等信息，并据此对个人进行风险提示或者确定其风险等级，建议或强制采取居家或集中隔离措施的防疫工具。在全球新冠疫情暴发的背景下，数字接触追踪技术已然成为后疫情时代一项重要的生命政治治理术，其普及应用无疑将对个人隐私和行动自由产生重大且深远的影响。数字接触追踪技术开发应用的方式、程度和效果在很大程度上受到本国政治文化和隐私观念的影响。考察目前各国数字接触追踪技术应用实践，可以发现其呈现出不同风格特征的实践类型。

面对繁复的数字接触追踪技术应用实践图景，我们可以从技术特征和应用模式两个维度对数字接触追踪实践样态进行适当界分。从技术特征维度，目前各国所采用的数字接触追踪技术主要包括分布式与集中式，前者在个人信息数据的存储和处理上采取分布式，个人信息和数据被存储在个人的手机上，而后者则对个人数据进行集中存储和处理，公共卫生部门等防疫机构和人员可以访问数据。在应用模式上，目前各国采行的模式主要分为自愿模式与强制模式。在理想类型上，基于技术特征和应用模式的不同组合，可以抽象凝练出数字追踪技术应用实践的四种基本类型：自愿-分布式接触追踪、自愿-集中式接触追踪、强制-集中式接触追踪与强制-分布式接触追踪。目前，前三种类型业已呈现于当前一些国家和地区的数字防疫实践图景之中。

（一）数字接触追踪技术的三种实践类型梳理

1. 自愿-分布式接触追踪：美国

美国所采行的是一种典型的自愿-分布式接触追踪技术。2020年4月，美国两大科技巨头苹果公司和谷歌公司联合开发了一款数字接触追踪工具"暴露通知系统"（Exposure Notification system）。"暴露通知系统"以手机蓝牙设备为基础，作为病毒接触信息的发送者和接收者，交换并保存彼此的信息。安装了该程序的手机用户在开启蓝牙装置的前提下，可以接收到同样安装该应用程序的手机通过蓝牙传出的信息。"暴露通知系统"区分了两种用户角色：感染用户和潜在暴露用户。对于前者而言，当用户确认感染新冠病毒时，该系统将共享其诊断密钥，以提醒其他用户可能接触新冠病毒。对于后者而言，该系统将通过接触日期和持续时间确定其暴露风险，进而确定潜在的暴露者，并向其发送暴露通知。[1]

为了回应本国民对隐私保护的强烈要求，避免直接利用手机设备唯一识别信息，两大公司开发的这款数字接触追踪技术精心形成了"三码合一"机制。这一"三码合一"的机制工作机制和原理如下：首先，每部用户手机都会生成一个固定不变的代码A；其次，通过这一固定的A码，手机能够每天生产一个B码，这个B码在通常情况下也不会上传；第三，为了实现接触追踪，手机每隔一段时间对外广播一次，而对外广播出去的是由B码生成的C码，并且C码是动态更新的。而平时上传的是C码。[2]苹果公司和谷歌公司联合开发的这款数字追踪工具在个人隐私保护方面具有优势：一方面，这款接触追踪应用程序不追踪个人的地理位置数据，而是收集用户手机设备的近距数据；另一方面，该应用程序也不会对数据进行集中存储。具体而言，其不会上传随机生成而固定唯一的A码，只是将其保存在用户个人手机上；B码也只有在与确诊病例发生接触时才会被作为诊断码提取，用于确认身份，而不会被默认上传。安装的应用程序可以接收并保存的是周期性更新的C码。公共卫生管理部门和其他国家机构难以确认用户的真实身份，用户的隐私也

---

〔1〕"Exposure Notification：Implement a COVID-19 Exposure Notification System that Protects User Privacy"，Avaiable at https://developer.apple.com/documentation/exposurenotification，Last Visited 2021-11-14.

〔2〕品玩："技术分析：苹果谷歌的'健康码'怎么追踪疫情又保护隐私？"，载 https://baijiahao.baidu.com/s？id=1664821717460007121&wfr=spider&for=pc，最后访问日期：2021年11月14日。

得到了很大程度的尊重和保护。目前，已有一些美国州政府采用了苹果和谷歌公司共同开发的这一数字接触追踪应用程序，并被德国等少数欧洲国家采用。鉴于国内科学界和民众对政府持续监控的高度担忧，德国政府宣布放弃之前的集中式处理数据的本土化方案，转而采用苹果和谷歌公司开发的"去中心化"数字追踪技术。[1]

　　在"暴露通知系统"的应用上，美国奉行的是自愿原则。这一自愿原则主要表现在以下两个方面：首先，公民能够自愿选择是否应用。用户有权自主决定是否下载、安装使用以及删除这一应用程序，政府并不强制公民安装使用该应用程序。这一自愿原则在尊重个人自治的同时，也导致了使用率不高的问题，从而影响到了该数字接触应用程序的功能发挥。其次，"暴露通知系统"只是通知其感染和暴露的风险，并向其发出就诊或居家隔离的建议，而不能据此对个人实施强制集中隔离或居家隔离。

　　2. 自愿-集中式接触追踪：澳大利亚

　　新冠疫情暴发后，澳大利亚是全球范围内较早采用数字接触追踪技术遏制病毒扩散蔓延的国家。澳大利亚于 2020 年 4 月 26 日推出了一款名为"CO-VIDSafe"的接触追踪应用程序。与美国苹果公司和谷歌公司开发的"暴露通知系统"追踪工具相似：一方面，"COVIDSafe"同样是基于蓝牙技术来记录两部安装了该程序的手机之间的近距位置，该应用程序将临近距离确定为 1.5 米。另一方面，该应用程序不利用 GPS 技术收集用户的地理位置数据。同时，在通常情况下，"COVIDSafe"收集的信息也是被存储在用户的智能手机上。"CovidSafe"的上述特征使其呈现出了一定的分布式接触追踪特征。但与美国的接触追踪工具的不同之处在于，"COVIDSafe"在用户确诊后会将确诊用户及其手机中记录的接触数据上传至国家"COVIDSafe"数据存储中心（National COVIDSafe Data Store）。具体而言，当运行应用程序的其中一个手机用户的新冠病毒检测结果呈阳性时，州/地区接触追踪人员会要求他们允许将其手机上记录的一组接触数据上传到国家"COVIDSafe"数据存储中心。然后，国家"COVIDSafe"数据存储中心会允许适当的州或地区接触追踪人员访问由新冠病毒检测呈阳性的用户上传的接触数据并解密，以及 ID 与已上传的接触列表

──────────

〔1〕　小小："德国宣布放弃本土方案 改用苹果谷歌接触者追踪技术"，载 https://www.163.com/tech/article/FB74BF0Q00097U7T.html，最后访问日期：2021 年 11 月 14 日。

中找到的 ID 匹配的其他用户的电话号码，以便于后续展开接触者追踪。[1]由此可见，澳大利亚的"COVIDSafe"采取的是一种集中式的数据存储、处理机制。

与美国相同，在"COVIDSafe"这款数字追踪工具的应用模式上，澳大利亚采行的是自愿模式。在应用方面，公众能够自主决定是否下载应用，也不将其作为对其进行居家隔离或集中隔离的凭证。同时，为了赢得公众对该款应用程序的信任度、提高该款应用程序的使用率，澳大利亚在应用程序设计上非常重视对用户的隐私保护和数据安全。一方面，建立了应用程序的隐私影响评估机制，对应用程序进行隐私影响评估。另一方面，建立了周期性的动态数据删除机制。"COVIDSafe"用户储存于手机上的接触数据将在接触发生之后的 21 日内自动删除，以防止数据泄露和不当利用。澳大利亚针对"COVIDSafe"应用程序所建立的这些规则提高了该程序的使用率。澳大利亚政府宣称在该款应用程序发布后的 20 天内，下载的用户就达到了 250 万，占澳大利亚手机用户的 25%，占总人口的 20%。

3. 强制-集中式接触追踪：中国

为了有效追踪新冠病毒传播、遏制病毒蔓延态势、实现健康人员有序流动、推动复工复产，浙江省杭州市于 2020 年 2 月 11 日率先推出了杭州健康码。[2]杭州健康码甫一推出，便在全国范围内推广开来，全国各省市都相继推出了"健康码"，根据个人的疫情风险大小来分别将其判定为红、黄、绿码。为了克服各地健康码应用中存在的标准不统一、数据不共享以及缺乏互认机制等突出问题，依托全国一体化政务服务平台，国务院办公厅会同各地区和国家卫生健康委等有关方面，升级了全国一体化政务服务平台"防疫健康信息码"。应该说，以健康码为代表的数字接触追踪工具在我国遏制疫情传播与实现人员有序流动方面发挥着重要作用。

在工作原理上，我国健康码属于一种典型的强制-集中式数字接触追踪工具。就数据存储和处理而言，我国健康码采取的是集中式数据处理方式。具体而言，在个人数据处理方面，健康码采行个人自主申报与后台主动获取个人信息相结合的方式，收集并存储了公民个人大量数据。其中，通过个人自

〔1〕 Graham Greenleaf & Katharine Kemp, "Australia's COVIDSafe Experiment, Phase: Legislation for Trust in Contact Tracing", Avaiable at https://ssrn. com/abstract=3601730, Last Visited 2021-8-10.

〔2〕 祝婷兰："全市启用'杭州健康码'有问题可致电 12345"，载 http://www. hangzhou. gov. cn/art/2020/2/12/art_ 812262_ 41905810. html，最后访问日期：2021 年 11 月 14 日。

主申报获取的数据主要包括个人姓名、身份证号码、所在城市、详细居住住址、手机号码、14天内的行程旅居史和接触史、当前个人健康状况等。通过后台主动获取的包括个人行程信息、地理位置数据、个人发热门诊信息等。这些数据由相关部门收集，并采取集中存储和处理的方式，疫情防控部门结合个人自主申报的信息与后台获取的个人行程信息、地理位置信息和个人就诊信息等，通过算法模型来综合判定其风险程度，并在智能健康码应用程序终端自动生成红、黄、绿三色码。

在应用模式上，我国各地的健康码应用总体上采行的是一种强制模式。这种强制性主要体现在以下几方面：一方面，各地将健康码作为拟进入城市或公共场所的通行证。例如，在杭州健康码推行之初，当地防疫部门要求拟入杭的人员必须申领健康码。在出行方面，健康码作为进入学校、医院、超市等公共场所的主要乃至于唯一凭证，要求人员出示健康码。另一方面，将健康码应用程序生成的红、黄、绿"三色码"作为判断其风险程度，进而对个人采取集中隔离、居家隔离或者放行等防疫管理措施的判断标准。当个人健康码呈红色时，当地的健康码防疫部门要对其采取强制集中隔离观察措施，当个人健康码呈黄色时，则需要对其采取居家隔离观察等防疫措施。由此可见，我国健康码在疫情防控中呈现出高度的强制性色彩，这在很大程度上保证了应用程序的高使用率，有助于健康码防疫功能的有效发挥。

（二）三大数字接触追踪技术实践类型之二维比较分析

自愿-分布式、自愿-集中式和强制-集中式三大数字接触追踪技术实践类型在运行原理和应用模式方面存在着较大差异，并在很大程度上决定了不同数字接触追踪技术的有效性和风险性程度。

1. 有效性维度

所谓数字接触追踪技术的有效性意指其在追踪新冠接触者和密切接触者、减缓和抑制疫情传播方面的效果。有学者指出，数字接触追踪技术的有效性取决于以下因素：①是否被广泛采用；②收集和处理大量的数据，包括个人的接触数据和健康数据；③确保政府、医生、健康官员和研究人员能够和获取数据；④支持快速的决策和监管干预。[1]我们认为，单纯从数字接触追踪

---

〔1〕 Justine Pila，"Covid-19 and Contact Tracing：A Study in Regulation by Technology"，Avaiable at https：//papers. ssrn. com/sol3/papers. cfm? abstract_ id=3749504，Last Visited 2021-8-10.

技术的有效性角度而言，其依赖以下三个方面：一是接触追踪应用程序的使用率；二是收集数据的数量和种类；三是与数字接触追踪工具相对应的防疫措施强度。

从目前上述三种数字接触追踪技术的应用实践效果来看，以我国健康码为代表的强制-集中式接触追踪工具得益于其广泛的使用率，海量的个人接触数据和健康数据，以及与健康码红、黄、绿三色码相对应的差异化防疫措施，在防疫有效性方面最佳。以澳大利亚"COVIDSafe"为代表的自愿-集中式数字追踪工具得益于其较高的使用率和相对集中的数据处理机制在控制疫情传播、扩散方面发挥较大作用。而美国苹果和谷歌开发的数字接触追踪工具因过低的使用率、去中心化的数据处理机制以及全赖个人自觉而缺乏刚性的防疫措施而收效甚微。

2. 风险性维度

此处所谓风险性主要意指数字接触追踪工具应用过程中对公民产生的隐私风险程度。上述三种数字接触追踪工具在隐私侵入性方面呈现出较大差异。应该说，不同国家和地区正是基于各自的政治体制、隐私文化等选择采取不同类型的数字接触追踪工具。欧洲数据保护委员会发布的《关于在新型冠状病毒疫情暴发背景下使用位置数据和接触追踪工具的指南》规定："对自然人之间的位置或接触进行系统的大规模监测是对其隐私的严重侵犯，只有依靠用户出于各自的目的而自愿采用，才能使其合法化。这尤其意味着，决定不使用或不能使用这些应用的个人，不应受到任何不利影响。"以我国健康码为代表的强制-集中式数字接触追踪技术因对个人行踪轨迹、地理位置信息和健康信息等信息进行广泛的实时监控和收集，相对而言隐私侵入性最强。以澳大利亚"COVIDSafe"为代表的自愿-集中式数字接触追踪技术因对新冠确诊患者的个人身份、电话等数据以及健康数据采取集中式存储和处理机制，具有较强的隐私侵入性。而以美国苹果和谷歌公司为代表的自愿-分布化数字追踪技术采取去中心化的数据储存和处理机制，采集的数据少且数据都存储在用户的手机上，采用匿名标识符，难以直接识别到个人，相对更注重隐私保护，对用户隐私的侵入性最小。

应该说，新冠疫情暴发以来，全球各国都根据其社会、经济、人口、文化、医疗资源及抗疫策略和总体目标出台了一系列抗疫政策，其实抗疫理念是最为重要的。中国一贯秉持人民至上、生命至上为核心的抗疫理念，尽一切可能去保护人民群众的身体健康和生命安全。诚如学者所言："在公共卫生法中，在自愿与强制之间，在公民自由与公共卫生之间，在分散的（或个别的）健康威胁与整体的健康结果之间存在明显的紧张关系。"〔1〕数字接触追踪技术模式选择实则反映出各国试图在新冠疫情防控与隐私保护乃至公民自由之间进行艰难而复杂的平衡。如何在公共健康与隐私保护之间寻求反思的均衡，选择适合本国政治体制和隐私文化的数字接触追踪工具，在合理运用现代数字技术保障公共健康的同时尽量减少对公民的隐私风险成了后疫情时代各国政府乃至整个人类社会面临的一个重大现实问题。

第二节　我国数字接触追踪技术应用实践引发的双重风险：以健康码为中心

健康码作为我国数字接触追踪技术应用的集大成者，在此次我国新冠疫情防控工作中发挥着重要作用。与此同时，各地健康码在防疫实践过程中也面临着隐私与歧视的双重风险。

（一）隐私风险

在后新冠疫情时代，面对传染性极强且不断变异的新冠病毒，为了遏制疫情蔓延、维护公共健康，政府不得不在人们所珍视的隐私与公共健康福祉之间作出权衡。因为疫情的有效控制必须建立在充分的信息基础之上，以便及时追踪和发现接触者，并采取有效管制措施，为避免政府在疫情防控决策中出现"信息赤字"或"信息饥馑"状态，提升疫情防控的效率，势必要求民众让渡一定的个人隐私，加大对个人信息的收集和处理力度。〔2〕诚然，在后疫情时代，作为数字接触追踪技术的健康码在追踪和发现接触者，实现人员有序流动方面无疑发挥着重要作用，但是其潜藏的隐私风险也同样不容忽视。以色列历史学家赫拉利对新冠疫情接触追踪技术带来的持续性监控和隐私风险表示担忧："如果我们不够警觉，新冠疫情将成为监控历史上的一个重要分水岭。"〔3〕在我国，以健康码为代表的自愿-集中式数字接触追踪技术的

---

〔1〕［美］劳伦斯·高斯汀、林赛·威利：《公共卫生法：权力·责任·限制》，苏玉菊、刘碧波、穆冠群译，北京大学出版社 2020 年版，第 13 页。

〔2〕戴昕：《"防疫国家"的信息治理：实践及其理念》，载《文化纵横》2020 年第 5 期。

〔3〕Harari Yuval Noah, "The World after Coronavirus", *Financial Times*, 2020, March, 23.

应用实践中，个人隐私风险弥散于数据收集、存储和分析利用等各个数据处理活动中。

首先，个人数据的过度采集暗藏隐私风险。在通常情形下，个人数据的采集遵循知情告知-同意原则和最小够用原则，这两大原则是个人数据采集的基础性原则。然而，在疫情防控背景下，基于防控对涉疫信息的强烈需求，这两大原则已经被突破，而且这一突破是"依法"进行的，而这种做法也得到了国内外部分学者的肯定。[1]我国《民法典》《传染病防治法》《突发公共卫生事件应急条例》为突破告知-同意原则预留了一定空间。具体而言，《民法典》第1035条第1款规定，"处理个人信息"一般要"征得该自然人或者其监护人同意，但是法律、行政法规另有规定的除外"。该法第1036条规定，行为人"维护公共利益或者该自然人合法权益"可以收集个人信息。《传染病防治法》第12条规定："在中华人民共和国领域内的一切单位和个人，必须接受疾病预防控制机构、医疗机构有关传染病的调查、检验、采集样本、隔离治疗等预防、控制措施，如实提供有关情况。……"同时，该法第18条第1款规定，各级疾病预防控制机构在传染病预防控制中负有收集、分析和报告传染病监测信息，预测传染病的发生、流行趋势，开展对传染病疫情和突发公共卫生事件的流行病学调查、现场处理及其效果评价等职责。其中涉及对健康信息等个人信息的采集权力。《突发公共卫生事件应急条例》第40条规定，在传染病暴发、流行时，街道、乡镇以及居民委员会、村民委员会负有"协助卫生行政主管部门和其他有关部门、医疗卫生机构做好疫情信息的收集和报告"的义务。上述规定赋予了卫生行政部门等疫情防控部门在未经个人同意的情况下收集个人数据信息的权力，为防疫部门收集、利用个人数据开展疫情防控提供了合法性基础。

然而，在公共卫生应急状态之下，对告知-同意这一个人信息处理的基础性原则的突破却产生了过度收集的问题。实践中，一些地方开发的健康码应用程序存在过度采集个人数据的问题。例如，江西省赣通码应用程序，在申领赣通码时需要强制采集人脸生物特征信息，如果用户不同意，将无法使用

---

[1] See Leslie Francis, "Health Information Beyond Pandemic Emergencies: Privacy For Social Justice", *American University Law Review*, Vol. 70, pp. 1629~1680；戴昕：《"防疫国家"的信息治理：实践及其理念》，载《文化纵横》2020年第5期。

该应用程序。还有一些省市的健康码收集的个人信息范围过于宽泛，甚至包括籍贯、个人既往病历等与疫情防控目的无关的数据。这些个人数据的采集显然超越了疫情防控需要，实属过度采集。个人数据的过度采集与疫情防控保障公民生命健康权之公共利益不符，与合目的性原则圆凿方枘，并使得个人生活悉数暴露于国家的持续监控之下，这无疑对个人隐私和自由构成了重大威胁。

其次，集中式的数据存储潜藏隐私泄露风险。就数据存储而言，我国各地推行的健康码应用程序采取的是一种集中式数据存储机制，通过应用程序采集的各种个人数据都被集中存储于服务器，并且对特定级别的疫情防控部门的专门人员开放访问权限。客观而言，相对于分布式而言，这种集中式的数据存储方式存在更为严重的隐私泄露风险。一方面，集中式的数据存储服务器往往容易成为黑客入侵的对象，在服务器安全性能不高时容易发生数据泄露问题。因此，个人隐私的风险一直存在。另一方面，集中式数据储存的期限不明造成人们对隐私的担忧。集中式的数据存储有利于提高防疫效率，但如果长期储存则将引起人们对于隐私泄露风险的担忧。2月4日发布的《中央网络安全和信息化委员会办公室关于做好个人信息保护利用大数据支撑联防联控工作的通知》要求："收集或掌握个人信息的机构要对个人信息的安全保护负责，采取严格的管理和技术防护措施，防止被窃取、被泄露。"网信部门正是基于对防疫机构储存数据泄露风险的考量，对数据的安全性提出了要求，以强化防疫机构的数据安全管理职责。

最后，对健康码不合目的的滥用加剧隐私风险。健康码程序对海量个人信息数据的收集和利用是基于抗击疫情、保障公共健康之目的。健康码程序开发应用的合目的性为其提供了正当性。超越这一目的，健康码的正当性将受到质疑。然而，基于防疫目的所收集的个人数据却会被不合目的地滥用。具体而言包括以下两方面：一是将通过健康码应用程序采集的个人信息用于防疫之外的其他目的。由于目前我国健康码的开发应用多是采取公私合作方式，这使得那些科技公司有可能借此处理或掌握一些个人的敏感、隐私信息，而这些科技公司基于自身商业利益考量，可能会将其处理或掌握的个人数据用于防疫之外的商业领域或者利用这些数据作为训练数据进行 AI 机器学习。二是将健康码升级扩展用于防疫之外的领域。新冠疫情为人类社会的数字化转型按下了加速键。"如今面对新冠疫情，'数字化转型'获得了进一步发展的动力。人们紧闭在家带来的一个主要影响是，数字世界实现了决定性甚至是永久性的拓展和发展。"[1]健康码在此次新冠疫情防控中的大力推行和普及，为我国智慧城市建设提供了契机。一些城市在推出健康码之后便提出了升级延展健康码的设想。在杭州健康码推出之后不久的 2020 年 5 月，杭州市卫健委在健康码的基础上提出了开发渐变色健康码的设想，通过集成个人病例、体检、生活方式管理的相关数据，同时针对运动步数、饮酒情况、吸烟情况、睡眠质量等数据，对健康进行打分，不同的分数，健康码将呈现出不同颜色，并且建立起个人健康指数排行榜。[2]无独有偶，苏州市通过在本地的健康码"苏城码"应用程序上嵌入的方式推出了"文明码"，试图借此对当地居民公共生活的文明程度进行量化打分。[3]

从隐私角度而言，杭州和苏州的做法实则是将应急状态下处理个人信息的行为常态化，其应用程序在运作过程中有可能会将之前在疫情期间收集到的个人信息挪作他用，从而加剧隐私侵入和泄露的风险。上述两座城市升级健康码的做法令我们不得不认真思索新冠疫情之后的健康码走向，也许德国学者克劳斯·施瓦布的下列论断值得我们牢记："当危机结束后，有些人会突然发现他们的国家已经不再是那个他们愿意生活的地方了。这种心态的变化并不新鲜。过去几年中，政府和企业一直在使用越来越专业的技术来监测甚至操控公民和员工。"[4]施瓦布的论断表达了其对疫情过后通过数字接触追踪技术对公民持续监控的深切忧虑。

（二）歧视风险

大数据、算法并非如同技术专家所宣称的那样中立，而是一如既往地反映着社会的偏见和不公。大数据的社会排斥与算法歧视一直是现代数字技术不容忽视的问题，且引发了学者的高度关注。[5]作为以大数据和算法为基础

---

〔1〕 ［德］克劳斯·施瓦布、［法］蒂埃里·马勒雷：《后疫情时代——大重构》，中信出版社 2020 年版，第 125 页。

〔2〕 杜虎："杭州推行渐变色健康码，涉嫌侵犯市民隐私"，载 https://www.sohu.com/a/397531243_665455，最后访问日期：2021 年 8 月 10 日。

〔3〕 周益帆："苏州上线'文明码'引争议 当地回应：以市民自愿注册为前提"，载 https://baijiahao.baidu.com/s? id=1677233898071290202&wfr=spider&for=pc，最后访问日期：2021 年 8 月 10 日。

〔4〕 ［德］克劳斯·施瓦布、［法］蒂埃里·马勒雷：《后疫情时代——大重构》，中信出版社 2020 年版，第 138 页。

〔5〕 Jonas Lerman, "Big Data and Its Exclusions", *Stanford Law Review Online*, Vol. 66, 2013, pp. 55~63；宋保振：《"数字弱势群体"权利及其法治化保障》，载《法律科学（西北政法大学学报）》2020 年第 6 期。

的一种现代数字技术，我国以健康码为代表的数字追踪技术同样充斥着歧视与不平等。只是在新冠疫情暴发导致的社会隔离和流动阻滞面前，这种歧视和不平等往往容易被遮蔽。有学者便指出："抽象而言，信息加剧不平等的危险当然值得警惕。但问题是，在缺乏健康信息认证和披露机制时，社会未必就是更公平的。"〔1〕不可否认，健康码在打破新冠疫情这一重大突发公共卫生事件所导致的整体性物理隔离、促进社会有序流动方面发挥着重要作用。但是，健康码这一数字追踪技术给特定社会群体带来的社会排斥和歧视问题仍然值得被认真对待。尤其是在疫情防控常态化背景下，健康码将在一定时期内成为表征个人健康状况、决定通行流动的基本凭证，其带来的上述问题殊值引起理论和实务层面的高度关切。

首先，健康码应用的不均衡会引发社会排斥问题。作为一种数字追踪技术，健康码依靠各级政府的强力推行，普及程度已经很高，其在我国新冠疫情防控中取得了良好效果。但是，其带来的社会排斥问题也仍然存在。一方面，健康码应用的不均衡分布会加剧社会不平等。目前，健康码应用在各社会阶层之间呈现出不均衡分布。其中，老年人、低受教育程度者和低收入人群在健康码下载、注册和应用上相对要低于青中年人、受教育程度高和高收入群体。上述群体因为认知能力、经济能力等方面的原因而处于相对弱势的地位，在健康码应用方面存在明显困难。当各地纷纷将其作为个人健康状况和生活出行的基本凭证乃至唯一凭证时，其在老年人、低受教育者和低收入人群者等社会弱势群体的低普及率，已然对其日常出行、参与社会活动等造成了严重不便。〔2〕健康码借由大数据和算法模型正在建构各个社会成员的数字身份，通过注册申领健康码成了其获得数字身份的唯一方式。在新冠疫情背景下，健康码成了个人出行的基本凭证。然而，上述弱势群体的成员却因各种原因难以注册、使用健康码，从而难以获得数字身份，被数字化排斥。在疫情常态化背景下，这种数字化排斥在事实上造成了数字社会的阶层隔离现象，从而加剧了弱势群体的边缘化和社会不平等。另一方面，健康码应用在弱势群体中的低应用率导致其沦为了"余数生命"。不可否认，在新冠疫情

---

〔1〕　戴昕：《"防疫国家"的信息治理：实践及其理念》，载《文化纵横》2020年第5期。

〔2〕　张蕾："被健康码搞得直生气！'移动互联'时代不应落下老年人"，载 https://baijiahao.baidu.com/s? id=1678427377736001425&wfr=spider&for=pc，最后访问日期：2021年8月20日。

背景下，健康码成了监测病毒扩散传播，追踪病毒感染者、密接人员、接触者的有力武器，然而上述弱势群体却因未获得数字身份而被排斥在数字接触追踪技术所建构的公共健康保护层之外。健康码的不均衡应用在事实上产生了相当一部分游离于健康码之外的"余数生命"，而这些余数生命的存在则成了健康码这一"码上治理"所面临的真正挑战。"对于在当代世界中为数并不少的不会使用智能设备的老年人以及不想使用智能设备的技术厌恶者而言，他们尽管在生物性层面上并没有受到病毒感染，然而却由于未能转型成为'数字人'，故此无法在共同体内部通行，并且无法享有对生命的相关扶助。"[1] 2021 年 8 月初暴发的扬州疫情的一个特点是确诊病例中老年人居多。媒体报道：扬州疫情 60 岁老年人占确诊病例的 70% 以上，这与老年人健康码应用率不高存在一定关联。

为了解决疫情期间老年人等弱势群体出行的问题，2020 年 12 月，《交通运输部、人力资源社会保障部、国家卫生健康委等关于切实解决老年人运用智能技术困难便利老年人日常交通出行的通知》，要求改进交通运输领域"健康码"查验服务。该通知要求："简化操作以适合老年人使用，并应建立完善'健康码'亲友代办、工作人员代查等服务，不得将'健康码'作为人员通行的唯一凭证，对老年人等群体可采取凭有效身份证件登记、持纸质证明通行、出示'通信行程卡'作为辅助行程证明等替代措施。"客观而言，这一通知确实在一定程度上缓解了老年人出行问题，但是在疫情防控常态化背景下，一些地方疫情防控措施"层层加码"，仍然将健康码作为人员通行的主要甚至唯一凭证，老年人日常交通出行需要由亲友陪同，仍面临诸多不便。

其次，健康码应用程序算法模型预测不准确导致歧视。健康码基于个人自行申报的健康信息、地理位置等数据和后台的大数据平台所收集的个人地理位置、行踪轨迹数据、发热门诊诊断数据等，由算法模型进行自动比对，并据此对个人的健康风险进行判断，自动生成红、黄、蓝三色码。所有的算法模型均是基于代理来工作的。[2]健康码在赋码过程中，也是基于代理来判定其健康风险的。我国各地的健康码主要是基于个人旅居史、电信公司基站

---

〔1〕 吴冠军：《健康码、数字人与余数生命——技术政治学与生命政治学的反思》，载《探索与争鸣》2020 年第 9 期。

〔2〕 Ignacio Cofone, "Immunity Passports and Contact Tracing Surveillance", *Stanford Technology Law Review*, Vol. 24, 2021, p. 204.

收集的移动手机信号、发热门诊等信息来确定其感染风险的。例如，当通过GPS 定位技术在高风险地区捕捉到某其手机信号后，后台算法便会据此判定其存在高风险地区的旅居史，进而对其赋红码。由于代理选择和数据的准确性问题，各国基于算法模型的数字接触追踪技术均会存在错误，从算法模型产生的错误类型来看，包括假阳性和假阴性。其中，假阳性意味着个人实际上没有感染病毒而被系统错误地判断为很可能感染了病毒，而假阴性则意味着个人实际上感染了病毒而被错误地认为没有感染病毒。

各地所采用的健康码算法模型在运行过程中同样存在错误判定问题。但是，与国外基于特定个体与确诊病例之间的近距离接触时间长短作为判断感染风险大小的标准不同，我国健康码则是以个人行踪轨迹，过去 14 天是否途经中高风险地区或存在中高风险地区旅居史，或是否存在发热症状作为判断感染风险程度的标准，相对侧重于区域接触追踪而非直接的个体接触追踪。[1] 客观而言，我国健康码赋码规则相对宽泛和模糊，导致在判断感染风险方面不可避免地存在大量假阳性。这一赋码规则也意味着，我国各地应用的"红黄绿"三色健康码更多是作为一种疫情期间控制人员通行流动的出行凭证，而非直接判断个人健康状况凭证。[2] 换言之，健康码算法对特定个体赋红码并不意味着其被感染，而是认为其存在相对较高的感染风险。这一点，从各地出台的赋码规则就得以窥见。

我国健康码赋码规则深刻地反映了我国新冠疫情治理所秉持的"宁枉毋纵"的风险预防原则。这一赋码规则在疫情防控方面收效显著。相比于国外数字接触追踪技术应用中出现大量假阴性的现象，我国出现假阴性的概率要低得多，减少假阴性的概率对于遏制疫情传播扩散具有重要作用。同时，我们也要看到，在假阴性大幅减少的同时，健康码疫情治理中出现了大量的假阳性。这意味着很多公民实际上并未接触新冠肺炎确诊者，但却因宽泛的赋码规则而被集中隔离或者要求进行规范居家隔离、限制出入重点场所等，公民个人和整个社会也为此付出了很大代价。在某区域暴发疫情被确定为中高风险，所有在过去 14 天内曾有该区域旅居史，甚至 GPS 定位技术在该区域内

---

〔1〕　"2021 年'十大突破性技术'深度解读——'数字接触追踪'技术"，载 https://www.sohu.com/a/475879470_121123527，最后访问日期：2021 年 11 月 14 日。

〔2〕　See Wanshu Cong, "From Pandemic Control to Data-Driven Governance: The Case of China's Health Code", *Frontiers in Political Science*, Vol. 3, 2021, pp. 1~14.

捕捉到手机信号的个人，都将会被分别赋黄码或红码，防疫部门会对其采取居家或集中隔离等措施。客观而言，我国各地健康码过于宽泛的赋码规则既对个人行动自由产生了不利影响，还可能对某些个体构成了一种不合理的差别对待。实践中，个人乘坐高铁途经中高风险地区但并未停靠，仅因在中高风险地区捕捉到了该个体的手机信号，健康码便直接被判定为红码，进而被采取强制集中隔离和核酸检测等一系列管制措施。这种赋码规则和实践操作的合理性确实值得商榷。对这些个体而言，草率的赋红码或黄码行为似构成对其不合理的差别对待。2021 年 7 月中旬的南京禄口机场疫情暴发期间，网民"吐槽"转码的艰辛过程，实则暴露出了目前各地防疫机构出台的转码规则设计和实践运行中所存在的标准不一、不合逻辑和操作混乱等突出问题，也从深层次暴露出了目前各地健康码赋码规则本身的合理性问题。

综上，我们可以看到，以健康码为代表的数字接触追踪技术在缓解疫情传播扩散、促进社会有序流动方面发挥着重要作用，但是其所潜藏的隐私和歧视风险也同样不容忽视。

第三节　疫情防控常态化背景下数字接触追踪技术应用的法治化建构

2020 年在全球范围内暴发的新冠疫情将整个人类社会从正常状态推向紧急状态。而数字接触追踪技术在世界主要国家疫情防控中的广泛应用则进一步将人类社会推向了"数字紧急状态"。[1]2021 年，我国疫情防控形势总体趋于稳定，暴发大规模疫情的可能性较小，处在"外防输入、内防反弹"的疫情防控常态化阶段。这意味着：一方面，以健康码为代表的数字接触追踪技术仍将在疫情防控中持续应用。诚如学者所言："在疫情防控常态化的背景下，健康码可能会成为长期伴随个人的电子健康凭证。"[2]另一方面，数字接触追踪技术应用的各种风险也如影随形。"既然'例外状态……已然成为常态'，那么它便不仅越来越成为一种治理技术而非例外手段，并且也暴露了它

---

〔1〕　沈伟伟：《论数字紧急状态的恢复机制——以新冠疫情防控为例》，载《清华法学》2021 年第 2 期。

〔2〕　赵宏：《健康码中的数据收集与信息保护》，载《检察日报》2020 年 6 月 10 日。

自身作为法秩序之构成性典范的本质。"〔1〕在疫情总体形势趋于稳定的背景下，疫情防控趋于常态化，此时，之前悬置的法律制度和法秩序应当逐渐恢复。从这个意义上讲，殊有必要对以健康码为代表的数字接触追踪技术应用加以法律规制，在保障其防疫功能基础上，寻求公共健康福祉与个人隐私、平等与自由等基本权利的动态平衡。

（一）数字接触追踪技术应用法治化的原则奠基：比例原则

"比例原则所强调的手段必要性和限制妥当性，本质上是在权利侵害的严重性和公益保护的重要性之间追求均衡。"〔2〕比例原则是衡量和判断公权力行使是否合乎理性的重要判准。传统的比例原则包括适当性、必要性和均衡性三大子原则，这三大原则在具体个案适用中采取逐步递进适用之方法，因此又被称为比例原则的"三阶构造"。随着社会发展，比例原则将目的正当性纳入其中，进一步扩展为"四阶构造"：即目的正当性、适当性、必要性和均衡性。〔3〕数字技术在公共治理场景中的应用同样需要遵循比例原则。《欧盟个人数据保护比例原则指南》规定，应在适当的数据处理与合法目的间进行平衡，无论是公共还是私人领域，都应在所有阶段实现公共利益、个人权利和自由之间的利害关系平衡，保证对个人权利干预强度与特定场景下意欲实现目标之间的必要平衡。〔4〕作为当前各地疫情防控实践所广泛应用的一项技术手段，数字接触追踪技术应用意欲实现法治化，首先应当遵循比例原则，将比例原则作为判断该技术应用是否具有合法性和正当性的基本判准。

1. 合乎目的正当性

新冠疫情这一重大公共卫生事件暴发对人民生命健康构成严重威胁，这一重大而紧迫情势的出现，要求国家担负起疫情防控之义务，以保障公共健康之福祉。国家基于疫情防控、保障公共健康之目的，此目的本身具有正当性。这为疫情防控部门应用健康码采集、处理个人数据提供了正当性基础。

---

〔1〕　［意］吉奥乔·阿甘本：《例外状态：〈神圣之人〉二之一》，薛熙平译，西北大学出版社2015年版，第11页。

〔2〕　赵宏：《疫情防控下个人的权利限缩与边界》，载《比较法研究》2020年第2期。

〔3〕　刘权：《目的正当性与比例原则的重构》，载《中国法学》2014年第4期。

〔4〕　European Data Protection Supervisor, "Assessing the Proportionality of Measures that Limit the Fundamental Rights to Privacy and to the Protection of Personal Data", Available at https://edps. europa. eu/sites/edp/files/publication/19-12-19_ edps_ proportionality_ guidelines2_ en. pdf, Last Visited 2021-8-22.

目的正当性原则要求疫情防控部门应用健康码，包括个人数据采集、处理和分析都只能围绕疫情防控这一目的展开，而不能基于其他目的，例如基于公共安全或城市管理等相对宽泛的行政目的或公共利益而通过健康码应用程序收集数据。

2. 合乎适当性

适当性原则又称关联性原则，它要求手段与目的之间存在实质的关联性。[1]在疫情防控背景下，根据适当性原则，要求防疫部门采取的防控措施与有效控制疫情传播、保障公共健康的目的之间具有合理的因果关系。具体到健康码这一数字接触追踪技术，适当性原则要求通过健康码应用程序所采集的个人姓名、住址、联系方式、健康状况、行踪轨迹、地理位置等信息与遏制疫情传播、保障公共健康之疫情防控目的之间存在实质关联性。一些地方的健康码应用程序强制采集个人的人脸、虹膜等生物特征信息，这些个人生物特征信息具有唯一性、不可逆性，属于个人敏感信息，且与公共健康目的之实现无实质关联性，显然构成"不当联结"，这种做法与适当性要求显然是相悖的。

3. 合乎必要性

必要性原则要求立法者、行政者所运用的手段是可供选择的诸种手段中相对最小损害的。在疫情防控常态化背景之下，必要性原则要求在防疫部门在诸种防控手段中选择相对最小损害的一种。就健康码这一接触追踪工具而言，必要性原则要求健康码应用程序在个人信息收集上坚持最少够用原则，不能过度采集个人信息；在个人信息的储存上，应当根据新冠病毒感染潜伏期等因素综合考量，合理确定数据存储的期限；在个人信息的共享、处理和分析上，严格恪守目的限缩之要求，紧紧围绕遏制疫情扩散传播、保障公共健康之目的来共享、处理分析个人数据，不得基于其他目的而对个人数据进行共享、处理和分析。

4. 合乎均衡性

均衡性原则又称狭义的比例原则，该原则要求公权力行为手段增进的公共利益与其所造成的损害之间成比例。[2]均衡性原则要求执法者目光在手段与目的之间来回穿行流转。在行政实践中，执法者为达至均衡性，通常借助

---

〔1〕 刘权：《适当性原则的适用困境与出路》，载《政治与法律》2016 年第 7 期。
〔2〕 刘权：《均衡性原则的具体化》，载《法学家》2017 年第 2 期。

于成本-效益分析这一理性计算方法。然而，在新冠疫情大规模暴发之初，囿于对新冠病毒的传染性、致死率和传播途径、速度等特征缺乏了解，防疫部门不得不在"不确定性条件下"快速作出判断，此时要求防疫部门在公共健康福祉与疫情所造成的个人隐私、歧视、自由等风险之间作出精确的计算是不现实的。但是，在疫情防控常态化之后，要求防疫部门在数字接触追踪技术应用中权衡其在遏制病毒传播扩散、促进公共健康福祉与侵害公民个人隐私、歧视和自由等基本权利方面造成的侵害是否成比例则是必要和可能的。根据均衡性原则，疫情风险程度和分布状况各异，意味着在确定健康码"亮码"场合时，需要充分基于风险治理的理念，根据所在地区的疫情风险等级、地域和具体场所来确定是否需要"亮码"，那种搞"一刀切"、强制要求公民出入各种场所均需"亮码"的做法显然是不恰当的。[1]

（二）　数字接触追踪技术应用法治化的具体制度建构

在明确疫情常态化背景下数字接触追踪技术应用应以比例原则为基本遵循之后，仍应当以此原则为基础，来建立健全数字接触追踪技术应用的制度规则，以确保技术应用在法治框架下展开。

1. 健全以隐私政策为中心的数据采集告知制度

在疫情防控常态化背景下，健康码开发者、使用者在注重健康码防疫效果的同时，高度重视在数据采集过程中个人知情权的保障。正如前述，基于疫情防控的现实需要，尽管传统个人信息处理的告知-同意原则被悬置，防疫部门能够在未经个人同意的情形下收集个人信息，但是为了防止个人数据被过度收集、处理，保障个人的知情权，疫情防控部门通过健康码收集个人信息时，仍负有明确的告知义务。为了更好地履行这一告知义务，各地的健康码应用程序宜公布隐私政策，在隐私政策中向注册用户明确告知数据收集的目的、范围、类型、用途等，以保障数据收集阶段个人的知情权。

2. 建立数字接触追踪技术影响评估制度

如果将人工智能类比人类的话，那么算法和数据则分别是组成人工智能躯体的神经系统和血肉，两者共同协作，使得人工智能更具智慧。数字接触追踪技术之所以能够在防疫工作中发挥重要作用，也是得益于海量的数据收集和算法模型的强大数据分析处理能力。无论是算法，还是数据收集、储存

---

[1]　鲍坤：《健康码数据常态化应用的比例原则限制》，载《电子政务》2021年第1期。

等活动均会对公民的基本权利产生深刻影响。诚如学者所言："权力的数据性行使还会形成权利限制的正当性假象，公权力借助数据和算法的力量，通过观念渗透和基础设施搭建实现权利限制的生活场景重塑和逻辑植入，使个人不得不接受直至习惯于此隐形枷锁。"〔1〕在疫情防控常态化背景下，为了全面了解、评估健康码这一数字追踪技术算法和数据处理活动对公民基本权利的影响，殊有必要建立健康码算法影响评估制度。〔2〕目前，包括欧盟、美国和加拿大在内的发达国家和地区均建立了算法影响评估制度，特别是针对近年来在公共治理领域广泛应用的自动化算法系统。究其本质，算法影响评估制度反映的是一种风险治理的理念，即聚焦于算法自动化系统对公民自由、隐私和平等权等基本权利的潜在影响。借由对拟投入应用的算法自动化系统对公民自由、隐私等基本权利的影响程度的全面评估来确定是否投入应用，并对投入应用的算法自动化系统有针对性地采取技术措施，以减少其对公民基本权利的负面影响和风险程度。

在疫情防控常态化背景下，面对健康码这一数字接触追踪技术潜藏的隐私和歧视风险，宜建立健康码算法影响评估制度。在评估内容上，健康码算法影响评估主要聚焦于算法模型对公民自由权、隐私权和平等权等基本权利的影响和风险程度。在评估时间上，鉴于疫情形势的动态变化特征，宜建立动态、周期性的评估制度，由开发应用健康码的防疫机构定期对健康码这一数字接触追踪技术的潜在风险展开评估。在评估报告披露方面，鉴于健康码应用程序对公民的自由等一系列基本权利所造成的影响，宜采行强制披露制度，即要求健康码算法的开发者和应用者披露评估报告，以接受公众监督。〔3〕借由这一强制披露制度来促使健康码算法的开发者和应用者优化算法模型的设计、改进性能，在保障健康码防疫功能的前提下，减少其对公民基本权利造成的负面影响和风险。

3. 建立事前解释与事后解释相结合的算法解释权制度

算法决策的一个基本特征在于黑箱性，防疫机构利用健康码为特定个体赋码进而决定其隔离抑或通行的行为作为一种典型的算法行政也不例外。〔4〕

---

〔1〕 宁园：《健康码运用中的个人信息保护规制》，载《法学评论》2020 年第 6 期。

〔2〕 张欣：《算法影响评估制度的构建机理与中国方案》，载《法商研究》2021 年第 2 期。

〔3〕 张恩典：《算法影响评估制度的反思与建构》，载《电子政务》2021 年第 11 期。

〔4〕 虞青松：《算法行政：社会信用体系治理范式及其法治化》，载《法学论坛》2020 年第 2 期。

根据正当程序原则，行政机关对其所作出的行政决定负有说明理由之义务，以阐释其行为是基于充分的事实和理由而作出，具有合法性和合理性。[1]然而，健康码算法行政的黑箱性特征却褫夺了公民获得合理解释的权利。

诚如学者所言："透明度和信息告知义务对个人权利和自由的内在价值在于限制信息的不对称，并向个人展示其数据处理情况。这对于保护人们在信息自决权意义上的数据保护权，维护个人自治、建立反歧视意识尤为重要。"[2]在疫情防控常态化时期，为了克服健康码自动行政的黑箱性，提升健康码算法的透明性，需要在健康码应用中引入算法解释权制度，通过赋予那些受健康码算法决策影响的公众获得健康码算法决策的解释权利，来使其了解健康码算法决策背后的逻辑乃至正当性基础。在健康码算法的解释权构造上，可以考虑根据算法决策的多阶构造采取事前解释和事后解释相结合的双层解释权构造。[3]具体而言，事前解释主要围绕健康码算法模型展开，是一种以"算法功能为中心"的算法解释模式。这一算法解释模式一般发生在健康码算法模型被投入使用前，由健康码开发者和应用者对健康码算法模型的功能、预定义模型、赋码规则等进行解释，以算法功能为中心的事前解释模式有助于让社会公众了解健康码算法的内在运行机理。事后解释则主要围绕健康码算法自动作出的具体赋码行为展开，是一种以"具体决策为中心"的算法解释模式，该解释模式通常是在健康码应用程序对特定主体作出自动赋码行为之后进行，主要围绕着健康码对特定主体赋码的理由、原因、作出特定赋码决定所依据的个人健康数据、行踪轨迹数据和地理位置数据等，以及每种指标的功能权重、机器定义的特定案例决策规则等。事后解释有助于健康码算法行政相对人了解对其赋码背后的理由和原因。例如，事后解释能够使其了解到其之所以被赋红码是因最近14天内有高风险旅居史或者确诊人员密接触史。"透明性有助于营造一种信任的气氛，引导大家接受算法的结果。"[4]从个人角度而言，赋予其算法解释权，能够打破健康码算法的黑箱，使其了解

〔1〕　张恩典：《人工智能算法决策对行政法治的挑战及制度因应》，载《行政法学研究》2020年第4期。

〔2〕　[荷]玛农·奥斯特芬：《数据的边界：隐私与个人数据保护》，曹博译，上海人民出版社2020年版，第141页。

〔3〕　张恩典：《大数据时代的算法解释权：背景、逻辑与构造》，载《法学论坛》2019年第4期。

〔4〕　[法]瑟格·阿比特博、[法]吉尔·多维克：《算法小时代：从数学到生活的历变》，任轶译，人民邮电出版社2017年版，第139页。

健康码内部运行的机理，知悉对其赋码背后的原因和理由，有助于提高其对防疫措施的遵从度。从防疫部门角度而言，算法解释义务切实履行，能够使赋码结果更具合理性，使得基于健康码的算法行政避免专断恣意，最终赢得公众的信任。

4. 建立类型化与周期性相结合的数据删除制度

诚如学者所言，相对于传统的紧急状态而言，数字时代的紧急状态恢复显得尤为困难。[1]这一点从一些城市以"智慧城市"建设名义迫不及待地将健康码这一数字接触追踪技术升级扩展的实践做法中就得以略窥一二。9·11恐怖袭击事件后，基于反恐的需要，各国纷纷临时采取了一系列安保措施，例如广泛使用摄像头等，而时至今日，摄像头等技术已经遍布周遭，显得再正常不过了。而伴随着人脸识别技术、数字接触追踪工具被广泛应用于新冠疫情防控，"越来越多的分析人士、政策制定者和安全专家担心这一情况会再次上演，他们害怕为了控制新冠疫情而采取的技术解决方案会长期存在"。[2]在疫情防控常态化背景下，基于保护个人信息隐私和保障公民自由之目的，宜在确保健康码防疫功能正常发挥之前提下，根据个人数据在防疫中的功能作用和重要性程度，建立类型化与周期性相结合的数据删除制度。具体而言：第一，对于诸如个人的行踪轨迹、地理位置数据、非确诊人员的健康数据等，因为这些数据往往处在不断变动之中。根据感染新冠病毒的潜伏期特征，该类数据只是在健康码收集后一段时间内可以被用于防疫之目的，在经过一段时间后，这些数据便失去了其进行流行病调查、开展接触者追踪的作用。因此，对于这类数据宜规定其在自采集之日起的一定期限（通常不超过 1 个月）后即由专门人员负责删除，数据主体也可以行使删除权。这一动态的周期性删除制度有助于保护个人信息、避免数据泄露，也可在一定程度上打消个人对持续的大规模监控的担忧。第二，对于诸如个人信息能够持续被用于疫情防控的情况，例如确诊患者的健康数据可被用于疫苗研发、医学研究、传染病持续追踪调查等，则不能删除，数据主体的删除权行使也应受到限制。[3]

〔1〕 沈伟伟：《论数字紧急状态的恢复机制——以新冠疫情防控为例》，载《清华法学》2021 年第 2 期。

〔2〕 ［德］克劳斯·施瓦布、蒂埃里·马勒雷：《后疫情时代——大重构》，中信出版社 2020 年版，第 137 页。

〔3〕 李晓楠：《"数据抗疫"中个人信息利用的法律因应》，载《财经法学》2020 年第 4 期。

当然，为了保护数据主体的健康隐私，数据控制者应当采取切实有效的技术措施对数据进行脱敏加密处理。第三，对于疫情防控期间收集的个人姓名、身份证号等基本信息，在防疫期间，为避免重复采集，上述个人基本信息不宜删除，待疫情结束后再进行删除。

本章小结

　　新冠疫情在全球范围内的大规模暴发，将世界各国政府卷入了一场百年不遇的"生命政治"治理实践。生命政治的本质是"政治直接作用于生物性生命、使人活下来的政治"。"现代社会的权力是一种保护和提高生命的权力，各种权力机构的主要功能不是消灭生命，而是要去干预和调节生命的状态。"[1]置身数字化转型时代，围绕新冠疫情的生命政治正在诞生出新的治理术，亦即由大数据和算法共同驱动的算法治理术（algorithmic governmentality），而作为控制疫情蔓延、追踪接触者的数字接触追踪技术只是其中之一。[2]当前，人类在面对数字接触追踪技术时显露出一种喜忧参半的复杂而矛盾的心理：一方面，数字接触追踪技术无疑承载着人类试图借由自主性技术的力量走出重大公共卫生危机的殷殷希望，并为人类社会在新冠疫情阴霾笼罩之下显现的数字化转型曙光而倍感欣慰；[3]另一方面，强大而无所不在的数字接触追踪技术对人的持续性监控又引发了对自由、隐私和平等等价值丧失的隐忧。但无论如何，作为法律人，面对新冠疫情带来的数字紧急状态，仍需要回归到紧急状态法治的框架下，在保障数字接触追踪功能作用的前提下，持续探索数字接触追踪技术的法律规制方案，这对于人类有尊严而从容地早日走出新冠疫情阴霾无疑具有重要的理论和现实意义。

---

　　〔1〕　〔法〕米歇尔·福柯：《生命政治的诞生》，莫伟民、赵伟译，上海人民出版社 2018 年版；张凯：《生命政治：现代国家治理术》，上海社会科学院出版社 2021 年版，第 112~113 页。

　　〔2〕　See Antoinette Rouvroy, "The End（s）of Critique：Data Behaviourism Versus Due Process", Mireille Hildebrandt（ed.）, *Privacy, Due Process and Computational Turning：The Philosophy of Law Meets the Philosophy of Technology*, Routledge, 2013, pp. 143~167.

　　〔3〕　参见〔美〕兰登·温纳：《自主性技术：作为政治思想主题的失控技术》，杨海燕译，北京大学出版社 2014 年版，第 10~36 页。

第十章

通过合同实现算法行政问责

数字时代背景下，政府在社会福利、市场监管、环境治理等公共治理实践中日益广泛地应用机器学习算法，算法行政随之悄然兴起。2022 年 6 月 6 日，《国务院关于加强数字政府建设的指导意见》，指出"加强数字政府建设是适应新一轮科技革命和产业变革趋势、引领驱动数字经济发展和数字社会建设、营造良好数字生态、加快数字化发展的必然要求……"《国务院关于加强数字政府建设的指导意见》对我国数字政府建设作出了战略谋划和系统部署，掀起了数字政府建设高潮。人工智能算法系统为数字政府建设提供了重要的技术支撑，无论是"一网通办"，还是"一网统管"，背后均离不开人工智能算法的技术支撑。目前各行政机构所应用的人工智能算法系统多数并非由自己开发，而是多由国有或私营公司开发设计，政府相关部门通过政府采购方式向市场主体采购而来。在算法行政兴起，乃至整个政府数字化转型过程中，作为市场主体的国有或私营公司扮演着重要角色，甚至在一定程度上主导这些应用于人类公共事务的机器学习算法模型的开发和设计过程，并得以在很大程度上分享原本由立法机关赋予政府部门及其执法人员的执法权力。究其本质，算法行政在实现行政决策自动化过程中，亦不同程度地呈现出了国家行政权力"私有化"和"去中心化"趋势。由机器学习算法驱动的行政自动化和私人化的交织和交互现象引发了社会各界关于公共行政领域算法问责以及算法行政正当性的思索和追问。[1]

---

〔1〕 Ryan Calo & Danielle Keats Citron, "The Automated Administrative State: A Crisis of Legitimacy", *Emory Law Journal*, Vol. 70, No. 4, 2021, p.797；王怀勇、邓若翰：《算法行政：现实挑战与法律应对》，载《行政法学研究》2022 年第 4 期。

近年来，算法行政兴起带来的一系列问题受到包括法律学者在内的社会科学领域理论研究者的高度关注。目前的研究成果主要从自动化算法行政的性质与类型、算法行政对行政法基本原理和制度的挑战，以及算法行政的规制方案建构等三个维度展开。在自动化行政的类型划分上，有学者根据自动化程度，将自动化行政区分为无自动化行政、自动化辅助行政、部分自动化行政和完全自动化行政。[1]在算法行政对行政原理和制度的挑战方面，有学者分析了算法自动化决策兴起与依法行政原则、正当程序原则、行政公开、行政公平等诸行政基本原则之间所潜藏的张力。[2]还有学者聚焦于算法自动化决策对申辩、听证等经典行政正当程序规则的冲击和挑战。[3]在制度方案建构方面，学者们从增强算法透明性、增强算法责任性的角度提出了建立算法解释权、算法审计、算法影响评估制度，建立人工干预机制等富有价值的算法规制方案。[4]还有学者提出了"模块化"的算法治理理论方案和制度构想。[5]

一方面，既有研究更多地基于立法论视角，侧重从制度建构角度来探寻面向公共治理领域的算法问责制。这一研究对于自动化行政国家兴起背景下消解算法行政的正当性危机，无疑具有重要的理论和现实意义。然而，目前的研究亦存在偏颇之处，当前的研究聚焦于立法维度，冀望透过制度设计一揽子解决算法行政带来的诸多问题。然而，"远水难以解近渴"，算法规制方案的系统性建构无疑是一个长期过程，一揽子解决方案难以有效回应当下算法行政所面临的紧迫的算法问责困境。面对当前各地如火如荼的数字政府建设浪潮，端赖立法进路来解决算法行政所面临的现实而急迫的问责困境多少显得有些"制度供给不足"。另一方面，已有的制度规则更多地聚焦于商业领

〔1〕　马颜昕：《自动化行政的分级与法律控制变革》，载《行政法学研究》2019 年第 1 期。

〔2〕　张恩典：《人工智能算法决策对行政法治的挑战及制度因应》，载《行政法学研究》2020 年第 4 期。

〔3〕　张凌寒：《算法自动化决策与行政正当程序制度的冲突与调和》，载《东方法学》2020 年第 6 期；苏宇：《数字时代的技术性正当程序：理论检视与制度构建》，载《法学研究》2023 年第 1 期。

〔4〕　相关研究成果，参见张欣：《算法行政的架构原理、本质特征与法治化路径：兼论〈个人信息保护法（草案）〉》，载《经贸法律评论》2021 年第 1 期；张恩典：《大数据时代的算法解释权：背景、逻辑与构造》，载《法学论坛》2019 年第 4 期；施立栋：《自动化行政中的人工干预机制：以公安领域为例》，载《中国社会科学院大学学报》2022 年第 6 期。

〔5〕　许可：《驯服算法：算法治理的历史展开与当代体系》，载《华东政法大学学报》2022 年第 1 期。

域的算法自动化决策，对公共算法决策却关注甚少，公共算法决策的法律规制成为一个亟待解决的问题。笔者认为，为了应对算法行政所面临的问责困境，除了从立法层面系统构建算法问责的制度体系之外，学者亟待探索更具操作性和灵活性、能够有效满足公共治理领域算法规制需求的方案，以解当前我国算法行政问责困境的"燃眉之急"。鉴于此，本书另辟蹊径，以数字政府建设为背景，立足于算法行政"外包"之实践图景，在全面剖析当前算法行政所面临的问责困境基础上，深入分析算法行政问责合同规制进路的理论意涵与价值功能，探索算法行政问责合同规制的具体方案，以期对我国行政问责制度构建有所助益。

第一节　数字政府建设背景下算法行政的问责困境

数字时代，为回应日益增长的治理压力，政府开始在公共治理实践中广泛应用现代数字技术，期望发挥算法系统所具有的监测、预测和数据驱动决策功能，以提高公共治理效能。机器学习算法的上述功能对现代公共行政产生深刻影响，促使传统依赖威慑型的事后行政监管模式逐渐向预防型的事前行政监管模式转型，在很大程度上回应了现代风险社会的治理需求。这正是环境监管、市场监管、公共安全、民生保障等公共行政诉诸算法系统，甚至苦心孤诣倾力打造"自动化行政国家"之原因所在。[1]在算法技术深度嵌入传统行政科层制、赋能政府治理的过程中，作为数字时代的一种新兴力量，算法科层制塑造了公共组织内部的"控制与激励机制，改变了知识信息流动、组织形态以及服务供给模式"。[2]然而，在政府部门致力于建立算法科层制，并寄望通过算法技术实现良善之治的过程中，我们仍然需要思索其能够在多大程度上达到马克斯·韦伯所言的"根据纯粹的客观考虑来执行行政职能专门化原则的最佳可能性"？[3]当前，算法行政正面临着深刻的正当性危机。我

---

〔1〕　Ryan Calo & Danielle Keats Citron, "The Automated Administrative State: A Crisis of Legitimacy", *Emory Law Journal*, Vol. 70, No. 4, 2021, p. 797; Thomas M. Vogl et al., "Smart Technology and the Emergence of Algorithmic Bureaucracy: Artificial Intelligence in UK Local Authorities", *Public Administration Review*, Vol. 80, No. 6, 2020, pp. 946~961.

〔2〕　吴进进、何包钢：《算法科层制的兴起及其形态》，载《社会学研究》2023 年第 6 期。

〔3〕　Bernard W. Bell, "Replacing Bureaucrats with Automated Sorcerers?", *Daedalus*, Vol. 150, No. 3, 2021, p. 89.

们对那些来自商业机构的算法技术深度渗透于公共行政实践应当保持足够的审慎，对当前政府算法行政"外包"实践给予充分警惕。下面，本书将结合机器学习算法的特征重点分析算法行政所面临的问责困境。

（一）算法黑箱加剧行政决策的不透明性

透明度是促进问责的重要机制。行政的公开和透明是保障公众知情权、实现政府问责的重要前提。在算法行政中，机器学习算法模型具有的高度复杂性和模糊性，导致设计和开发算法模型的技术专家难以对其输出结果作出解释和说明，更不用说采购部署算法系统的行政机构以及那些受算法系统影响的潜在利益相关者。算法技术正在将人类社会推入库克里克所言的"微粒社会"。在这一社会形态中，潜藏着一种透明与不透明共生的悖论状态，亦即那些高度不透明的数字化机器，正在创造着无法辩驳的透明。这种悖论将会使我们在面对机器学习算法时陷入一种独特的混沌之中：一方面，算法将决定我们的生活、控制我们的行为，它关系着我们存在的所有方面，统治着、影响着同时也规训着我们；另一方面，我们却无力地站在程序的对面，因为我们不懂它们。我们面对的是看不见的机器。它们能看穿一切，但自己无法被看穿，仿佛是神的存在。[1]一些学者甚至将机器学习算法比喻为"神谕"。[2]这种观点和做法的背后实则是一种"盲目的技术崇拜、唯科学主义"观念，在这种观念影响之下，甚至连"社会'科学家'都披上了'神父'的神秘外衣"。[3]具体到算法行政领域，机器学习算法的高度复杂性为算法行政披上了神秘和科学的外衣，产生了所谓"黑箱效应"，这在客观上为行政机构推脱责任提供了可能。

行政机构正试图利用算法模型为其决定营造出一种看似"客观中立"的表象。在实践中，一些行政机构常以行政决定是由算法系统自动生成、具有高度复杂性和客观性为借口，拒绝对行政决定的理由作出解释。机器学习算法的模糊性和不透明性带来了算法行政的解释难题，而解释困难则又导致了

---

〔1〕　[德] 克里斯多夫·库克里克：《微粒社会：数字化时代的社会模式》，黄昆、夏柯译，中信出版社 2017 年版，第 148~149 页。

〔2〕　Lucia Sommerer, "Taming Algorithmic Oracles: Transparency Requirements for the Use of Predictive Analytics by Government Agencies", *LL. M. Dissertation Paper*, p. 2.

〔3〕　[美] 尼尔·波斯曼：《技术垄断：文化向技术投降》，何道宽译，中信出版社 2019 年版，中译者第一版序，第 xiii 页。

问责困境。诚如学者所言："当一个人无法解释采取某一具体行动的原因时，就很难确定问责制。算法行为背后不透明的推理使得本就困难的软件责任问题复杂化。"[1]例如，在实践中，一些行政机构通过人工智能算法作出自动化决策之后，在面对公民提出解释特定决定的生成逻辑和理由时，拒绝作出合理的回应和解释，而是选择以特定决定是否由后台算法系统自动生成的，其决策过程具有高度的复杂性无从解释为由加以搪塞推诿。客观而言，这种做法在很大程度上侵蚀了公众对算法决策的信任，也削弱了数字政府建设的公信力。

（二）商业秘密阻碍算法问责

"当自动决策和商业秘密促进公共和私人的混合时，就会产生透明度危机。在这种情况下，私营企业现在正扮演着过去由政府所扮演的角色，但其却可以利用商业秘密法的原则，将自己与政府运作所依据的问责制期望相隔绝。"[2]回应性是实现问责的主要方式。"向某人应责意味着其有义务去回应后者提出来的任何令人不愉快的问题，往往是说明自己已经做了或未来准备做什么以及为什么这样做。"[3]然而，在算法行政场景中，"算法外包"却导致行政机构对民众的回应性被逐渐削弱。具体而言，政府部门在与这些提供数字化设备和服务的供货商订立采购合同时，后者通常都会以所提供的设备和服务涉及商业秘密和知识产权为由拒绝公开算法代码，并拒绝对其算法系统的运行规则、参数等情况作出说明和解释。

正当的商业秘密应当受到法律保护。但诉诸商业秘密保护并不当然意味着其便受到保护。诚如学者所言："商业秘密作为财产的概念是其设计本法律框架的基础。这使得它几乎与考虑政府透明度的公共利益背道而驰。"[4]现实中，很多商业机构所开发的算法系统实际上并未达到商业秘密的保护标准，但却在采购合同中提出了过于宽泛的商业秘密保护要求，而政府机构采购人员在

---

〔1〕 Amulya Ashwathappa et al., "Algorithmic Accountability in the Judiciary", Available at https://ssrn.com/abstract=4095654, Last Visited：2022-3-16.

〔2〕 See Sonia K. Katyal, "The Paradox of Source Code Secrecy", *Cornell Law Review*, Vol. 104, 2019, p. 1189.

〔3〕 沈岿：《行政监管的政治应责：人民在哪？如何回应？》，载《华东政法大学学报》2017年第2期。

〔4〕 Elizabeth A. Rowe & Nyja Prior, "Procuring Algorithmic Transparency", Available at https://ssrn.com/abstract=4044178, Last Visited 2022-4-15.

审查和订立采购合同过程中常因审查能力不足以及担心披露和解释算法决策将影响算法系统效果等主客观原因，主动或被动地接受了供货商提出的商业秘密保护要求。"如果机构在起草人工智能服务合同时不考虑透明度，他们就有可能允许私人供应商提出过于宽泛的商业秘密保护要求。不幸的是，这种宽泛的声明被说得太多，以至于'成为保护算法的默认方式'。"[1]正是借助于商业秘密这张王牌，供应商乃至政府机构得以豁免披露和解释对社会公众的基本权利产生重要影响的算法自动化决策背后的理由。可以说，在算法行政中，商业秘密已然成为横亘于社会公众与行政机构之间的一道屏障，阻碍了公众对算法行政进行问责，并在很大程度上导致算法行政问责陷入困境。

（三）算法行政拒斥行政机构专业判断

立法机构之所以授权行政机构行使裁量权，主要因为后者在长期行政执法实践中积累了大量专业知识，获得了根据个案相机裁量的权力，并因此在专业领域赢得了法院对行政机构的尊让。

然而，算法行政却在一定程度上拒斥甚至替代了行政机构的专业判断，且这种拒斥贯彻于算法设计开发、算法系统运行等诸阶段。具体而言，在算法开发阶段，算法模型的设计开发基本由那些具备专业技术能力的商业机构主导，作为技术需求方的行政机构及其工作人员因缺乏相应的专业技术能力难以参与算法开发设计活动，这使得行政机构及其工作人员在经年累月的行政执法实践中积累的行政专业知识难以借由参与开发活动而浸润到人工智能算法系统之中。然而，行政机构应用的算法模型所涉及的一些关键指标参数的设定却离不开那些具有丰富经验的行政官员所提供的专家知识。例如，在污染物排放物的智能监测系统设计中，对于在算法智能系统中将污染物排放量设定在哪个阈值则需要有行政官员来参与设定。其实，这些由商业机构开发的算法系统的参数、阈值的设定均离不开作为需求方的行政机构的深度参与。然而，从当前实践来看，行政机构对其所应用的算法系统却知之甚少，难以参与算法系统开发过程。"购买和使用这些系统的政府机构通常对这些系统设计与公共目标和价值观的契合程度没有任何参与，甚至没有相关知识。他们不知道系统对其试图预测的现象建模的方式、训练数据的选择和管理，

---

〔1〕　Cary Coglianese & Erik Lampmann, "Contracting for Algorithmic Accountability", *Administrative Law Review Accord*, 2021, Vol. 6, No. 3, p. 185.

或数据的使用。"〔1〕

在算法系统运行阶段，由于行政机构大多数采购的是机器学习算法系统，这些系统在执行任务时不使用明确的指令，而是依靠模式和推理，并以一种不透明的逻辑取代行政自由裁量权的人类决策者，这种逻辑与机构人员有限而理性的推理过程毫无相似之处，而是由机器通过学习海量数据观察人类行为推导出模式。〔2〕换言之，不同于遵循因果推理逻辑思维的人类执法者，算法自动决策的基础是建立在对海量历史数据的分析基础之上的。前者遵循因果律，而后者则关注相关性。在此过程中，人类执法者直接参与算法决策过程的空间极为有限。机器学习决策可以实现自动化，这在提高执法效率并跟上私营部门快速交易的步伐方面具有优势。然而，机器学习算法系统可以有效地将人类从那些他们曾经发挥核心作用的某些决策过程中剔除出去。〔3〕由此可见，算法决策的自动性和规模性带来的所谓精准、客观和高效是以行政机构和行政官员让渡部分行政权力，乃至于摒弃专业判断为代价的，其直接导致行政机构对技术公司的深度依赖，并最终引发算法决策对人类决策的侵蚀乃至替代。〔4〕

"在数字生活世界里，占主导地位的物品将是数字技术，因为对控制它的人来说，他不仅带来便利，娱乐甚至财富，它还会带来权力。"〔5〕这种算法权力通常属于那些控制技术的人。算法行政对行政机构专业人员和专业判断的排斥：一方面强化了商业机构对算法系统开发和运行的影响乃至控制；另一方面也使得商业机构借由算法系统的开发设计而在实质上分享了由立法机构赋予行政机构的行政权力，虽然这种行政权力"外溢"与"分享"并非行政机关和技术公司主观追求的目标，但却是一个不争的事实。同时，"对于监管

〔1〕 Deirdre K. Mulligan & Kenneth A. Bamberger, "Procurement as Policy：Administrative Process for Machine Learning", *Berkeley Technology Law Journal*, Vol. 34, 2019, p. 778.

〔2〕 Deirdre K. Mulligan & Kenneth A. Bamberger, "Procurement as Policy：Administrative Process for Machine Learning", *Berkeley Technology Law Journal*, Vol. 34, 2019, p. 778.

〔3〕 Steven M. Apple & Cary Cogliance, "Algorithmic Governance and Administrative Law", Woodrow Barfield, *The Cambridge Handbook of the Law of Algorithms*, New York：Cambridge University Press, 2021, p. 167.

〔4〕 张凌寒：《智慧司法中技术依赖的隐忧及应对》，载《法制与社会发展》2022 年第 4 期。

〔5〕 ［英］杰米·萨斯坎德：《算法的力量：人类如何共同生存》，李大白译，北京日报出版社 2022 年版，第 117 页。

机构而言，其面临的挑战不仅在于他们如何了解自己的系统是怎么运作的，尤其是如何通过'学习'自动更新，还在于基于算法的决策如何能够被目标人群所接受，以及为外部审查提供合理解释"[1]缺乏可解释性给寻求保留对政策控制权的行政机构及其工作人员带来了挑战，因为即使是机构负责人也无法准确地关注机器学习算法在作出决策时应用的政策。此时，行政机构将越发依赖作为算法系统管理中介的计算机和数据处理专家。同时，这种权力分享在导致公共权力的"私有化"、模糊公权力与私权利之间界限的同时也使得算法行政问责的难度陡增。因为这些商业机构透过算法系统分享公权力时，无需承担责任，而行政机构则因各种原因无法深度参与算法系统的设计，不了解系统运行规则，难以就特定算法决策为相对人提供合理解释，而多以决策为算法系统自动生成为借口推脱责任。毋庸讳言，人工智能算法驱动的"行政自动化"实践正面临着"算法卸责"这一不容忽视的问题。[2]

（四）算法行政褫夺公民参与决策和获得救济的权利

在现代民主社会中，公众参与行政决策和获得救济的权利是行政问责的主要内容，亦是确保行政机构应责的重要机制。客观而言，人工智能算法强大的信息和知识处理能力让一些民众对数据民主和人工智能民主产生了期待："数据民主中，最终的政治权力将属于人民，但一些政治决策将基于数据而非投票做出。通过收集和综合大量的可用数据——对每个人的利益、偏好和价值观给予同等考量——我们可以绘制出最清晰、最完整的公共利益画像。"[3]在那些支持数据民主的学者眼中，"数据民主将是一个真正的代议制，以人类历史上其他所有民主模式都更具代表性"。但是，从韦伯有关事实与价值分离的论断来看，数据民主的问题在于数据只能够告诉我们事实情况是什么，但它无法告诉我们它应该是什么。况且，数据驱动的算法决策还受制于数据本身的质量以及算法决策透明度等现实问题。而当我们对算法决策的基础和逻辑无从理解的话，这种所谓的数据民主能否称得上是一种民主类型确实值得商榷。诚如卡尔波卡斯在谈到数字化对传统民主政治影响时所言："治理、规

---

〔1〕 ［英］凯伦·杨伦、马可·洛奇:《驯服算法：数字歧视与算法规制》，林少伟、唐林垚译，上海人民出版社 2020 年版，第 209 页。

〔2〕 高童非:《论自动化行政中的"算法卸责"》，载《电子政务》2023 年第 2 期。

〔3〕 ［英］杰米·萨斯坎德:《算法的力量：人类如何共同生存》，李大白译，北京日报出版社2022 年版，第 201 页。

制和执法的混杂化和数字化的结果——数字法律、私有化力量、自主的权力体系——非常可能深刻动摇社会政治生活的基础。"〔1〕实际上，现代政府治理的算法转型并未如同其一些人工智能民主者所憧憬和描绘得那般促使政府运行流程和公共治理实践走向开放，而是存在技术行政化、技术内卷化的倾向，并由此引发了社会民众对算法控制所带来的数字极权的忧虑。〔2〕目前政府数字化转型实践呈现出较为严重的封闭性特征。具体表现为，在政府引入人工智能算法技术的决策封闭，政府算法研发设计的过程对外封闭，政府算法的生成和应用的全流程由政府和科技企业主导，缺乏有效的公众参与。〔3〕

算法行政在很大程度上对行政相对人的参与权利构成深刻挑战和冲击。一方面，在算法行政场景之中，由于算法行政决策的自动性特征，行政相对人常常只能得到算法系统自动输出结果，且决定是在瞬间作出，行政相对人往往难以如同在传统行政决策过程那般，在决定正式作出之前参与行政决策过程、提出申辩意见、表达自己的利益诉求。在算法行政场景中，其合理诉求往往缺乏有效的反馈渠道。另一方面，在面对由机器学习算法自动生成的结果时，行政相对人对于诸如结果究竟是如何作出的、在算法自动决策过程中究竟考虑了哪些具体因素、究竟是基于何种理由作出等在传统行政决策场景行政相对人均能得到回应的疑问，在算法决策场景中却常常无从知晓，难以得到合理的解释和回应。不得不承认，在算法行政场景中，公众参与行政过程的美好愿景正逐渐沦为一种幻象，而经典的行政正当程序原则及其背后的参与价值也逐渐受到侵蚀。为了改变算法行政场景中行政机构与行政相对人的不平衡状态，避免行政相对人误入"算法独裁"陷阱，美国学者指出"当政策被封闭的代码所笼罩时，公众（和）政府行为者无法影响政策"，并主张建立面向算法行政的"技术性正当程序"〔4〕的构想，以增强行政相对人对行政算法自动决策的参与和控制。

在算法行政场景中，行政相对人不仅被褫夺参与权，其享有的获得救济

---

〔1〕［立陶宛］伊格纳斯·卡尔波卡斯：《算法治理：后人类时代的政治与法律》，邱遥堃译，上海人民出版社 2022 年版，第 166 页。

〔2〕王锡锌：《数治与法治：数字行政的法治约束》，载《中国人民大学学报》2022 年第 6 期。

〔3〕张红春、章知连：《从算法黑箱到算法透明：政府算法治理的转轨逻辑与路径》，载《贵州大学学报（社会科学版）》2022 年第 4 期。

〔4〕Danielle Keats Citron, "Technological Due Process", *Washington University Law Review*, Vol. 85, 2008, pp. 1290~1291.

的权利也同样面临被悬置的风险。算法系统远非科技公司所宣称的那样完美，也并非行政机构所期望的那样客观中立，而是充斥着偏见与歧视。"自动化决策，尤其是机器学习算法，极易受程序员、之前所作决策，用户和/或社会偏见的影响，从而生成歧视性结果。"〔1〕例如，美国政府机构启用的人脸识别系统由于无法准确辨别有色人种而被质疑存在种族歧视。在算法社会中，人们在享受算法自动决策带来的便利的同时，也经受着来自算法的侵害。在算法行政场景也概莫能外。在福利行政中，人们便经受着来自算法系统的分类、排斥和歧视。实践中，不乏一些福利申请人因为个人数据出错，或者是算法系统本身设计上的缺陷，导致一些个人面临被系统"锁定"的困局，最终被剥夺享受福利的资格。〔2〕美国学者弗吉尼亚·尤班克斯在考察美国政府借助科技手段精心营造的"数字济贫院"时评论道："数字济贫院将行政权力集中在一小批精英手中。其集中整合数据系统和数字监控设施达到了前所未有的控制程度。这种分类穷人的自动化工具如果任其发展，将造成严重的不平等。"〔3〕然而，在面对来自算法行政决策的侵害时，行政相对人却难以获得有效救济。行政相对人因不了解特定算法决策背后的规则和逻辑，挑战和质疑算法决策将日益困难，捍卫自身合法权益的难度也将随之陡增。而作为算法系统设计者的科技公司和算法系统使用者的行政机构在面对来自行政相对人的权利救济诉请时，往往能够达成某种"共谋"，将责任推脱给"既不受程序员控制，也不受行政机构干预"的自动化算法系统。法院在面对政府基于维护公共利益而使用算法自动系统作出决策时，因高度专业性而常常表现出相当程度的尊让。这意味着，在算法行政场景中，行政相对人寻求权利救济将变得日益困难。

综上，在数字政府建设过程中，由商业公司设计开发的算法系统得以广泛介入过去由行政官员掌控的公共行政领域。在算法行政场景中，政府机构与算法系统供应商角色正在发生转换，前者从传统监管者转变为算法系统的购买者和受益者，而后者则从技术供应商转变为行政过程的参与者，甚至主

---

〔1〕　[英] 凯伦·杨伦、马可·洛奇：《驯服算法：数字歧视与算法规制》，林少伟、唐林垚译，上海人民出版社 2020 年版，第 92 页。

〔2〕　王锡锌：《数治与法治：数字行政的法治约束》，载《中国人民大学学报》2022 年第 6 期。

〔3〕　[美] 弗吉尼亚·尤班克斯：《自动不平等：高科技如何锁定、管制和惩罚穷人》，李明倩译，商务印书馆 2021 年版，第 170 页。

导者。[1]当我们从行政法原理上审视算法行政实践可以发现其在发挥其预测、监测和驱动决策等功能时，亦面临着问责困境。如何走出这一困境，形塑算法行政合法性，业已成为正在经历数字化浪潮的行政机构需要深入思索的"时代命题"。

第二节　算法行政问责规制进路的理论意涵与价值分析

面对数字时代公共行政算法治理转型导致的问责困境，学者们以制度建构为导向、从立法论进路开列出了诸多颇具建设性的制度方案。这些研究对于促进算法问责无疑具有重要价值。然而，面对算法技术系统借助政府数字化浪潮对人类生活世界的大规模、迅速介入，除立法进路之外，亟须探索一种具有实践回应性、能够灵活有效回应算法行政兴起的应对方案。鉴于目前行政机构所采用的算法系统绝大部分采购自商业机构，在算法问责的立法进路之外，殊有必要探索算法行政问责的合同规制进路，缓解算法行政问责困境。

（一）算法问责合同规制进路之理论意涵

合同规制进路是在商业机构尤其是私营机构深度参与我国数字政府转型这一时代背景下提出的，以回应算法行政所面临的问责困境。合同规制进路是在公私合作治理背景下，政府机构借助私法方式完成公共职能的重要方式。从内涵而言，所谓算法行政问责合同规制进路是相对于立法进路而言的，意谓借由政府采购合同这一载体，作为算法系统采购者和应用者的行政机构通过政府采购合同缔结过程，与作为算法系统的供货商展开充分协商并订立相关条款，并借此对供货商苛以一定的合同义务，以实现算法行政问责的目的。例如，在政府采购合同中要求供货商在开发和设计过程中承担算法披露、解释、评估等约定义务，并为行政机构参与算法系统设计、开发提供适当的参与机制，为行政专业知识植入算法系统提供有效渠道，进而达到增强算法行政问责之目标。

（1）合同规制进路是一种事前规制方案。与那种在算法系统应用过程中对其提出算法透明度等方面要求的事后规制不同，合同规制进路在算法系统

---

[1]　肖梦黎：《算法行政责任的分布式重建》，载《国家检察官学院学报》2023 年第 2 期。

投入运行之前，亦即在系统的政府采购阶段，对算法透明度等方面提出要求是一种典型的事先规制方法。这一方案的优势在于其不是等待算法系统采购运行出现透明度、公平性等问题后寻求解决方案，而是坚持事前预防理念，防患于未然，确保后续的算法系统运行更加高效。

（2）合同规制进路是一种逐案交易的规制方案。作为一种治理工具，合同代表了一种去中心化和分权化的治理机制，其在算法分布式问责制方案建构中占据重要地位。[1]相对于立法所提供的"一刀切"的整体化算法行政问责方案，合同规制进路遵循敏捷治理理念，是一种面向个案的分散化规制方案。其优势在于具有高度的灵活性和适应性，耦合场景化治理理念，契合多元化的算法行政场景，能够有效回应不同应用场景中关于算法系统的透明度和公平性等方面的差异化需求。

（3）合同规制进路是一种协商性的规制方案。合同的本质是合意，而合意达成端赖于合同双方的协商。尽管普通消费者在与供货商议价过程中通常处于弱势地位，不得不选择由供货商主导起草的对前者颇为不利的标准化合同。然而，政府并不是普通消费者，政府作为最大的商品和服务买家，具有强大的谈判议价能力。合同规制进路具有两大优势：一方面，作为消费者的政府能够借助竞争性磋商程序，了解供应商对算法透明度和公平性要求的可接受程度；另一方面，在尊重供货商权利的同时，在采购环境种能够签订具有更高算法透明度和公平性的合同，且这种透明度和公平性可能比法律所要求的更高，从而实现算法行政问责之目标。[2]

（二）算法行政问责合同规制进路之价值分析

相较于呈现滞后性、整体性特征的立法进路而言，合同规制进路呈现出高度的回应性和灵活性特征，在实现算法问责方面具有重要实践价值。

（1）合同规制进路的回应性特征能够有效回应算法行政实践。立法规制进路旨在借由建立完备的算法问责制度体系来实现算法问责。客观而言，立法程序复杂、周期长、耗时费力，远非一朝一夕所能够实现，这在很大程度上限制了成文法在数字技术规制方面的功能。例如，近年来，我国近期先后

---

〔1〕　肖梦黎：《算法行政责任的分布式重建》，载《国家检察官学院学报》2023年第2期。

〔2〕　Elizabeth A. Rowe & Nyja Prior, "Procuring Algorithmic Transparency", *Alabama Law Review*, Vol. 74, No. 2, 2022, p. 309.

出台的《个人信息保护法》《互联网信息算法推荐管理规定》等法律和规章中对算法自动化决策作出了一些调整规范。具体而言,《个人信息保护法》第55条第2项将"利用个人信息进行自动化决策"作为个人信息处理者需要履行个人信息保护影响评估义务的情形之一。同时,该法以专节的方式规定了"国家机关处理个人信息的特别规定"。总体上,我国个人信息保护立法遵循一体调整模式。从体系解释而言,行政机关为履行法定职责利用算法模型进行个人信息处理的行为,亦需要遵守《个人信息保护法》第55条之规定,履行个人信息保护影响评估义务。客观而言,《个人信息保护法》虽遵循一体调整模式,将国家机关处理个人信息的活动纳入了该法的调整范围,但相关内容却仍然阙如。这使得《个人信息保护法》的"一体调整"模式在实践中难以被有效适用于国家机关处理个人信息的活动。可以说,"目前《个人信息保护法》关于'国家机关处理个人信息适用本法'的规定,仍具有很强的'象征性立法'色彩"。[1]同时,该法更多地侧重于个人信息保护,而对算法尤其是算法行政决策则缺乏足够的关注。而国家互联网信息办公室联合四部委颁布的《算法规定》旨在调整和规范的则是互联网信息服务中的算法推荐活动,更多地针对互联网信息服务提供者利用算法技术提供信息服务。整体而言,目前我国对算法行政决策尚缺乏系统规定。

面对当前算法行政问责实践中存在的制度供给不足问题,合同规制进路以其高度的回应性为算法问责提供了一种更加高效便捷的治理方案。在当前政府算法系统普遍外包的背景之下,通过课以合同义务对算法系统供货商施加以算法责任是一种兼具操作性和适应性的规制进路,能够立即付诸实践。作为采购方的行政机构无需等待立法行动,便能够借助采购合同来协商约定旨在促进算法问责制的条款。[2]具体而言,行政机构作为采购方能够通过采购合同这一载体灵活高效地与供货商协商约定算法开发设计和运行过程中的具体义务。例如,算法系统采购方可以要求供货商提供适当的公众访问算法设计和功能基本信息的途径,来达到提高算法系统透明性和问责制之目的。

(2)合同规制进路的灵活性能够适应算法行政的问责现实需要。面对繁

---

〔1〕 王锡锌:《行政机关处理个人信息活动的合法性分析框架》,载《比较法研究》2022年第3期。

〔2〕 Cary Coglianese & Erik Lampmann, "Contracting for Algorithmic Accountability", *Administrative Law Review Accord*, Vol. 6, No. 3, 2021, pp. 179~180.

复的公共行政场景，各行政机构所采购的算法系统功能和特性各异，且基于不同的应用场景，人工智能算法系统在算法透明性、可解释性等方面存在差异化。算法行政应用场景的多元化和差异化，导致那种倡导一刀切的立法规制进路在具体的落地实践中面临着相当程度的障碍。立法者在寻求诸如算法等数字技术的立法规制方案时，往往会遵循一种颇具原则性和回应性的立法理念，从而给包括行政机构在内的数字技术的多元治理主体的具体规制实践留下足够的弹性空间。[1] 当然，立法者在数字立法所遵循的这一立法理念也折射出其试图在激励创新与保护人权之间努力达成一种反思性平衡。美国行政法学者爱德华·鲁宾认为，在现代行政国家中，"判断法律的价值的标准不是它是否具有融贯性，而是它是否有效"。[2] 面对高度原则性的数字立法，在数字时代背景下，立法者为不断迭代升级的数字技术制定规则时需要更为高超的立法艺术，需要克服那种笼罩在其心头的一味追求法律融贯性的立法原旨主义观念，转而探索建立面向数字时代的反思型法模式。[3] 合同最具价值的特性在于其具有"灵活性、简单性和可预测性，尤其是相对于成文法而言"。[4] 相较于呈现高度整体性的立法规制进路而言，合同规制进路呈现出鲜明的灵活性特征，从而避免立法规制进路在算法行政问责方面的一刀切制度安排，契合算法治理的场景主义的规制风格，能够更好地回应算法行政多元化场景的需求。

（3）合同规制进路能够促进算法问责制度构建及其合规实践。在行政民营化背景下，作为私法工具的合同日益被视为实现社会目标的重要工具。"社会采购旨在确保政府承包商不会歧视、违反劳动法、损害环境或以其他方式从事不良商业行为。"[5] 在算法决策场景中，合同工具是勾连整体性算法问责制度体系与个别化算法问责实践的重要纽带。在很大程度上，合同工具可以被视作得到合同各方同意的"私人立法"，其发挥着填补立法空白的作用。

---

〔1〕　郭春镇、马磊：《大数据时代个人信息问题的回应型治理》，载《法制与社会发展》2020 年第 2 期。

〔2〕　Edward L. Rubin, "From Coherence to Effectiveness", Rob van Gestel, Hans W. Micklitz & Edward L. Rubin（eds.）, *Rethinking Legal Scholarship*, New York：Cambridge University Press, 2017, p. 328.

〔3〕　陆宇峰：《论高度复杂社会的反思型法》，载《华东政法大学学报》2021 年第 6 期。

〔4〕　Lee A. Bygrave, *Internet Governance by Contract*, Oxford：Oxford University Press, 2015, p. 136.

〔5〕　Cary Coglianese & Erik Lampmann, "Contracting for Algorithmic Accountability", *Administrative Law Review Accord*, Vol. 6, No. 3, 2021, p. 182.

"通过在合同基础上制定'法律',合同各方能够明确各自的责任,制定标准,并选择在哪里以及如何应用规则,尽管有所限制。"[1]一方面,该规制进路是在立法层面尚未对算法问责制度作出体系化制度建构的前提下,行政机构与供货商针对算法系统应用所采取的一种颇具自我规制意味的算法问责方案。诚如学者所言:"合同行为的第三个规范性框架是由包含在合同中的自我规制所提供的标准组成的。这个参照框架指引行为契合于由任何正式的文件明示的协议和公认的惯常标准所确立的权利和义务。"[2]作为一种个别化和分权化的算法问责方案,合同规制进路能够为未来建立算法问责制度体系积累可资借鉴的经验。另一方面,算法规制立法所确立的算法行政问责制度方案的最终落地,仍亟须透过一个个算法系统政府采购合同具体条款之协商来加以实践和落实,这也是算法合规实践的重要意蕴。

(4)合同规制进路有利于实现算法系统使用者与开发设计者之间的利益平衡。算法系统具有高度复杂性,这为算法开发者规避和转嫁风险、谋取利益创造了便利条件,而算法应用者因对算法系统缺乏足够的知识和信息而处于相对弱势地位。"合同能够在保密与披露之间保持平衡。"[3]合同工具通常被用于保护商业秘密和禁止披露,而通过合同条款的精细设计,也能够以用来促成合理的透明。由此,合同规制进路能够在一定程度上扭转算法系统的开发者与使用者之间利益失衡的格局。对于算法系统应用者而言,机器学习算法系统中往往潜藏着歧视和错误,算法系统应用者因此面临着司法诉讼风险,合同规制进路则有助于降低算法采购者和应用者的风险。具体而言,作为算法系统采购者和应用者的行政机构,借由政府采购合同可以要求算法开发者披露算法系统的功能和部分参数,以增强算法系统的透明性、促进算法问责。对于算法系统开发设计者而言,行政机构通过在政府采购合同条款中对供货商提出适当的问责要求,能够有效促进商业机构不断优化算法系统,提高其性能。

在数字技术席卷政府治理的时代背景之下,相较于立法进路而言,合同

---

[1] Kevin Mcgillivray, *Government Cloud Procurement: Contracts, Data Protection, and the Quest for Compliance*, New York: Cambridge University Press, 2022, pp. 164~165.

[2] [英]休·柯林斯:《规制合同》,郭小莉译,中国人民大学出版社2014年版,第143页。

[3] Elizabeth A. Rowe & Nyja Prior, "Procuring Algorithmic Transparency", *Alabama Law Review*, Vol. 74, No. 2, 2022, p. 342.

规制进路为化解算法问责困境提供了一条更具灵活性，且能够立即付诸实施的可行方案。"政府机构和第三方供应商之间的合同为确保人工智能工具的负责任设计和使用的总体责任提供了重要工具。"[1]各行政机构应该充分、有效地利用政府采购合同，向公众保证政府负责任地采购和应用算法工具。

第三节　算法行政问责合同规制进路之具体展开

在明确算法行政问责合同规制进路功能之后，仍需进一步明晰其所应遵循的总体原则和重点任务，指导行政机构透过政府采购合同将算法透明性、公正性以及隐私保护等具体价值目标植入其中，以实现通过合同实现算法行政问责之目标。具体而言，宜从总体原则、重点内容和组织保障三个维度探索建构渐进式的算法行政问责合同规制方案。

（一）总体原则：确立以风险为基础的算法系统采购原则

一方面，相较于传统技术服务而言，数字技术服务的履职合规风险和安全运行风险要高得多。[2]以人工智能算法系统为例，其潜在风险包括算法歧视、数据泄露和隐私风险等诸风险类型。另一方面，行政治理任务的繁复，导致算法行政实践呈现出高度场景化之特征，且不同应用场景下风险规模和程度存在着显著差异。鉴于此，算法行政问责宜充分考虑算法系统的应用场景、风险规模和强度。具体到行政机构的算法系统采购实践，亦应当遵循以风险为基础的算法系统采购原则，并将风险治理理念贯穿于人工智能算法系统采购实践全过程。首先，算法系统采购应当将公共利益作为作出采购决策的考量因素，并以社会价值为指引，考虑人工智能系统对人类和社会经济的影响和好处。[3]此外，应充分考虑采购的相称性，根据算法系统具体应用场景、潜在风险规模和强度来拟定算法采购合同，并将风险评估贯穿于算法系统采购全过程。特别是在算法系统采购初始阶段，殊有必要进行算法系统风险影响的预评估，这对于后续的算法系统采购而言至关重要。其次，在风险

---

[1]　Cary Coglianese & Erik Lampmann, "Contracting for Algorithmic Accountability", *Administrative Law Review Accord*, Vol. 6, No. 3, 2021, pp. 179~180.

[2]　于安：《数字政府建设中的政府采购》，载《中国政府采购》2023年第5期。

[3]　"Guidelines for AI Procurement", Available at https://www.gov.uk/government/publications/guidelines-for-ai-procurement/guidelines-for-ai-procurement, Last Visited 2024-4-6.

评估内容方面，要着重考虑和评估算法系统采购在数据质量和安全、应用领域、社会经济效应以及对机构和个人的财政等方面的影响。[1]

（二）重点内容：以促进算法问责为协商重点

算法行政问责意味着政府需要向公众证明其在行政执法活动中所应用的算法工具是精心设计和公平的，而算法透明在实现算法行政问责中发挥着重要作用。然而，商业秘密主张的滥用已经成了实现适当的算法透明的重要障碍，并从根本上制约公共利益之实现。目前行政机构所部署应用的算法系统多采购自第三方机构，且后者常以商业秘密为由拒绝披露算法系统，导致行政机构在算法行政中陷入了问责困境。鉴于此，在算法系统采购中，行政机构宜充分利用其作为买方的优势地位，以促进算法问责为重点，通过充分的条款协商，对供货商课以适当的算法披露和管理义务，驱散笼罩在算法系统中的"商业秘密"迷雾，达至借由合同实现公共利益之目标。

（1）将促进算法问责作为筛选竞标供货商的重要条件。传统政府采购更多地关注竞标供货商提供商品或服务的质量和价格，并将其作为筛选的重要条件。鉴于人工智能算法系统的特殊性，行政机构在算法系统的政府采购中，除考虑价格因素外，还应当将增强算法透明度和公平性、促进算法问责的能力作为筛选供货商的重要条件，这亦与现代社会所倡导的可持续性政府采购理念相契合。可持续性政府采购是联合国可持续发展首脑峰会于2002年提出的概念，即公共部门在采购工程、货物和服务时，应在全生命周期内综合考虑采购活动对经济、社会和环境的影响，并通过设置支持自主创新、劳工保护、节能环保、中小企业发展等政策的评价标准，发挥公共采购的引导作用，促进经济社会发展和生态环境保护。[2]算法系统采购同样应遵循这一理念，并立足于算法系统应用实践存在的算法歧视、算法黑箱等突出问题，将算法问责的实现能力和程度作为选择供货商的重要指标。

（2）课以供货商适当的算法披露义务。在算法系统采购中，科技公司声称的"商业秘密"保护，许多并未达到法律所保护之"商业秘密"的条件。因此，在人工智能算法系统的采购合同协商谈判中，采购官员在提出对算法

---

[1] World Economic Forum, "AI Procurement in a Box: AI Government Procurement Guidelines", *Toolkit*, 2020, p. 7.

[2] 徐致远、姚事汐：《国际公共采购规则的可持续理念对完善我国采购制度的启示》，载《中国政府采购报》2023年8月1日。

系统透明性要求的基础上，可以对供货商所提出的所谓"商业秘密"主张提出质疑。双方围绕"商业秘密"和"算法透明"之间冲突充分的协商，既能够使潜在供货商了解政府机构借由算法透明回应公众问责的现实需求，也能够让政府机构理解作为潜在供货商的科技公司的正当"商业秘密"诉求，并借此挤掉后者在算法系统采购中所主张的商业秘密的"水分"。作为人工智能算法系统采购方的行政机构可以在政府采购协议中要求参与竞标的供货商部分放弃其所谓的商业秘密主张，并要求其履行适当的算法披露义务。具体而言，在算法系统的采购合同中，行政机构作为采购方可以根据应用需求，要求其履行以下披露义务：①披露算法系统的目标和功能；②提供有关其算法模型构建方法的信息，包括如何选择变量、构建样本和验证模型等；③提供用于其算法模型构建的训练数据，以促进算法透明。[1]

（3）课以供货商适当的算法系统开发管理义务。机器学习算法系统具有高度复杂性和自动性，且处于动态迭代更新之中。"由于算法的性质以及法律和商业地位，它们是不透明的，因此很难想象如何对其问责。如果建立架构、决定信息功能和设置因果关系的代码无法被检查和评估其目标，那么信任就很难实现。"[2]因此，为确保政府采购的算法系统是精心设计且负责任的，采购方宜在采购合同中与供货商约定有关算法系统开发和持续管理方面的义务，并辅之以适当的监督机制，确保供货商严格履行约定义务。具体而言：一方面，可以通过协议要求供货商在算法系统的设计开发阶段，除需达到国家和行业标准外，还应遵守相关国际行业组织发布的人工智能相关技术标准。借此使供货商澄清乃至放弃对特定算法系统的商业秘密保护。[3]另一方面，在部署运行阶段，可以要求供货商承担加强算法系统管理，持续履行算法影响评估和审计义务，对其提供的算法系统开展定期与不定期的影响评估和审计，并持续为算法系统提供运维服务。行政机构可以要求后者向社会公众披露其影响评估报告的主要内容。

〔1〕　World Economic Forum，"AI Procurment in a Box：AI Government Procurement Guidelines"，*Toolkit*，2020，pp. 22～23.

〔2〕　［立陶宛］伊格纳斯·卡尔波卡斯：《算法治理：后人类时代的政治与法律》，邱遥堃译，上海人民出版社2022年版，第99页。

〔3〕　肖梦黎：《算法行政责任的分布式重建》，载《国家检察官学院学报》2023年第2期。

（三）组织保障：以首席数据官制度为基础建立专业采购小组

诚如英国学者休·柯林斯所言："政府并不能通过缔结那些设计用于提供所需的服务水平的合同而在提供服务方面逃避对公众的政治责任。为了对公众的需要保持灵敏的反应，政府试图在它们的合同中既获得对将要履行的任务进行界定时的灵活性，又获得自由裁量权以监督和指示外包承包人的履行。"[1]针对当前行政机构利用合同机制让市场主体参与政府的算法治理转型实践面临知识赤字和监督乏力的问题，我国应加强对算法系统政府采购行为的保障和监督。

（1）以政府首席数据官为基础建立算法系统专业采购小组，为算法系统采购乃至数字政府建设提供组织保障。当前，广东、江苏、上海等地设立了政府首席数据官制度，作为应对公共治理转型的重要组织改革举措，政府首席数据官在统筹推进数字政府建设、数据开发利用和数据安全管理工作等方面发挥了重要作用。[2]建议以首席数据官为基础，在政府机构内部设立一个相对独立的人工智能算法系统采购小组，专门负责采购人工智能算法系统工作。其中，首席数据官的一个重要职责是负责本部门的数字设备采购；在人员构成方面，鉴于采购既涉及数字设备的性能，又涉及公共资金的使用，因此该采购组织应兼具专业性和民主性。一方面，要有效整合行政系统内部的专业能力，并有针对性地吸收计算机、人工智能、行政管理和法学等相关领域的外部专家，充分发挥其在人工智能算法系统采购乃至算法系统研发中的作用；另一方面，要合理吸纳少量社会公众作为小组成员，以发挥其监督作用。

（2）建立算法系统采购监督制度。政府算法系统采购和应用直接关系到公民权益保障和公共资金使用，因此应加强对人工智能算法系统政府采购过程的监督。除涉及国家秘密外，政府应通过政府采购网和官网向社会披露所采购人工智能算法系统的目的、名称、数量以及拟部署的应用场景，并说明采购特定算法系统的必要性，以接受公众监督。

---

〔1〕　〔英〕休·柯林斯：《规制合同》，郭小莉译，中国人民大学出版社 2014 年版，第 337 页。
〔2〕　张涛：《数据治理的组织法构造：以政府首席数据官制度为视角》，载《电子政务》2021 年第 9 期。

本章小结

政府是人类创造的最重要且引以为傲的组织体，虽几经变迁，但是其之于人类而言依然举足轻重。当前，以机器学习算法为代表的数字技术正在对政府内部运行和外部治理实践产生深刻影响乃至结构性重塑，"不仅打破了政府组织内部各个行政机关之间的藩篱，而且也打破了政府组织与其他社会组织之间的界限"，形成了全新的数字治理生态。[1]数字时代背景下，数字技术在治国理政中的重要性不断彰显，以人工智能算法为底座、以数字技术为载体的国家数字能力已然成为评估整体国家能力的重要内容和风向标。然而，目前在包括我国政府数字化建设在内的国家数字能力建设中，总体上呈现出社会灵活型特征，亦即"主要通过平台型企业的委托治理以及激发社会大众的数字参与来实现数字领域的治理目标，因此也面临委托治理的危机"。[2]在人工智能算法等各种数字技术的加持下，传统面向工业社会的街头官僚制正在向数字社会的算法官僚制转型。相应地，旨在控制街头官僚制的传统行政法规范体系也正在发生变革，以期控制以数字技术为支撑的算法官僚制。[3]算法行政问责难题正是这一委托治理难题的集中展现。在当前的数字政府浪潮下，算法问责成了困扰算法行政合法性的重要难题，而合同规制进路则契合了现代软法治理理念，在传统立法论的硬法治理思路之外，为算法行政问责提供了一个颇为高效，且能够立即付诸实践的、具有补充性的软法治理方案，亦是缓解和克服当前数字法治政府建设中面临的"双化失衡"与"弱势叠加"问题的可行对策。[4]相信随着我国算法治理领域立法的加速推进，辅之以具有高度灵活性的合同规制进路，软硬并重，多措并举，算法行政问责困境能够逐渐得到有效缓解，最终重塑算法行政的合法性。

---

〔1〕　孟天广：《数字治理生态：数字政府的理论迭代与模型演化》，载《政治学研究》2022 年第 5 期。

〔2〕　高奇琦：《国家数字能力：数字革命中的国家治理能力建设》，载《中国社会科学》2023 年第 1 期。

〔3〕　Thomas M. Vogl et al. , "Smart Technology and the Emergence of Algorithmic Bureaucracy: Artificial Intelligence in UK Local Authorities", *Public Administration Review*, Vol. 80, No. 6, 2020, p. 947.

〔4〕　李桂林、李露雅：《"良法善治"维度下数字法治政府建设的"双化协同"》，载《南昌大学学报（人文社会科学版）》2022 年第 2 期。

参考文献

著 作

［1］沈向洋、［美］施博德编著：《计算未来：人工智能及其社会角色》，北京大学出版社
2018 年版。

［2］张凯：《生命政治：现代国家治理术》，上海社会科学院出版社 2021 年版。

［3］张民安主编：《隐私权的界定》，中山大学出版社 2017 年版。

［4］张民安主编：《公共场所隐私权研究——公共场所隐私权理论的产生、发展、确立、
争议和具体适用》，中山大学出版社 2016 年版。

［5］［德］阿明·格伦瓦尔德主编：《技术伦理学手册》，吴宁译，社会科学文献出版社
2017 年版。

［6］［德］克里斯多夫·库克里克：《微粒社会：数字化时代的社会模式》，黄昆、夏柯
译，中信出版社 2017 年版。

［7］［德］托马斯·威施迈耶、蒂莫·拉德马赫编：《人工智能与法律的对话》，韩旭至等
译，韩旭至、陈吉栋校，上海人民出版社 2020 年版。

［8］［德］克劳斯·施瓦布：《第四次工业革命：转型的力量》，李菁译，中信出版社 2016
年版。

［9］［德］克劳斯·施瓦布、［法］蒂埃里·马勒雷：《后疫情时代——大重构》，中信出
版社 2020 年版。

［10］［德］瓦尔特·施瓦德勒：《论人的尊严——人格的本源与生命的文化》，贺念译，
人民出版社 2017 年版。

［11］［德］韩炳哲：《透明社会》，吴琼译，中信出版社 2019 年版。

［12］［法］瑟格·阿比特博、［法］吉尔·多维克：《算法小时代：从数学到生活的历
变》，任轶译，人民邮电出版社 2017 年版。

［13］［法］米歇尔·福柯：《生命政治的诞生》，莫伟民、赵伟译，上海人民出版社2018年版。

［14］［荷］尤瑞恩·范登·霍文、［澳］约翰·维克特：《信息技术与道德哲学》，赵迎欢、宋吉鑫、张勤译，科学出版社2014年版。

［15］［荷］玛农·奥斯特芬：《数据的边界：隐私与个人数据保护》，曹博译，上海人民出版社2020年版。

［16］［加拿大］L. W. 萨姆纳：《权利的道德基础》，李茂森译，中国人民大学出版社2011年版。

［17］［立陶宛］伊格纳斯·卡尔波卡斯：《算法治理：后人类时代的政治与法律》，邱遥堃译，上海人民出版社2022年版。

［18］［美］埃里克·西格尔：《大数据预测：告诉你谁会点击、购买、撒谎或死去》，周大昕译，中信出版社2017年版。

［19］［美］布莱恩·阿瑟：《技术的本质》，曹东溟、王健译，浙江人民出版社2018年版。

［20］［美］弗吉尼亚·尤班克斯：《自动不平等：高科技如何锁定、管制和惩罚穷人》，李明倩译，商务印书馆2021年版。

［21］［美］弗兰克·帕斯奎尔：《黑箱社会：控制金钱和信息的数据法则》，赵亚男译，中信出版社2015年版。

［22］［美］凯西·奥尼尔：《算法霸权：数学杀伤性武器的威胁》，马青玲译，中信出版社2018年版。

［23］［美］克里斯托弗·斯坦纳：《算法帝国》，李筱莹译，人民邮电出版社2014年版。

［24］［美］兰登·温纳：《自主性技术：作为政治主体的失控技术》，杨海燕译，北京大学出版社2014年版。

［25］［美］劳伦斯·高斯汀、林赛·威利：《公共卫生法：权力·责任·限制》，苏玉菊、刘碧波、穆冠群译，北京大学出版社2020年版。

［26］［美］尼尔·波斯曼：《技术垄断：文化向技术投降》，何道宽译，中信出版社2019年版。

［27］［美］伊莱·帕里泽：《过滤泡：互联网对我们的隐秘操纵》，方师师、方媛译，中国人民大学出版社2020年版。

［28］［美］卢克·多梅尔：《算法时代：新经济的新引擎》，胡小锐、钟毅译，中信出版社2016年版。

［29］［美］皮埃罗·斯加鲁菲：《智能的本质：人工智能与机器人领域的64个大问题》，任莉、张建宇译，闫景立审校，人民邮电出版社2017年版。

［30］［美］佩德罗·多明戈斯：《终极算法：机器学习和人工智能如何重塑世界》，黄芳萍译，中信出版社2017年版。

[31] ［美］史蒂夫·洛尔：《大数据主义》，胡小锐、朱胜超译，中信出版社 2015 年版。

[32] ［美］特雷莎·M. 佩顿、西奥多·克莱普尔：《大数据时代的隐私》，郑淑红译，上海科学技术出版社 2017 年版。

[33] ［美］约翰·切尼-利波尔德：《数据失控：算法时代的个体危机》，张昌宏译，电子工业出版社 2019 年版。

[34] ［美］伊恩·艾瑞斯：《大数据思维与决策》，宫相真译，人民邮电出版社 2014 年版。

[35] ［瑞典］大卫·萨普特：《被算法操控的生活：重新定义精准广告、大数据和 AI》，易文波译，湖南科学技术出版社 2020 年版。

[36] ［以色列］尤瓦尔·赫拉利：《未来简史：从智人到智神》，林俊宏译，中信出版社 2017 年版。

[37] ［意］吉奥乔·阿甘本：《例外状态：〈神圣之人〉二之一》，薛熙平译，西北大学出版社 2015 年版。

[38] ［印度］卡尔提克·霍桑纳格：《算法时代》，蔡瑜译，文汇出版社 2020 年版。

[39] ［英］阿里尔·扎拉奇、［美］莫里斯·E. 斯图克：《算法的陷阱：超级平台、算法垄断与场景欺骗》，余潇译，中信出版社 2018 年版。

[40] ［英］凯伦·杨、马丁·洛奇编：《驯服算法：数字歧视与算法规制》，林少伟、唐林垚译，上海人民出版社 2020 年版。

[41] ［英］卢恰诺·弗洛里迪：《信息伦理学》，薛平译，上海译文出版社 2018 年版。

[42] ［英］罗伯特·鲍德温、马丁·凯夫、马丁·洛奇：《牛津规制手册》，宋华琳等译，宋华琳校，上海三联书店 2017 年版。

[43] ［英］休·柯林斯：《规制合同》，郭小莉译，中国人民大学出版社 2014 年版。

[44] ［英］约翰·穆勒：《功利主义》，徐大建译，上海人民出版社 2007 年版。

[45] ［英］维克托·迈尔-舍恩伯格、肯尼思·库克耶：《大数据时代：生活、工作与思维的大变革》，盛杨燕、周涛译，浙江人民出版社 2013 年版。

[46] ［英］杰米·萨斯坎德：《算法的力量：人类如何共同生存?》，李大白译，北京日报出版社 2022 年版。

[47] ［英］马丁·摩尔、达米安·坦比尼编著：《巨头：失控的互联网企业》，魏瑞莉、倪金丹译，浙江大学出版社 2020 年版。

[48] ［英］伊恩·伯尔勒：《人脸识别：看得见的隐私》，赵精武、唐林垚译，周瑞钰、孙光亮校，上海人民出版社 2022 年版。

[49] Christopher Hood & David Heald（eds.），*Transparency：The Key to Better Governance?*，New York：Oxford University Press，2006.

[50] Daniel Solove，*The Digital Person：Technology and Privacy in the Information Age*，New York：New York University Press，2004.

［51］ Frank Pasquale, *The Black Box Society*：*The Secret Algorithms That Control Money and Information*, *New York*：*Harvard University Press*, 2015.

［52］ Giancarlo Frosio （ed. ）, *Oxford Handbook of Online Intermediary Liability*, New York：Oxford University Press, 2020.

［53］ A. Henriques, *Corporate truth*：*the Limits to Transparency*, London：Earthscan, 2007.

［54］ Jens Foessæck & Lars Oxelheim, *The Oxford Handbook of Economic and Institutional Transparency*, Oxford University Press, 2015.

［55］ Kevin Mcgillivray, *Government Cloud Procurement*：*Contracts*, *Data Protection*, *and the Quest for Compliance*, New York：Cambridge University Press, 2022.

［56］ Lee A. Bygrave, *Internet Governance by Contract*, New York：Oxford University Press, 2015.

［57］ Lori B. Andrews, *I Know Who You Are and I Saw What You Did*：*Social Networks and the Death of Privacy*, New York：Free Press, 2013.

［58］ Mark Bovens, Robert E. Goodin & Thomas Schillemans （eds. ）, *Oxford Handbooks of Public Accountability*, New York：Oxford University Press, 2014.

［59］ Mariarosaria Taddeo & Luciano Floridi （eds. ）, *The Responsibilities of Online Services of Providers*, Switzerland：Springer, 2017.

［60］ Markus D. Dubber, Frank Pasquale & Sunit Das （eds. ）, *The Oxford Handbook of Ethics of AI*, New York：Oxford University Press, 2020.

［61］ Mireille Hildebrandt （eds. ）, *Privacy*, *Due Process and Computational Turning*：*The Philosophy of Law Meets the Philosophy of Technology*, Oxon：Routledge, 2013.

［62］ Niklas Bruun et al. , *Transition and Coherence in Intellectual Property Law*, *Essays in Honour of Annette Kur*, New York：Cambridge University Press, 2020.

［63］ Rob van Gestel, Hans W. Micklitz & Edward L. Rubin （eds. ）, *Rethinking Legal Scholarship*, New York：Cambridge University Press, 2017.

［64］ A. Tamò−Larrieux, *Designing for Privacy and Its Legal Framework*, Cham：Springer, 2018.

［65］ Tania Cerquitelli, Daniele Quercia & Frank Pasquale （eds. ）, *Transparent Data Mining for Big and Small Data*, Springer, 2017.

［66］ Tatiana−Eleni Synodinou et al. （eds. ）, *EU Internet Law*：*Regulation and Enforcement*, Berlin：Springer, 2017.

［67］ Taylor, Luciano Floridi & Bart van der Sloot （eds. ）, *Group Privacy*：*New Challenges of Data Technologies*, Berlin：Springer, 2017.

［68］ Virginia Eubanks, *Automating Inequality*：*How High−Tech Tools Profile*, *Police*, *and Punish the Poor*, New York：St. Martin's Press, 2018.

［69］ Woodrow Barfield, *The Cambridge Handbook of the Law of Algorithms*, New York：Cambridge University Press，2021.

论 文

[70] 安晋城：《算法透明层次论》，载《法学研究》2023 年第 2 期。

[71] 鲍坤：《健康码数据常态化应用的比例原则限制》，载《电子政务》2021 年第 1 期。

[72] 宾凯：《政治系统与法律系统对于技术风险的决策观察》，载《交大法学》2020 年第 1 期。

[73] 卜素：《人工智能中的"算法歧视"问题及其审查标准》，载《山西大学学报（哲学社会科学版）》2019 年第 4 期。

[74] 崔国斌：《网络版权内容过滤措施的言论保护审查》，载《中外法学》2021 年第 2 期。

[75] 崔靖梓：《算法歧视挑战下平等权保护的危机与应对》，载《法律科学》2019 年第 3 期。

[76] 戴昕：《"防疫国家"的信息治理：实践及其理念》，载《文化纵横》2020 年第 5 期。

[77] 丁凤玲：《个人数据治理模式的选择：个人、国家还是集体》，载《华中科技大学学报（社会科学版）》2021 年第 1 期。

[78] 丁晓东：《论算法的法律规制》，载《中国社会科学》2020 年第 12 期。

[79] 丁晓东：《基于信任的自动化决策：算法解释权的原理反思与制度重构》，载《中国法学》2022 年第 1 期。

[80] 丁晓东：《个人信息私法保护的困境与出路》，载《法学研究》2018 年第 6 期。

[81] 董慧娟：《公共领域理论：版权法回归生态和谐之工具》，载《暨南学报（哲学社会科学版）》2013 年第 7 期。

[82] 杜小奇：《多元协作框架下算法的规制》，载《河北法学》2019 年第 12 期。

[83] 付丽霞：《大数据价格歧视行为之非法性认定研究：问题、争议与应对》，载《华中科技大学学报（社会科学版）》2020 年第 2 期。

[84] 付微明：《个人生物识别信息的法律保护模式与中国选择》，载《华东政法大学学报》2019 年第 6 期。

[85] 高奇琦：《国家数字能力：数字革命中的国家治理能力建设》，载《中国社会科学》2023 年第 1 期。

[86] 高奇琦：《数字世界的例外状态与赤裸生命：来自阿甘本的启示》；载《山西大学学报（哲学社会科学版）》2022 年第 5 期。

[87] 高童非：《论自动化行政中的"算法卸责"》，载《电子政务》2023 年第 2 期。

[88] 郭春镇、马磊：《大数据时代个人信息问题的回应型治理》，载《法制与社会发展》2020 年第 2 期。

［89］郭林生：《论算法伦理》，载《华中科技大学学报（社会科学版）》2018 年第 2 期。

［90］郭延军：《就业性别歧视的法律判断标准——基于美国法律实践的考察》，载《环球法律评论》2011 年第 6 期。

［91］韩旭至：《刷脸的法律治理：由身份识别到识别分析》，载《东方法学》2021 年第 5 期。

［92］何炼红：《论算法时代网络著作权侵权中的通知规则》，载《法商研究》2021 年第 4 期。

［93］洪延青：《人脸识别技术的法律规制研究初探》，载《中国信息安全》2019 年第 8 期。

［94］胡凌：《刷脸：身份制度、个人信息与法律规制》，载《法学家》2021 年第 2 期。

［95］胡凌：《健康码、数字身份与认证基础设施的兴起》，载《中国法律评论》2021 年第 2 期。

［96］胡敏洁：《自动化行政的法律控制》，载《行政法学研究》2019 年第 2 期。

［97］蒋舸：《作为算法的法律》，载《社会科学文摘》2019 年第 4 期。

［98］李安：《算法影响评价：算法规制的制度创新》，载《情报杂志》2021 年第 3 期。

［99］李安：《智能时代版权"避风港"规则的危机与变革》，载《华中科技大学学报（社会科学版）》2021 年第 3 期。

［100］李桂林、李露雅：《"良法善治"维度下数字法治政府建设的"双化协同"》，载《南昌大学学报（人文社会科学版）》2022 年第 2 期。

［101］李晓辉：《算法商业秘密与算法正义》，载《比较法研究》2021 年第 3 期。

［102］李晓楠：《"数据抗疫"中个人信息利用的法律因应》，载《财经法学》2020 年第 4 期。

［103］刘东亮：《技术性正当程序：人工智能时代程序法和算法的双重变奏》，载《比较法研究》2020 年第 5 期。

［104］刘佳明：《人脸识别技术正当性和必要性的质疑》，载《大连理工大学学报（社会科学版）》2021 年第 6 期。

［105］刘权：《论个人信息处理的合法、正当、必要原则》，载《法学家》2021 年第 5 期。

［106］刘权：《目的正当性与比例原则的重构》，载《中国法学》2014 年第 4 期。

［107］刘权：《适当性原则的适用困境与出路》，载《政治与法律》2016 年第 7 期。

［108］刘权：《均衡性原则的具体化》，载《法学家》2017 年第 2 期。

［109］刘友华：《算法偏见及其规制路径研究》，载《法学杂志》2019 年第 6 期。

［110］陆海娜、赵赓：《个人生物识别信息商业利用的法律规制：美国州立法经验的比较与反思》，载《人权研究》2021 年第 2 期。

［111］陆宇峰：《论高度复杂社会的反思型法》，载《华东政法大学学报》2021 年第 6 期。

[112] 马长山：《智能互联网时代的法律变革》，载《法学研究》2018 年第 4 期。

[113] 马长山：《人工智能的社会风险及法律规制》，载《法律科学（西北政法大学学报）》2018 年第 6 期。

[114] 马长山：《智慧社会背景下的"第四代人权"及其保障》，载《中国法学》2019 年第 5 期。

[115] 马长山：《算法治理的正义尺度》，载《学术前沿》2022 年第 10 期。

[116] 马颜昕：《自动化行政的分级与法律控制变革》，载《行政法学研究》2019 年第 1 期。

[117] 孟天广：《数字治理生态：数字政府的理论迭代与模型演化》，载《政治学研究》2022 年第 5 期。

[118] 宁园：《健康码运用中的个人信息保护规制》，载《法学评论》2020 年第 6 期。

[119] 裴炜：《个人信息大数据与刑事正当程序的冲突及其调和》，载《法学研究》2018 年第 2 期。

[120] 齐延平：《数智化社会的法律调控》，载《中国法学》2022 年第 1 期。

[121] 任蓉：《算法嵌入政府治理的风险及其防控》，载《电子政务》2021 年第 7 期。

[122] 沈岿：《软硬法混合治理的规范化进路》，载《法学》2021 年第 3 期。

[123] 沈岿：《行政监管的政治应责：人民在哪？如何回应？》，载《华东政法大学学报》2017 年第 2 期。

[124] 沈伟伟：《算法透明原则的迷思——算法规制理论的批判》，载《环球法律评论》2019 年第 6 期。

[125] 沈伟伟：《论数字紧急状态的恢复机制——以新冠疫情防控为例》，载《清华法学》2021 年第 2 期。

[126] 潘斌：《人工智能体的道德嵌入》，载《华中科技大学学报（社会科学版）》2020 年第 2 期。

[127] 冉克平：《论个人生物识别信息及其法律保护》，载《社会科学辑刊》2020 年第 6 期。

[128] 商希雪：《生物特征识别信息商业应用的中国立场与制度进路——鉴于欧美法律模式的比较评价》，载《江西社会科学》2020 年第 2 期。

[129] 施立栋：《自动化行政中的人工干预机制：以公安领域为例》，载《中国社会科学院大学学报》2022 年第 6 期。

[130] 宋保振：《"数字弱势群体"权利及其法治化保障》，载《法律科学（西北政法大学学报）》2020 年第 6 期。

[131] 宋华琳、孟李冕：《人工智能在行政治理中的作用及其法律控制》，载《湖南科技大学学报（社会科学版）》2018 年第 6 期。

[132] 苏宇：《数字时代的技术性正当程序：理论检视与制度构建》，载《法学研究》2023年第1期。

[133] 苏宇：《优化算法可解释性及透明度义务之诠释与展开》，载《法律科学（西北政法大学学报）》2022年第1期。

[134] 苏宇：《算法规制的谱系》，载《中国法学》2020年第3期。

[135] 孙道锐：《人脸识别技术的社会风险及其法律规制》，载《科学学研究》2021年第1期。

[136] 谭俊：《大数据技术在警察执法中的应用及挑战》，载《行政法学研究》2018年第6期。

[137] 万勇：《人工智能时代的版权法通知—移除制度》，载《中外法学》2019年第5期。

[138] 王贵：《算法行政的兴起、挑战及法治化调适》，载《电子政务》2021年第7期。

[139] 王娟、叶斌：《"负责任"的算法透明度——人工智能时代传媒伦理建构的趋向》，载《自然辩证法研究》2020年第12期。

[140] 王怀勇、邓若翰：《算法行政：现实挑战与法律应对》，载《行政法学研究》2022年第4期。

[141] 汪庆华：《算法透明的多重维度和算法问责》，载《比较法研究》2020年第6期。

[142] 王锡锌、彭錞：《个人信息保护法律体系的宪法基础》，载《清华法学》2021年第3期。

[143] 王锡锌：《数治与法治：数字行政的法治约束》，载《中国人民大学学报》2022年第6期。

[144] 王锡锌：《行政机关处理个人信息活动的合法性分析框架》，载《比较法研究》2022年第3期。

[145] 魏远山：《算法透明的迷失与回归：功能定位与实现路径》，载《北方法学》2021年第1期。

[146] 吴冠军：《健康码、数字人与余数生命——技术政治学与生命政治学的反思》，载《探索与争鸣》2020年第9期。

[147] 吴进进、何包钢：《算法科层制的兴起及其形态》，载《社会学研究》2023年第6期。

[148] 吴静：《算法为王：大数据时代"看不见的手"》，载《华中科技大学学报（社会科学版）》2020年第2期。

[149] 肖梦黎：《算法行政责任的分布式重建》，载《国家检察官学院学报》2023年第2期。

[150] 解正山：《算法决策规制——以算法"解释权"为中心》，载《现代法学》2020年第1期。

［151］邢会强：《人脸识别的法律规制》，载《比较法研究》2020年第5期。

［152］许可：《驯服算法：算法治理的历史展开与当代体系》，载《华东政法大学学报》2022年第1期。

［153］许可：《重大公共卫生事件的数据治理》，载《暨南学报（哲学社会科学版）》2021年第1期。

［154］许可：《健康码的法律之维》，载《探索与争鸣》2020年第9期。

［155］阎天：《重思中国反就业歧视法的当代兴起》，载《中外法学》2012年第3期。

［156］闫晓丽：《美国对人脸识别技术的法律规制及启示》，载《信息安全与通信保密》2020年第11期。

［157］于安：《数字政府建设中的政府采购》，载《中国政府采购》2023年第5期。

［158］余成峰：《法律的"死亡"：人工智能时代的法律功能危机》，载《华东政法大学学报》2018年第2期。

［159］虞青松：《算法行政：社会信用体系治理范式及其法治化》，载《法学论坛》2020年第2期。

［160］於兴中：《算法社会与人的秉性》，载《中国法律评论》2018年第2期。

［161］袁康：《可信算法的法律规制》，载《东方法学》2021年第3期。

［162］袁泉：《公共空间应用人脸识别的法理逻辑与制度建构》，载《北方法学》2022年第1期。

［163］查云飞：《健康码：个人疫情风险的自动化评级与利用》，载《浙江学刊》2020年第3期。

［164］张恩典：《大数据时代的算法解释权：背景、逻辑与构造》，载《法学论坛》2019年第4期。

［165］张恩典：《人工智能算法决策对行政法治的挑战及制度因应》，载《行政法学研究》2020年第4期。

［166］张恩典：《反算法歧视：理论反思与制度建构》，载《华中科技大学学报（社会科学版）》2020年第5期。

［167］张恩典：《算法影响评估制度的反思与建构》，载《电子政务》2021年第11期。

［168］张恩典：《风险规制合法化模式之理论反思》，载姜明安主编：《行政法论丛》（第23卷），法律出版社2019年版。

［169］张恩典：《数字接触追踪技术的实践类型、社会风险及法律规制》，载《法学论坛》2022年第4期。

［170］张红春、章知连：《从算法黑箱到算法透明：政府算法治理的转轨逻辑与路径》，载《贵州大学学报（社会科学版）》2022年第4期。

［171］张吉豫：《智能社会法律的算法实施及其规制的法理基础》，载《法制与社会发展》

2019 年第 6 期。

［172］张吉豫：《构建多元共治的算法治理体系》，载《法律科学（西北政法大学学报）》2022 年第 1 期。

［173］张凌寒：《算法评估制度如何在平台问责中发挥作用》，载《上海政法学院学报（法治论丛）》2021 年第 3 期。

［174］张凌寒：《商业自动化决策的算法解释权研究》，载《法律科学（西北政法大学学报）》2018 年第 3 期。

［175］张凌寒：《算法自动化决策与行政正当程序制度的冲突与调和》，载《东方法学》2020 年第 6 期。

［176］张凌寒：《智慧司法中技术依赖的隐忧及应对》，载《法制与社会发展》2022 年第 4 期。

［177］张涛：《数据治理的组织法构造：以政府首席数据官制度为视角》，载《电子政务》2021 年第 9 期。

［178］张涛：《自动化系统中算法偏见的法律规制》，载《大连理工大学学报（社会科学版）》2020 年第 4 期。

［179］张涛：《人脸识别技术在政府治理中的应用风险及其法律控制》，载《河南社会科学》2021 年第 10 期。

［180］张伟涛：《当代道义论权利理论评析》，载《人民论坛（中旬刊）》2014 年第 4 期。

［181］张欣：《从算法危机到算法信任：算法治理的多元方案和本土化路径》，载《华东政法大学学报》2019 年第 6 期。

［182］张欣：《算法解释权与算法治理路径研究》，载《中外法学》2019 年第 6 期。

［183］张欣：《算法行政的架构原理、本质特征与法治化路径：兼论〈个人信息保护法（草案）〉》，载《经贸法律评论》2021 年第 1 期。

［184］张欣：《算法影响评估制度的构建机理与中国方案》，载《法商研究》2021 年第 2 期。

［185］张欣、宋雨鑫：《算法审计的制度逻辑和本土化构建》，载《郑州大学学报（哲学社会科学版）》2022 年第 6 期。

［186］赵宏：《健康码中的数据收集与信息保护》，载《检察日报》2020 年 6 月 10 日，第 7 版。

［187］赵宏：《疫情防控下个人的权利限缩与边界》，载《比较法研究》2020 年第 2 期。

［188］郑志峰：《人工智能时代的隐私保护》，载《法律科学》2019 年第 2 期。

［189］郑智航：《人工智能算法的伦理危机与法律规制》，载《法律科学》2021 年第 1 期。

［190］郑智航、徐昭曦：《大数据时代算法歧视的法律规制与司法审查》，载《比较法研究》2019 年第 4 期。

［191］［美］约叔华·A. 克鲁尔等：《可问责的算法》，沈伟伟、薛迪译，载《地方立法研究》2019 年第 4 期。

［192］Albert Meijer, "Understanding the Complex Dynamics of Transparency", *Public Administration Review*, 2013, Vol. 73, No. 3.

［193］Antoaneta Roussi, "Resisting The Rise of Facial Recognition", *Nature*, Vol. 587, 2020.

［194］Ari Ezra Waldman, "Power, Process, and Automated Decision-making", *Fordham Law Review*, Vol. 88, No. 2, 2019.

［195］Alexandra Timmer, "Toward an Anti-Stereotyping Approach for the European Court of Human Rights", *Human Rights Law Review*, Vol. 11, 2011.

［196］Andrew D. Selbet, "Disparate Impact in Big Data Policing", *Georgia Law Review*, Vol. 52, No. 1, 2017.

［197］Andrew D. Selbst & Solon Barocas, "The Intuitive Appeal of Explainable Machines", *Fordham Law Review*, Vol. 87, 2018.

［198］Andrew D. Selbet & Julia Powles, "Meaningful Information and The Right to Explanation", *International Data Privacy Law*, Vol. 7, No. 4, 2017.

［199］Anupam Chander, "The Racist Algorithm?", *Michigan Law Review*, Vol. 115, No. 6, 2017.

［200］Aziz Z. Huq, "Racial Equity in Algorithmic Criminal Justice", *Duke Law Journal*, Vol. 68, No. 6, 2019.

［201］Allan G. King & Marko J. Mrkonich, "Big Data and the Risk of Employment Discrimination", *Oklahoma Law Review*, Vol. 68, 2016.

［202］Ben Depoorter & Robert Kirk Walker, "Copyright False Positive", *Notre Dame Law Review*, Vol. 89, No. 1, 2013.

［203］Berkeley J. Dietvorst, Joseph P. Simmons & Cade Massey, "Algorithm Aversion: People Erroneously Avoid Algorithms after Aeeing Them Err", *Journal of Experimental Psychology: General*, Vol. 144, No. 1, 2015.

［204］Bernard W. Bell, "Replacing Bureaucrats with Automated Sorcerers?", *Daedalus*, Vol. 150, No. 3, 2021.

［205］Bruno Lepri et al., "Fair, Transparent, and Accountable Algorithmic Decision-making Processes", *Philosophy and Technology*, Vol. 31, 2018.

［206］Bryce Goodman, "Discrimination, Data Sanitation and Auditing in the European Union's General Data Protection Regulation", *European Data Protection Law Review*, Vol. 2, No. 4, 2016.

［207］Bryce Goodman & Seth Flaxman, "European Union Regulation on Algorithmic Decision-making and a 'Right to Explanation'", *AI Magazine*, Vol. 38, No. 3, 2017.

［208］ Bryce Goodman & Seth Flaxman，"European Union Regulation on Decision-making and a 'Right to Explanation'"，arXiv：1606. 08813v3［stat. ML］，2016.

［209］ Cary Coglianese & David Lehr，"Transparency and Algorithmic Governance"，*Administrative Law Review*，Vol. 71，No1，2019.

［210］ Cary Coglianese & David Lehr，"Regulating by Robot：Administrative Decision Making in the Machine-learning Era"，*Georgetown Law Journal*，Vol. 105，2017.

［211］ Cary Coglianese & Erik Lampmann，"Contracting for Algorithmic Accountability"，*Administrative Law Review Accord*，Vol. 6，No. 3，2021.

［212］ Cynthia Rudin，"Stop Explaining Black Box Machine Learning Models for High Stakes Decisions And Use Interpretable Models Instead"，*Nature Machine Intelligence*，Vol. 1，2019.

［213］ Danielle Keats Citron，"Technological Due Process"，*Washington University Law Review*，Vol. 85，No. 6，2008.

［214］ Danielle Keats Citron & Frank Pasquale，"The Scored Society：Due Process for Automated Predictions"，*Washington Law Review*，Vol. 89，No. 1，2014.

［215］ Dan L. Burk，"Algorithmic Fair Use"，*The University of Chicago Law Review*，Vol. 86，No. 2，2019.

［216］ Deirdre K. Mulligan，"Digital Rights Management and Fair Use by Design"，*Communications of the ACM*，Vol. 46，No. 4，2003.

［217］ Deirdre K. Mulligan & Kenneth A. Bamberger，"Procurement as Policy：Administrative Process for Machine Learning"，*Berkeley Technology Law Journal*，Vol. 34，2019.

［218］ Michael Veale Edwards，"Slave to the Algorithm? Why A Right to An Explanation Is Probably Not The Remedy You Are Looking For"，*Duke Law & Technology Review*，Vol. 16，No. 1，2017.

［219］ Elizabeth A. Rowe & Nyja Prior，"Procuring Algorithmic Transparency"，*Alabama Law Review*，Vol. 74，No. 2，2022.

［220］ Emily Berman，"A Government of Laws and Not of Machines"，*Boston University Law Review*，Vol. 98，No. 5，2018.

［221］ Ethan Lowens，"Accuracy Is Not Enough：The Task Mismatch Explanation of Aagorithm Aversion and Its Policy Implications"，*Harvard Journal of Law & Technology*，Vol. 34，No. 1，2020.

［222］ Finale Doshi-Velez & Mason Kertz，"Accountability of AI Under the Law：The Role of Explanation"，arXiv：1711. 01134v2［cs. AI］，21 Nov 2017.

［223］ Gender Shades，"Intersectional Accuracy Disparities in Commercial Gender Classification"，*Proceedings of Machine Learning Research*，Vol. 81，2018.

[224] Giancarlo F. Frosio, "Why Keep a Dog and Bark Yourself? From Intermediary Liability to Responsibility", *International Journal of Law and Information Technology*, Vol. 26, No. 1, 2018.

[225] Heike Felzmann & Eduard Fosch-Villaronga, "Towards Transparency by Design for Artificial Intelligence", *Science and Engineering Ethics*, 2020, Vol. 26, No. 6.

[226] Ignacio Cofone, "Immunity Passports and Contact Tracing Surveillance", *Stanford Technology Law Review*, Vol. 24, 2021.

[227] Jakko Kemper & Daan Kolkman, "Algorithmic Accountability Without a Critical Audience", *Information, Communication & Society*, Vol. 22, No. 14, 2019.

[228] Jack M. Balkin, "2016 Sidley Austin Distinguished Lecture on Big Data Law and Policy: The Three Laws of Robotics in the Age of Big Data", *Ohio State Law Journal*, Vol. 78, 2017.

[229] Jack M. Balkin & Reva B. Siegel, "The American Civil Rights Tradition: Anticlassification or Antisubordination?", *University of Miami Law Review*, Vol. 58, No. 1, 2003.

[230] Jenna Burrell, "How the Machine 'Thinks': Understanding Opacity in Machine Learning Algorithms", *Big Data & Society*, Vol. 3, No. 1, 2015.

[231] Jessica Morley et al., "Ethical Guidelines for COVID-19 Tracing Apps", *Nature*, Vol. 582, 2020.

[232] John Danaher, "The Threat of Algocracy: Reality, Resistance and Accommodation", *Philosophy & Technology*, Vol. 29, 2016.

[233] Jonas Lerman, "Big Data and Its Exclusion", *Stanford Law Review Online*, Vol. 66, 2013.

[234] Jonathon W. Penney, "Privacy and Legal Automation: The DMCA as a Case Study", *Stanford Technology Law Review*, Vol. 22, No. 2, 2019.

[235] Kasper Lippert-Rasmussen, "We are all Different: Statistical Discrimination and the Right to be Treated as an Individual", *Journal of Ethics*, Vol. 15, 2011.

[236] Latanya Sweeney, "Discrimination in Online Ad Delivery", *Communications of the ACM*, Vol. 56, No. 5, 2013.

[237] Leslie Francis, "Health Information Beyond Pandemic Emergencies: Privacy For Social Justice", *American University Law Review*, Vol. 70, 2021.

[238] Lilian James Moor, "Towards A Theory of Privacy in the Information Age", *Computers and Society*, Vol. 27, No. 3, 1997.

[239] Maayan Perel & Niva Elkin-Koren, "Black Box Tinkering: Beyond Disclosure in Algorithmic Enforcement", *Florida Law Review*, Vol. 69, No. 1, 2017.

[240] Maayan Perel & Niva Elkin-Koren, "Accountability in Algorithmic Copyright

Enforcement", *Stanford Technology Law Review*, Vol. 19, 2016.

[241] Margot E. Kaminski, "The Right to Explanation, Explained", *Berkeley Technology Law Review*, Vol. 34, No. 1, 2019.

[242] Margot E. Kaminski, "Binary Governance: Lessons from The GDPR's Approach to Algorithmic Accountability", *Southern California Law Review*, Vol. 92, No. 6, 2019.

[243] Margot E. Kaminski, Gianclaudio Malgieri, "Algorithmic Impact Assessments under the GDPR: Producing Multi-layered Explanations", *International Data Privacy Law*, 2020, Dec, 6.

[244] Margot E. Kaminski & Jennifer M. Urban, "The Right to Contest AI", *Columbia Law Review*, Vol, 121, No. 7, 2021.

[245] Mark MacCarthy, "Standards of Fairness for Disparate Impact Assessment of Big Data Algorithms", *Cumberland Law Review*, Vol. 48, No. 1, 2017.

[246] Martin Husovec, "The Promises of Algorithmic Copyright Enforcement: Takedown or Staydown? Which Is Superior? And Why?", *Columbia Journal of Law & The Arts*, Vol. 42, No. 1, 2018.

[247] Maria Lillà Montagnani, "Virtues and Perils of Algorithmic Enforcement and Content Regulation in the EU- A Toolkit for A Balanced Algorithmic Copyright Enforcement", *Journal of Law, Technology & The Internet*, Vol. 11, No. 1, 2019.

[248] Matthew Sag, "Internet Safe Harbors And the Transformation of Copyright Law", *Notre Dame Law Review*, Vol. 93, No. 2, 2017.

[249] Mike Ananny & Kate Crawford, "Seeing Without Knowing: Limitations of the Transparency Ideal and Its Application to Algorithmic Accountability", *New Media & Society*, 2018, Vol. 20, No. 3.

[250] Nicolas P. Suzor et al. , "What Do We Mean When We Talk about Transparency? Toward Meaningful Transparency in Commercial Content Moderation", *International Journal of Communication*, 2019, Vol. 13.

[251] Niva Elkin-Koren, "Fair Use by Design", *UCLA Law Review*, Vol. 64, 2017.

[252] Paul B. Delaat, "Algorithmic Decision-Making Based on Machine Learning from Big Data: Can Transparency Restore Accountability", *Philosophy and Technology*, 2017.

[253] Pauline T. Kim, "Auditing Algorithms for Discrimination", *University of Pennsylvania Law Review Online*, Vol. 166, 2017.

[254] Paul J. Baillargeon, "Asymmetrical Governance: Auditing Algorithms to Preserve Due Process Rights", *University of Windsor Major Papers*, 2021, Vol. 178.

[255] Pauline T. Kim, "Data Drive Discrimination at Work", *William &Mary Law Review*,

Vol. 58, 2017.

[256] Rebecca Wexler, "Life, Liberty, and Trade Secrets: Intellectual Property in the Criminal Justice System", *Stanford Law Review*, Vol. 70, 2018.

[257] Reuben Binns, "Algorithmic Accountability and Public Reason", *Philosophy and Technology*, 2017.

[258] Reuben Binns, "Data Protection Impact Assessments: A Meta-Regulatory Approach", *International Data Privacy Law*, Vol. 7, No. 1, 2017.

[259] Reva B. Siegel, "Equality Talk: Antisubordination and Anticlassification Values in Constitutional Struggles over Brown", *Harvard Law Review*, Vol. 117, No. 5, 2004.

[260] Ryan Calo & Danielle Keats Citron, "The Automated Administrative State: A Crisis of Legitimacy", *Emory Law Journal*, Vol. 70, No. 4, 2021.

[261] Sandra G. Mayson, "Bias in, Bias out", *Yale Law Journal*, Vol. 128, No. 8, 2019.

[262] Sandra Wachter et al., "Why a Right to Explanation of Automated Decision-Making Does Not Exist in the General [268] Data Protection Regulation", *International Data Privacy Law*, Vol. 7, No. 2, 2017.

[263] Sandra Wachter et al., "Counterfactual Explanations without Opening the Black Box: Automated Decisions and the GPDR", *Harvard Journal Law & Technology*, Vol. 31, No. 2, 2018.

[264] Sarah Valentine, "Impoverished Algorithms: Misguided Governments, Flawed Technologies, and Social Control", *Fordham Urban Law Journal*, Vol. 46, No. 2, 2019.

[265] Sharon Bar-Ziv & Niva Elkin-Koren, "Behind the Scenes of Online Copyright Enforcement: Empirical Evidence on Notice & Takedown", *Connecticut Law Review*, Vol. 50, No. 2, 2017.

[266] Solon Barocas & Andrew D. Selbet, "Big Data's Disparate Impact", *California Law Review*, Vol. 104, 2016.

[267] Sonia K. Katyal, "The Paradox of Source Code Secrecy", *Cornell Law Review*, Vol. 104, 2019.

[268] Stephanie Bornstein, "Antidiscriminatory Algorithms", *Alabama Law Review*, Vol. 70, No. 2, 2018.

[269] Tal Z. Zarsky, "Automated Prediction: Perception, Law and Policy", *Communication of the ACM*, Vol. 55, No. 9, 2012.

[270] Tal Z. Zarsky, "Transparent Predictions", *University of Illinois Law Review*, Vol. 2013, 2013.

[271] Tal Zarsky, "Understanding Discrimination in the Scored Society", *Washington Law Review*, Vol. 89, 2014.

［272］ Tal Z. Zarsky，"An Analytic Challenge：Discrimination Theory in the Age of Predictive Analytics"，*A Journal of Law and Policy for the Information Society*，Vol. 14，No. 1，2017.

［273］ Taylor B. Bartholomew，"The Death of Fair Use in Cyberspace：YouTube and the Problem With Content ID"，*Duke Law & Technology Review*，Vol. 13，No. 1，2015.

［274］ Thomas M. Vogl et al.，"Smart Technology and the Emergence of Algorithmic Bureaucracy：Artificial Intelligence in UK Local Authorities"，*Public Administration Review*，Vol. 80，No. 6，2020.

［275］ Ari Ezra Waldman，"Power，Process，and Automated Decision-Making"，*Fordham Law Review*，Vol. 88，No. 2，2019.

［276］ Wanshu Cong，"From Pandemic Control to Data-Driven Governance：The Case of China's Health Code"，*Frontiers in Political Science*，Vol. 3，2021.

［277］ Wendy Seltzer，"Free Speech Unmoored in Copyright's Safe Harbor：Chilling Effects of the DMCA on the First Amendment"，*Harvard Journal of Law & Technology*，Vol. 24，No. 1，2010.

［278］ Woodrow Hartzog，"Unfair and Deceptive Robots"，*Maryland Law Review*，Vol. 74，2015.

［279］ Amulya Ashwathappa et al.，"Algorithmic Accountability in the Judiciary"，Available at https：//ssrn. com/abstract＝4095654.

［280］ Andrew Burt，"Is There a 'Right to Explanation' for Machine Learning in the GDPR？"，Available at https：//iapp. org/news/a/is－there－a－right－to－explanation－for－machine－learning-in-the-gdpr.

［281］ Céline Castets-Renard，"Algorithmic Content Moderation on Social Media in EU Law：Illusion of Perfect Enforcement"，*University of Illinois Journal of Law*，*Technology & Policy*，Forthcoming，Avaiable at https：//ssrn. com/abstract＝3535107.

［282］ Dillon Reisman et al.，"Algorithmic Impact Assessment：A Practical Framework Public Agency Accountability"，Avaiable at https：//ainowinstitute. org/aiareport2018. pdf.

［283］ Elizabeth A. Rowe & Nyja Prior，"Procuring Algorithmic Transparency"，Avaiable at https：//ssrn. com/abstract＝4044178.

［284］ Edith Ramirez et al.， "Big Data：A Tool for Inclusion or Exclusion？"，*Federal Trade Commission*，January，2016.

［285］ F. Giunchiglia et al.，"Towards Algorithmic Transparency：A Diversity Perspective"，Avaiable at https：//arxiv. org/abs/2104. 05658.

［286］ Graham Greenleaf & Katharine Kemp，"Australia's COVIDSafe Experiment，Phase Ⅲ：Legislation for Trust in Contact Tracing"，Avaiable at https：//ssrn. com/abstract＝3601730.

［287］ Information Commissioner's Opinion，*The Use of Live Facial Recognition Technology by Law*

Enforcement in Public Places, 31 October 2019.

［288］ Information Commissioner's Opinion, *The Use of Live Facial Recognition Technology in Public Places*, 18 June 2021.

［289］ Jennifer M. Urban & Joe Karaganis, Brianna L. Schofield, "Notice and Takedown in Everyday Practice", Version 2, 2017, Available at https://ssrn. com/abstract=2755628.

［290］ Justine Pila, "Covid-19 and Contact Tracing: A Study in Regulation by Technology", Available at https://papers. ssrn. com/sol3/papers. cfm? abstract_ id=3749504.

［291］ Maria Lillà Montagnani, "Virtues And Perils of Algorithmic Enforcement And Content Regulation In The EU-A Toolkit for A Balance Algorithmic Copyright Enforcement", Available at https://ssrn. com/abstract=3767008.

［292］ Sandra Wachter, Brent Mittelstadt & Chris Russell, "Counterfactual Explanation Without Opening the Black Box: Automated Decisions and The GDPR", Available at https://ssrn. com/abstract=3063289.

［293］ Yifat Nahmias & Maayan Perel, "The Oversight Of Content Moderation By AI: Impact Assessments And Their Limitations", *Harvard Journal on Legislation*, February 13, 2020, Forthcoming, Available at https://ssrn. com/abstract=3565025.

学位论文

［294］ Daan Simon Tielenburg, "The 'Dark Sides' of Transparency: Rethinking Information Disclosure as a Social Praxis", Master's Thesis Submitted for the Research Master's Philosophy Utrecht University, 2018.

［295］ Lucia Sommerer, "Taming Algorithmic Oracles: Transparency Requirements for the Use of Predictive Analytics by Government Agencies", LL. M. Dissertation Paper.

会议论文集

［296］ Christian Sandvig et al. , "Audit Algorithms: Research Methods for Detecting Discrimination on Internet Platforms, Data and discrimination: Converting Critical Concerns into Productive Inquiry", A Preconference at the 64th Annual Meeting of the International Communication Association, May 22, 2014.

［297］ Inioluwa Deborah Raji et al. , "Closing the AI accountability Gap: Defining an End-to-End Framework for Internal Algorithmic Auditing", *Proceedings of the* 2020 *Conference on Fairness, Accountability, and Transparency*, January, 27-30, 2020, New York: ACM, 2020.

报刊资料

[298] 杜园春、张若白、渠性怡：《51.3%受访者遭遇过大数据"杀熟"》，载《中国青年报》2018年3月15日。

[299] 段虹：《用大数据助力精准扶贫》，载《经济日报》2017年2月17日。

[300] 罗以洪、吴大华：《数过留痕！大数据让扶贫变得更精准》，载《经济日报》2018年5月13日。

[301] 徐致远、姚海汐：《国际公共采购规则的可持续理念对完善我国采购制度的启示》，载《中国政府采购报》2023年8月1日。

[302] 任彦：《人脸识别技术应用的合法性、正当性、必要性判断》，载《民主与法制时报》2020年10月29日。

[303] 佘颖：《强制二选一、大数据杀熟等套路到头了》，载《经济日报》2020年11月11日。

[304] 赵家新：《江苏深挖大数据 打造智慧警务》，载《人民公安报》2018年3月27日。

[305] 郑小梅、宣应、鄢留宝：《为食品安全监管装上"智慧大脑"》，载《嘉兴日报》2019年4月2日。

[306] Harari Yuval Noah, "The World after Coronavirus", *Financial Times*, 2020, March, 23.

[307] Kate Crawford, "The Hidden Biases", *Harvard Business Review*, April 01, 2013.

[308] Matt Richtel, "How Big Data Is Playing Recruiter for Specialized Worker", *The New York Time*, April 27, 2013.

网络资料

[309] 荔枝：《生物识别3.0时代，阿尔法鹰眼想用"情感计算"布局智慧安全》，载https://36kr.com/p/1721484935169.

[310] 罗攀：《上海开启"智慧公安"建设：数据织密城市安全网络》，载http://www.chinanews.com/sh/2018/02-12/8447883.shtml.

[311] 品玩：《技术分析：苹果谷歌的"健康码"怎么追踪疫情又保护隐私?》，载https://baijiahao.baidu.com/s？id=1664821717460007121&wfr=spider&for=pc.

[312] 小小：《德国宣布放弃本土方案 改用苹果谷歌接触者追踪技术》，载https://www.163.com/tech/article/FB74BF0Q00097U7T.html.

[313] 祝婷兰：《全市启用"杭州健康码"有问题可致电12345》，载http://www.hang-zhou.gov.cn/art/2020/2/12/art_812262_41905810.html.

[314] 徐恬：《深圳养老金领取资格认证"刷脸"就行啦!》，载http://www.sznews.com/

banking/content/2017-05/12/content_ 16207668. htm.

[315] 杜虎：《杭州推行渐变色健康码，涉嫌侵犯市民隐私》，载 https://www. sohu. com/
a/397531243_ 665455.

[316] 周益帆：《苏州上线"文明码"引争议 当地回应：以市民自愿注册为前提》，载 ht-
tps://baijiahao. baidu. com/s? id=1677233898071290202&wfr=spider&for=pc.

[317] 张蕾：《被健康码搞得直生气！"移动互联"时代不应落下老年人》，载 https://bai-
jiahao. baidu. com/s? id=1678427377736001425&wfr=spider&for=pc.

[318] 张楠：《副中心防控污染用上"人工智能"，生态环境综合治理平台试运行》，载 ht-
tps://www. takefoto. cn/viewnews-1754361. html.

[319] 《2021 年"十大突破性技术"深度解读——"数字接触追踪"技术》，载 https://
www. sohu. com/a/475879470_ 121123527.

[320] 《静安推食品安全智能远程监管系统 覆盖高风险生产企业》，载 http://sh. sina. com.
cn/news/m/2019-02-18/detail-ihqfskcp6132079. shtml.

[321] Andy Maxwell, "YouTube's Innovative Content ID is No Substitute For Humankind's Grea-
test Gift", avaiable at https://torrentfreak. com/youtubes-innovative-content-id-is-no-
substitute-for-humankinds-greatest-gift-220102.

[322] Association for Computing Machinery US Public Policy Council, "Statement on Algorithmic
Transparency and Accountability", Available at https://www. acm. org/binaries/content/
assets/public-policy/2017_ usacm_ statement_ algorithms. pdf.

[323] Diamond Naga Siu, "Amazon's Face-ID Tool Can't Even Identify Members of Congress
Correctly", ACLU Finds, Available at https://mashable. com/2018/07/26/amazon-
rekognition-aclu-misidentify-congress-members, Jul 26, 2018.

[324] European Data Protection Supervisor, "Assessing the Proportionality of Measures that Limit
the Fundamental Rights to Privacy and to the Protection of Personal Data", Available at
https://edps. europa. eu/sites/edp/files/publication/19-12-19_ edps_ proportionality_
guidelines2_ en. pdf.

[325] EU Agency for Fundamental Rights, "Facial Recognition Technology: Fundamental Rights
Considerations in the Context of Law Enforcement", 2019, Available at https://fra. europa-
pa. eu/sites/default/files/fra_ uploads/fra-2019-facial-recognition-technology-focus-
paper. pdf.

[326] "Guidelines for AI Procurement", Available at https://www. gov. uk/government/publi-
cations/guidelines-for-ai-procurement/guidelines-for-ai-procurement, March,
6, 2024.

[327] Jennifer Lee, "We Need a Face Surveillance Moratorium, Not Weak Regulations: Concerns

about SB 6280", avaiable at https://www. aclu-wa. org/story/we-need-face-surveillance-moratorium-not-weak-regulations-concerns-about-sb-6280.

[328] Julia Angwin Jeff Larson, Surya Mattu, Lauren Kirchner, Machine Bias, Propublica, Available at https://www. propublica. org/article/machine-bias-risk-assessments-in-criminal-sentencing#disqus_ thread, 2019-08-08.

[329] Info. & Privacy Commissioner Ont. , "Privacy by Design", Available at https://www. ipc. on. ca/privacy /protecting-personal-information/privacy-by-design〔https://perma. cc/9YZE-A7PS〕.

[330] Paul Keller, "YouTube Copyright Transparency Report: Overblocking Is Real", Available at https://www. communia-association. org/2021/12/10/ youtube-copyright-transparency-report-overblocking-is-real.

[331] YouTube, "How Content ID Works", Available at support. google. com/youtube/answer/2797370? hl=en. World Economic Forum, "AI Procurement in a Box: AI Government Procurement Guidelines", Toolkit, 2020.